역경 속의 성장

역경 속의 성장

이현수 저

학지사

큰 강을 건너는 건 이롭다.

– 중국 주나라 시대(1122~222 B.C.)의
유교 경전, 『주역』에서

어떤 철학자가 이렇게 말했다.
이 세상에서 가장 위대한 사람은
역경과 싸우는 사람이다. 그보다 더 위대한 사람은
역경과의 싸움에서 승리한 사람이다.

– 영국계 아일랜드의 작가 · 시인 · 의사
Oliver Goldsmith(1730~1774)의 『웨이크 필드의 목사』(1768)에서

머리말

'행복 속에 불행이 있고, 불행 속에 행복이 있다. 착함 속에 악함이 있고, 악함 속에 착함이 있다. 진실 속에 거짓이 있고, 거짓 속에 진실이 있다.' 이 말은 중국 주나라(1122~222 B.C.) 때 대성된 유교의 경전 『주역』의 「이중률」에 나온다. '행복은 불행을 겪은 사람만이 경험할 수 있다.'는 말은 이탈리아의 철학자 Pietro Verri(1728~1779)가 남긴 말이다. '큰 슬픔을 겪어 보지 못한 사람에게서는 홍겨운 삼바춤을 기대할 수 없다.'는 말은 브라질의 음악가이자 시인인 Vinicius de Morais(1913~1980)의 좌우명이다. 이 말들에는 우리에게 세상사의 이중성이 갖는 참뜻을 일깨워 주는 깊은 의미가 함축되어 있다.

우리가 겪는 역경, 고통, 그리고 현대인이 함부로 쓰는 말의 하나인 스트레스도 이중률에서 예외가 될 수 없다. 스트레스에도 긍정적 기능과 부정적 기능이 있다. 역경에도 긍정적 기능과 부정적 기능이 있다. 우리의 모든 경험에는 두 가지 기능이 항상 공존한다. 그럼에도 불구하고 오랫동안 심리학자의 관심의 대상은 부정적 기능에 있었다. 이것이 심리학의 전통 아닌 전통이 되어 버렸다. 크로아티아의 철학자 Marko Marulic(1450~1542)이 '심리학'이라는 용어를 처음으로 사용하면서 거기에는 '정신생활'이라는 의미가 내포되었다고는 강조하였지만, '부정적 기능'을 다루는 과학이라고는 강조하지 않았을 것이다.

다행히 10여 년 전 '긍정적 심리학'의 등장으로 전문가의 관심의 대상은 크게 달라졌다. 즉, 불행보다는 행복에, 일빙(ill-being)보다는 웰빙(well-being)에, 쇠퇴나 장애보다는 성장에 관심을 갖게 되었다. 이러한 흐름의 변화에 따라 심리학자들은 역경이 가지는 부적응 행동의 유발 기능보다는 긍정적 적응 행동의 신장 기능에 관심을 가지게 되었다. 이에 따라 역경은 불행이나 쇠퇴의 근원이 아니라 성장과 적응의 근원으로 새롭게 인식되었다.

또한 역경은 개인에게 해롭지 않다. 유교의 경전 『주역』에도 '큰 강을 건너면 이롭다.'는 말이 자주 나온다. 여기서 말하는 큰 강은 우리가 겪었거나 겪게 되는 역경이나 고통을 의미한다.

역경에는 개인 성장의 기능이 있다. 이것이 곧 역경 속 성장의 역설이다. 저자는 이 책을 통해 우리가 일상생활에서 겪는 역경의 실체와 구조, 발달과 성장, 그리고 그것이 인간행동에 미치는 긍정적 영향을 소개하고자 한다. 여기에서 참고한 자료는 단순한 일화적인 것이 아니다. 그것들은 임상진료를 통해 얻은 경험적 자료를 분석한 결과들이다. 개인의 성장은 저절로 이루어지는 것이 아니다. 역경을 슬기롭게 극복한 사람만이 느껴 보는 귀한 자원이다.

이 책에서 다룬 주제—역경 속의 성장—는 우리에게 다소 생소한 것이 사실이다. 그렇다고 이것이 기존 연구자에 대한 이유 없는 모반은 아니다. 이것은 뚜렷한 이유가 있는 모반이다. 이는 스트레스 연구의 패러다임 변화를 촉진시킬 것이라고 생각한다. 이들의 연구가 조화를 이룰 때 우리의 웰빙과학은 크게 발전할 수 있다.

이 책을 읽는 독자를 위해 두 가지만 더 붙인다. 첫째는 자신의 잘못된 실망을 피하기 위해서는 3부의 제5장부터 읽는 것이 좋다. 이것이 역경 속 성장의 실체를 부담 없이 정확하게 이해할 수 있는 방법이라고 생각한다. 둘째는 이 책의 주제에 대해 더 많은 것을 알고자 하는 호기심 많은 독자를 위해 읽을 만한 문헌을 소개하였다. 이러한 것들이 큰 도움이 되리라고 믿는다.

이 책과 같이 생소한 주제를 다룬 책의 출판을 결심하는 것이 쉽지 않은 게 우리의 실정이다. 이 점은 저자도 독자도 잘 알고 있다. 이러한 환경에서 이 책의 출판을 결심한 김진환 사장님에게 감사하고, 편집부 여러분의 노고에 감사의 뜻을 전한다.

2009. 7. 이현수

차 례

제1부

심리적 외상

1. 심리적 외상과 그에 대한 반응
2. 심리적 외상의 극복
3. 인지적 석응과 긍정적 착각

1 심리적 외상과 그에 대한 반응

심리적 외상의 근원과 그 증후

의학기술의 발달로 인간의 수명은 많이 길어졌다. 그러나 특별한 사람을 제외하고는 백 년을 살기가 어렵다. 사람들은 살아가는 동안 만성적 질병, 배우자와의 사별, 직장에서의 해고, 전쟁, 경제적 불황, 교통사고, 손실, 천재지변 등 많은 어려움을 겪는다. 이와 같은 심리적 외상은 뇌의 생화학적 이상 변화로 이어지며, 이는 정서와 인지기능에 부정적 변화를 일으키고, 사소한 스트레스를 극복하기 어렵게 만든다.

이 심리적 외상은 뒤에서 다루게 될 외상후 스트레스 장애로 이어지며, 눈에 띄게 신체적 손상이 나타난다. 개인이 느끼는 기능손상의 감각은 사람에 따라 다르다. 몇 주로 끝나는 사람도 있고, 수년간 지속되는 사람도 있다. 이들은 실제 위험에 직면하면 그것을 극복하지 못한다. 외상 경험자는 실제 위험이나 주관적 위험에 직면하면 무기력해지기도 하고 난폭한 행동을 하기도 한다.

심리적 외상은 신체적 외상을 수반할 수도 있고 그렇지 않을 수도 있는데, 이러한 심리적 외상의 뿌리는 아동기에 경험한 성적 폭행, 성인기에 경험한 폭력, 지진, 대홍수, 대화재 등에서 찾을 수 있다. 그리고 심한 빈곤 생활이 장기간 지속될 때, 자신의 살인 충동을 억제하지 못하였을 때에도 심리적 외상을 피할 수 없다. 사람은 동일한 심리적 외상 원에도 서로 다르게 반응한다. 즉, 어떤 사람은 그것 때문에 외상을 경험하게 되지만 어떤 사람은 아무렇지 않게 넘어 간다. 사소한 사건이 심리적 외상 원이 될 수도 있고 그렇지 않을 수도 있다. 따라서 외상 원을 평가할 때 심리적 외상에 따르는 신체적 손상은 고려할 필요가 없다.

심리적 외상의 극복은 적응을 의미한다. 외상 극복은 역경에서 벗어나기 위한 수단이다. 개인의 극복감정은 어디까지나 주관적이다. 그러므로 외상도 주관적인 것이다. 여기에 객관적 기준은 없다. 개인의 역경 극복의 특성은 본인이 경험한 외상 수준에 의해 결정된다. 즉, 자신의 외상 극복 수준이 높을수록 심리적 외상을 보다 쉽게 극복한다.

심리적 외상에는 다음과 같은 네 가지 특징이 있다. 즉, 심리적 외상은 예기할 수 없고, 심리적인 저항이 불가능하고, 그것을 극복하기 위한 준비가 불가능하며, 그것을 예방할 수 없다.

우리 주위에는 심리적 외상을 유발하는 요인이 수없이 많이 있는데, 주요 원인으로는 다음과 같은 것들이 있다.

- 자연재해
- 범죄
- 외과적 수술
- 죽음
- 폭행
- 아동학대
- 전쟁
- 폭동
- 장기간의 수용 생활
- 지속적 격리 생활
- 응급의료 처치
- 가정폭력
- 근친상간

심리적 외상 경험에는 여러 가지 증후가 수반된다. 증후의 형태나 심한 정도는 개인의 성장 환경, 사회적 지지 수준, 외상 증후에 대한 반응 유형 및 반응 강도 등에 따라 달라진다.

심리적 외상 경험은 한 번에 끝나지 않는다. 그 경험은 반복되는 경향이 있고, 피하는 것이 쉽지 않으며, 경험 때문에 받는 고통도 적지 않다. 사람에 따라 다르기는 하지만, 고통에서 벗어나기 위해 약물이나 알코올에 의존하기도 한다. 반복되는 외상 경험은 무의미하고 고통스러운 사소한 경험이 아니다. 그것은 외상 경험에서 도피하기 위한 투쟁이 진행되고 있다는 증표이기도 하다. 심리적 외상 경험은 정서적 자극이나 그 단서에 의해서 재생되기도 한다. 이는 불안을 야기하고, 그와 관련된 다른 정서적 경험을 유발하기도 한다. 재발된 심리적 외상 경험 때문에 자신이 경험하는 불쾌한 정서 경험의 원인을 인지하지 못하기도 한다.

심리적 외상 경험에는 자기파괴적 행동, 공황발작, 강렬한 분노 표출, 기억력 및 사고력 장애, 빈번한 악몽 등 여러 가지 부정적 행동이 수반된다. 이러한 것들 때문에 심리적 외상 경험자는 많은 고통을 받지만, 그들은 그 이유를 전혀 인지하지 못한다. 공포와 불안 때문에 불면증으로 고통을 받을 뿐만 아니라 자신에게 어떤 위험이 닥치게 되지는 않을까 하는 예기불안의 수준도 높다. 정서적 피해 상태에 빠져 주의가 산만해지고, 사고기능이 크게 저하되며, 이인증 현상도 자주 경험하게 된다. 또한 정서적으로 메마르고, 기억력 장애를 수반하기도 한다. 사람에 따라서는 자신의 심리적 외상의 예후를 비관적으로 생각한 나머지 실망을 하고, 자존심에 상처를 받으며, 때로는 우울증에 빠지기도 한다. 이러한 증후는 불안장애의 원인으로 작용하기도 하고, 다른 한편으로는 외상후 스트레스 장애의 원인이 되기도 한다.

심리적 외상에 대한 반응과 그 영향

개인의 스트레스 원에 대한 반응에는 순향성, 역향성, 그리고 피동성 반응의 세 가지가 있다. 순향성 반응은 자신의 행동이 스트레스 원의 영향을 받기 전에 그것에서 벗어나 보려고 노력하는 특징이 있다. 이 반응형은 스트레스 원을 보다 효과적으로 극복할 수 있으며, 새로운 환경에서 접하게 되는 예기치 못한 스트레스 원도 효과적으로 극복해 나갈 수 있다. 이와는 달리, 이미 받은 스트레스에 의한 외상의 영향을 최소화하려는 반응이 역향성 반응이다. 이 반응형은 예기치 못한 스트레스 원에 의해 큰 영향을 받기 쉽다. 이들

[표 1-1] 심리적 외상에 수반되는 주요 증후

외상 경험 반복
① 외상과 관련된 악몽 반복
② 외상과 관계된 불쾌한 기억 반복
③ 외상적 경험에 의한 실망
회피 혹은 망연자실
① 외상적 경험과 관계된 사태, 생각, 감정의 회피 시도
② 외상적 경험 가운데 중요한 부분의 망각
③ 평소에 즐기던 일에 대한 흥미 상실이나 취미 활동의 중단
④ 자기 스스로 고독하다는 감정
⑤ 다른 사람에 대한 애정의 감정이나 깊은 정서적 유대관계 상실
과잉각성
① 지나친 과잉반응 및 흥분
② 수면장애
③ 자주 심한 분노 폭발
④ 지속적인 경계심
외상적 경험
① 우울증, 실망, 무기력감
② 불안과 공포
③ 자신과 타인에 대한 공격적 행동 및 분노 표출
④ 자기비난, 죄책감, 수치심
⑤ 대인관계의 곤란
⑥ 사회적 고립
⑦ 주체성과 자존심의 손상
⑧ 성적 문제
⑨ 영구적 손상을 받은 듯한 감정
⑩ 약물/알코올 오용
⑪ 신체적 건강의 이상 증후

이 받는 스트레스의 영향은 장기간 지속되며, 이 유형의 사람은 자의적 극복 행동을 취할 수 없다. 마지막으로 피동성 반응은 자신이 받는 스트레스 원에 대해 정서적으로 냉정해지는 것이 특징이다.

모든 외상 경험자에게서 공통적으로 나타나는 것은 아니지만, 흔히 나타나는 주요 증후는 [표 1-1]과 같다. 그러나 이것은 결정적인 증후는 아니다.

개인이 심한 스트레스를 받게 되면 생리적 각성 수준이 상승하여 투쟁이나 도피의 본능이 작용하는데, 이때 코르티솔 호르몬 등의 활동이 활발해져 그 사태에 쉽게 적응하게 된다. 이 상태가 반복적으로 지속되면, 개인은 전투 상태에 적응할 수 있게 되고, 공격 상태와 각성 상태를 유지할 수 있다. 심리적 외상에 수반되는 호르몬 분비의 심리적 영향은 매우 크다. 아동기에 경험한 중추신경계통의 과잉각성 상태는 뇌의 발달에 매우 큰 부정적 영향을 준다.

이러한 심리적 외상의 영향은 매우 다양하며, 그 정도는 여러 가지 요인, 예를 들면 외상을 받기 전 개인의 생활 경험, 스트레스의 극복 능력, 외상의 심한 정도, 외상 당시의 사회적 지지 수준 등에 의해서 달라진다. 외상을 경험한 사람들은 주로 다음과 같은 공통점이 있다. 즉, 그들은 외상에 친숙하지 못하고, 자신이 어떤 어려움에 처해 있는지를 이해하지 못한다. 그들은 때때로 자신이 정서적으로 이상해지고 있다는 감정을 느낀다.

프랑스의 신경학자 Jean-Martin Charcot(1825~1893)에 따르면, 심리적 외상은 히스테리와 같은 정신적 질병의 발병 근원이다. 외상성 히스테리를 예로 들어 보면, 이것은 신체적 외상을 수반하는 마비

현상이다. 오스트리아의 정신분석자 Sigmund Freud(1856~1939)는 그의 스승인 Charcot J.의 주장을 계승, 발전시켰다. 그는 심리적 외상의 개념을 기초로 정신분석의 체계를 새롭게 발전시켰다. 그의 주장에 따르면, 개인의 정신적 구조는 심리적 외상에 대한 적절한 반응 특성에 따라 결정된다.

심리적 외상은 전시에는 '전투 스트레스 반응' 혹은 '전쟁신경증' 이라 불렸다. 이는 급성 스트레스 장애의 발병으로 이어지며, 외상후 스트레스 장애의 발병 원인이 된다. 외상후 스트레스 장애는 급성 스트레스 장애 경험이 없는 사람에게서도 심리적 외상을 경험한 수개월 혹은 수년 후에 나타난다.

급성 스트레스 장애나 외상후 스트레스 장애는 특이한 장애로 심리직 외상 경험자에서는 특이한 증후가 나타난다. 즉, 자주 악몽을 꾸고, 특정한 사태나 장소를 회피하고, 심한 우울증과 과잉활동 증후가 나타난다. 외상후 스트레스 장애는 약물치료, 심리치료, 예를 들면 인지치료, 역동적 정신치료에 의해 효과적으로 치료된다. 심리적 외상 직후에 곧 전문가의 치료를 받으면 좋은 치료 효과를 얻을 수 있다. 치료 과정에서 치료자가 환자의 외상 경험을 강요하는 것은 자연적 치료 효과를 해칠 수 있다는 점을 꼭 기억할 필요가 있다.

위기 사태에서의 의사 결정

개체가 예기치 못한 심리적 외상, 위기 사태, 부정적 사건에 직면

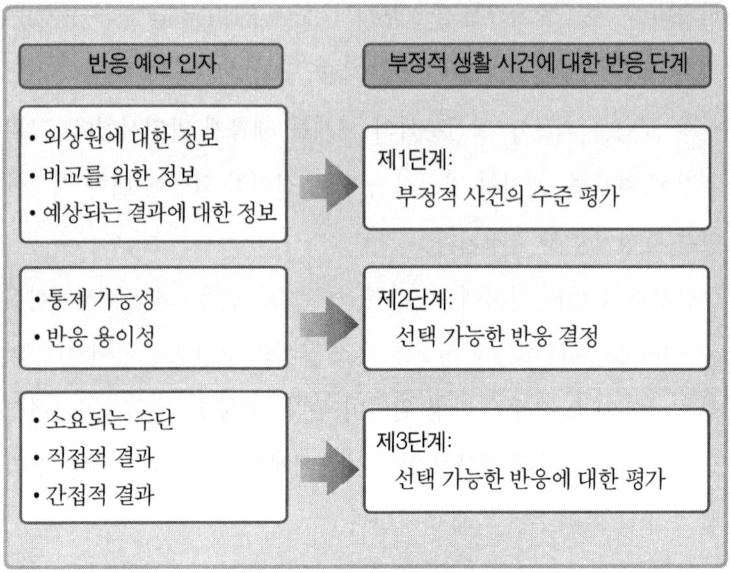

[그림 1-1] 위기 사태에서의 의사 결정

하였을 때 그 사태 극복을 위해 어떻게 결심하는가? 이에 대한 대답은 여러 가지 심리학의 이론, 예를 들면 극복 책략, 의사 결정, 스트레스, 건강 행동에 관계되는 이론의 통합 지식에서 얻을 수 있다.

플로리다대학교 심리학 교수 Kate Sweeney는 2008년에 발표한 위기 사태에서의 의사 결정이론을 통해 그에 대한 대답을 내놓았다([그림 1-1] 참고). 그가 제시한 부정적 생활 사건에 대한 반응은, 부정적 사건의 수준 평가 단계, 선택 가능한 반응 결정 단계, 선택 가능한 반응에 대한 평가 단계로 구성된다.

이 이론에 따르면, 개체는 예기치 못하였던 위기 사태에 직면하게 되면 세 단계를 거쳐 반응을 위한 의사 결정을 한다. 제1단계에서는 부정적 사건의 수준을 평가한다. 이 단계에서는 그 사태의 유발 원인을 탐색하고, 그와 비교할 정보를 수집하고, 예상되는 결과에 대한 정보를 종합적으로 평가한다. 제2단계에서는 위기 사태에 반응 가능한 반응을 결정한다. 이 단계에서는 자신이 통제 가능한 반응을 탐색하고, 그 실행 가능성 수준을 평가한다. 그리고 제3단계에서는 가능한 반응 간의 인과관계를 평가한다.

Sweeney, K.의 이론은 기존의 극복이론, 예를 들면 캘리포니아 대학교 심리학 교수 Richard Lazarus와 Susan Folkman의 극복을 위한 상호교류이론과 위스콘신대학교 심리학 교수 Howard Leventhal 등의 질병제어모델과 매우 유사하다. 그러면서도 이 두 이론이 지향하는 역점에는 큰 차이가 있다. Sweeney, K.가 가시적인 부정적 사건에 큰 비중을 두고 있는 것과는 달리 Lazarus, R.와 Folkman, S.은 직접 관찰 불가능한 사건에 역점을 두고 있다. 이 점이 바로 두 이론 간의 큰 차이이다.

부정적 사건의 수준 평가

개인이 심리적 외상에 직면하면 그 위험 수준을 평가한다. 심리적 외상 수준을 평가하기 위해서 개인은 외상 원에 대한 정보를 수집하고, 외상과의 비교를 위한 정보를 수집하고, 예상되는 결과에 대한 정보를 수집한다. 부정적 사건의 수준을 평가하는 과정은 극복이론의 1차적 평가 과정과 그 기능이 매우 유사하다.

극복의 1차적 과정에서는 스트레스 원의 긍정적 기능과 부정적 기능을 탐색한다. 이는 스트레스 원에서 부정적 반응을 유발하는 요소를 찾아내는 데 그 목적이 있다. 다른 한편, 부정적 사건의 수준을 평가하는 과정은 Leventhal, H. 등의 질병제어모델에서 질병의 인지적 표상 형성 과정과 유사하다. 이 과정에서 환자는 자신의 질병에 대한 정보를 얻기 위해 자신의 과거 생활 방식과 그에 따른 결과를 생각해 보게 된다.

개인의 인지적 표상 형성 단계에서 이루어진 질병 위험 수준 평가 결과와 부정적 사건에 대한 수준 평가 결과는 개인이 직면한 부정적 사건에 대한 반응에 큰 영향을 준다. 자신의 질병 위험 수준을 높게 지각한 사람이나 부정적 사건의 수준을 높게 평가한 사람은 어떤 반응을 결심하는 데 보다 많은 시간을 필요로 한다. 이와 같이 개인이 직면한 심리적 외상이나 부정적 사건이 자기에게 큰 의미가 있거나 중요한 사건으로 인지되면, 반응을 위한 의사 결정에는 보다 많은 시간을 필요로 한다. 이와는 달리 직면한 사건이 특별한 의미가 없다고 인지되면, 반응을 위한 의사 결정 시간은 매우 짧게 된다.

부정적 사건의 수준 평가 단계는 심리적 외상에 대한 반응 행동을 결정하는 데 매우 중요하다. 이 단계가 효과적으로 수행되지 못할 경우 후속 단계에서 큰 효과를 기대할 수 없다. 부정적 사건의 수준은 지속적으로 평가하여 선택 가능한 반응을 결정하는 데 도움이 될 만큼 위험 수준이 높은지 숙고해야 한다. 부정적 사건의 위험 수준이 지나치게 높게 인지되면, 그것은 자기 스스로 통제하는 것이 어렵거나 불가능하고, 선택 가능한 반응에 대한 평가 단계에까지 이르는 것이 불가능하다.

일반적으로 자신이 지각한 사건의 위험 수준과 그에 대한 의사 결정 과정은 U-형 관계를 형성한다. 즉, 매우 우호적 사건에 대한 반응을 결심할 때는 세심한 주의가 필요하지 않으며, 그에 대한 반응은 자동적으로 이루어진다. 이와는 달리, 매우 비우호적 사건에 대한 반응은 자동적으로 일어나지 않는다. 왜냐하면 사건에 내포된 사실을 세심하게 고려할 수 없기 때문이다. 따라서 사건의 위험성이 중간 정도로 지각되는 사건은 의사 결정 단계를 거치면서 보다 많은 것을 더욱 깊이 고려하게 된다. 사람이 부정적 사건의 위험 수준을 평가할 때는 외상 원에 대한 정보를 수집하며, 그와 비교할 수 있는 정보를 수집하고, 예상되는 결과에 대한 정보를 수집한다. 이와 같은 세 가지 정보는 어떤 사태에서나 모두 활용될 수는 없다. 즉, 직면한 사건의 특성에 따라 활용 가능한 정보의 선택이 달라진다.

외상 원에 대한 정보

우리가 일상생활에서 직면하는 심리적 외상은 크게 두 가지로 분류할 수 있다. 하나는 자기 자신의 행동에 의해 유발된 외상이고, 다른 하나는 외부의 조건에 의해 유발된 외상이다. 심리적 외상 사태에 대한 의사 결정이론에서는 심리적 외상이 다른 사람에게 주는 영향과 그들이 심리적 외상 수준을 평가하는 데 사용하는 방법에 대한 정보에 큰 비중을 둔다. 심리적 외상이 자기 자신의 행동에 의해 유발된 것이라고 생각하는 사람과 그것이 외부의 조건에 의해 유발된 것이라고 생각하는 사람이 심리적 외상을 보는 것은 크게 다르다. 일반적으로 자신이 직면한 사건에 대한 책임감을 느끼는 사람일수록 부정적 결과에 대해 깊이 생각하는 경향이 있다.

물론 자기 책임이 크다고 생각되는 심리적 외상과 외부 조건의 영향이 크다고 생각되는 심리적 외상이 완전히 다른 것은 아니다. 이는 마치 모든 개인의 질병이 개인의 생활습관(식사, 운동 등)에 의해 발병된 것과 외적 요인(유전적 요인, 환경적 요인, 전염)에 의해 발병한 것이 완전히 다르지 않은 것과 같다. 자기 자신의 행동 결과에 의한 부정적 사건, 예를 들면 직장에서의 해고라 할지라도 개인의 힘으로 통제가 불가능한 것도 있다.

모든 심리적 외상에는 원인과 근인이 있다. 부정적 사건의 원인을 밝힐 때, 사람은 그 근인보다는 원인에 바탕을 두고, 그 원인을 밝히려는 경향이 있다. 예를 들면, 학생은 스스로 열심히 공부하지 않았기 때문(내적, 근인)에 시험에 실패할 수도 있고, 가족의 위급 사태 때문(외적, 원인)에 시험에 실패할 수도 있다. 어떠한 경우나 사람은 문제의 발생과 결과에 대해 책임을 크게 느낀다. 발생한 문제에 대한 책임은 피할 수 없다. 발생한 문제 해결을 위한 책임감이 크다고 생각되면, 심리적 외상의 해결에 보다 적극적으로 나선다. 이와 같이 심리적 외상의 수준 평가에서 개인의 지각 특성은 매우 큰 비중을 차지한다.

개인의 심리적 외상 지각 특성에 따라 그에 대한 평가도 달라진다. 사람의 원인 지각의 정확성은 수시로 달라지기 때문에 심리적 외상의 실제 원인의 표상이 될 수는 없다. 예를 들면, 어떤 심리적 외상에 직면하여 자신의 공적 이미지를 숙고하는 사람은 자신의 책임을 회피하려고 한다. 이와는 달리, 심리적 외상에 대해 지나치게 책임감을 느끼는 사람은 심리적 외상에 대해 지나친 책임감을 느낌으로써 정의로운 세계에서 자신의 신념이 옳다는 것을 주장한다. 심리적 외상 사태에 대한 의사 결정이론에 따르면, 심리적 외상 사태를 잘못 해석하게 되면 궁극적으로는 잘못된 반응으로 이어진다.

개인의 심리적 외상에 대한 지각 특성은 외상 수준을 평가하는 데 영향을 주며, 또한 반응의 특성을 결정하는 과정에도 직접 영향을 준다. 외부적 요인보다는 자기 자신의 행동이 심리적 외상에 대한 반응을 일으키는 데 결정적으로 작용하였다고 생각하면, 사태 변화를 시도하여 부정적 사건이 재발하는 것을 미리 방어할 수 있다. 다시 말하면, 개인이 심리적 외상에 대해 책임감을 느낄 때 그것을 바꿔야겠다는 의지가 보다 더 강하게 작용한다. 예를 들면, 연구실의 조교는 자신의 과오에 따른 부정적 사건의 해결을 위해서는 교수의 과오에 따른 부정적 사건을 해결할 때보다 더 적극적으로 노력한다. 물론 책임감 때문에 개인의 행동이 손상되어 비효과적 반응을 하는 경우도 있다. 심리적 외상의 근인과 원인에 대한 자기 책임감을 느낄 때, 또한 책임감을 느끼고 그 해결 방법을 모색해야 할 책임감이 있다고 느낄 때 보다 적극적으로 노력한다. 이러한 책임감을 느끼지 못할 때는 그러한 노력을 하지 않는다.

비교를 위한 정보

부정적 사건의 위험 수준에 대한 의미 있는 평가를 하려면 그와 비교할 수 있는 정보가 필요한데, 심리적 외상의 정보를 다른 정보와 비교할 때는 인지 가능성이 고려되어야 한다. 다른 정보와 비교하였다고 해서 반드시 정확한 평가가 이루어지는 것은 아니다. 비교 과정에서는 선택한 목표물에 편향되는 경향이 있다. 그렇지만 비교 과정을 거친 정보는 부정적 사건만으로 평가한 정보보다 훨씬 정확하다. 평가 과정에서는 스키마와 비교할 수도 있고, 대체 결과와 비교할 수도 있다. 또한 사회적 비교를 할 수도 있다. 비교 결과를 통해 심리적 외상에 대해 보다 정확하고 다양한 정보를 얻을 수 있다.

스키마와의 비교 정보

사람은 자기 세계의 평가를 위해 정신적 스키마를 활용하고, 심리적 외상에 대한 평가를 위해 자신의 정신적 표상과 비교한다. 스키마는 자기 세계에 대한 신념과 지식의 총체다. 개체가 직면한 심리적 외상에 대한 정보를 얻기 위해 이 스키마를 기존의 스키마와 비교하게 된다. 심장병을 반복하여 앓은 환자를 생각해 보자. 심장병 초기에는 투병 생활에서 얻는 지식이 별로 없다. 그렇지만 심장병과의 장기 투쟁을 통해 그 병에 대한 부분적인 지식을 얻게 된다. 이는 자신의 병 상태를 자신이 축적한 스키마를 바탕으로 평가한 결과다. 만일 최초의 투병 생활에서 심리적 외상 없이 곧 회복되었다면 후속되는 투병 생활도 큰 어려움 없이 쉽게 극복해 나갈 수 있다. 그러나 최초의 투병 생활에서 심한 고통을 경험하였다면 현재의 투병 생활은 힘이 들고, 그것을 극복하기 어려울 것이다.

다른 한편, 과거에 질병을 쉽게 극복하였다고 생각하는 사람은 이전에 경험한 심리적 외상도 가볍게 극복할 수 있었다는 스키마를 가진다. 투병 중에 있는 환자는 현재의 외상 상태를 이해하기 위해 친구나 주위 사람의 상태와 비교하게 된다. 처음으로 유방암 진단을 받은 환자는 자신의 반응 특성을 이해하기 위해 같은 병을 진단받은 다른 사람은 어떤 반응을 했는지에 대한 정보를 수집한다. 그는 이러한 것들을 바탕으로 자신의 암 상태의 특징을 평가한다.

심리적 외상 상태에 대한 의사 결정이론에 따르면, 자신이 직면한 심리적 외상 상태를 평가할 때는 기존의 스키마와 비교하게 된다. 현재 자신이 직면한 부정적 사건이 다른 부정적 사태와 유사하게 보이거나 과거의 다른 부정적 사건이 보다 심각하였다고 느낄 때, 자신이 직면한 사건도 보다 심각한 수준에 이르렀다고 판단한다.

대체 결과와의 비교 정보

개체는 직면한 심리적 외상에 대한 정보를 얻기 위해 상상적인 대체 시나리오와 비교하기도 한다. 일단 심리적 외상을 경험한 사람은 그 사태의 반전 가능성을 상상한다. 대체 시나리오와 비교함으로써 현재 자신이 직면한 심리적 외상과는 전혀 다르다는 것도 생각할 수 있다.

심리적 외상에 직면한 사람은 보다 나은 대체 수단과 비교하는 상상 비교를 하게 된다. 예를 들면, 자신이 직면한 심리적 외상이 자기 힘으로 통제 가능할 것 같다고 생각될 때, 또 앞으로 직면하게 될 외상도 그와 같은 사건일 것이라고 생각되면 상향 비교를 선호하지만, 그렇지 못할 것이라고 생각되면 하향 비교를 선호한다. 이렇게 함으로써 앞으로의 반응 기술을 습득하게 된다.

대체 시나리오와의 비교는 부정적 사건에 대한 반응을 위해서는 물론이고, 자신의 기대 결과 평가를 위해서도 활용된다. 이때 사람들이 직면한 심리적 외상에는 부정적 정서가 수반된다. 자신의 기대에 미치지 못하는 결과를 얻었을 때, 희망이 성취되지 못하였을 때는 부정적 정서의 경험을 피할 수 없다. 실망 수준은 1차적으로 자신이 얻은 결과를 그들의 기대 수준과 비교함으로써 결정된다. 기대 수준이 자신이 얻은 결과보다 크면 더욱 크게 실망한다. 성적 A를 기대하였던 사람이 C를 받고 실망하는 수준은 성적 B를 기대하였던 사람이 C를 받고 느끼는 수준보다 높다.

보다 나은 대체 결과를 기대하거나 기대 수준이 높은 사람일수록 자신이 직면한 현실을 무의미하게 생각하는 경향이 있다. 수준이 높은 대체 시나리오를 가진 사람일수록 직면한 심리적 외상을 보다 부정적으로 평가하는 경향이 있는데, 이러한 사실은 참변 경험을 주제로 한 연구에서 발견된다.

이 실험에서는 참변을 당한 사람이 그 참변에서 벗어날 수 있는 시나리오를 쉽게 발견하면 보상을 주었다. 그 결과, 부정적 사건의 수준이 심하게 보였을 때 사람은 보다 쉽게 보다 나은 대체 시나리오를 발견할 수 있었다. 심리적 외상 사태에 대한 의사 결정이론에 따르면, 사람은 부정적 사건 수준이 높을 때는 보다 쉽게 보다 나은 결과를 상상할 수 있다. 특히, 통제 가능한 부정적 사건을 경험한 사람, 사건의 재발을 두려워하는 사람은 심리적 외상 사건을 더욱 부정적으로 생각하는 경향이 있다.

사회적 비교 정보

사람은 자기 자신에 대한 정보를 얻기 위해 다른 사람의 정보와 비교한다. 일반적으로 사람에게는 자신의 능력과 큰 업적을 성취한 사람의 능력을 공정하게 평가하는 능력이 결여되어 있다. 그러므로 사회적 평가를 기준으로 불확실성에 대한 정보를 얻을 수 있다. 비교 목표와 자신과의 관계에 따라 사회적 비교 결과는 크게 달라진다. 일반적으로 자기보다 나은 사람과 비교하면 부정적 감정이 따르지만, 자기보다 못한 사람과 비교하면 보다 긍정적인 감정이 따른다. 사람은 부정적 경험을 겪고 난 후에 자기보다 못한 사람과 비교하는 것이 보통이지만, 예외도 많이 있다. 사람은 보다 바람직한 정보를 얻을 수 있을 것 같이 생각될 때, 자신이 직면한 부정적 사건의 극복에 도움이 될 것 같이 생각될 때, 그리고 자신의 주관적 웰빙 수준을 증대시키는 데 도움이 된다고 생각될 때 자기보다 나은 사람과 비교한다. 암 환자의 경우, 자기 자신이 보다 효과적으로 회복될 수 있을 것이라고 생각할 때 자기보다 상태가 좋은 사람과 비교한다.

특수한 형태의 사회적 비교도 있다. 현재 자신이 직면한 심리적 외상 사태를 과거 자신이 경험한 사태와 비교하는 것이 여기에 속한다. 일시적 비교도 사회적 비교와 유사한 기능을 한다. 일반적으로 사람은 현재 자기가 직면한 사태를 조건이 보다 좋지 못하였던 사태와 비교할 때도 있고, 좋았던 사태와 비교할 때도 있다. 전자의 경우에는 기분이 좋아 지지만 후자의 경우에는 그렇지 않다. 물론 과거의 자신을 객관적으로 평가하는 것은 불가능하다. 또한 일반적으로 사람은 자신이 보다 좋은 방향으로 변화되었다고 믿는 경향이 있다. 어떠한 경우든 사람은 부정적 사건을 사실 수준보다 긍정적으로 평가하는 경향이 있다.

일반적으로 사람은 자신이 경험한 심리적 외상 사건을 보다 비호의적으로, 그리고 정도가 심한 것으로 평가하는 경향이 있다. 또한 자기 자신을 보다 우위에 있는 사람과 비교하기도 하고, 현재 자신의 외상적 경험을 과거의 긍정적 경험과 비교하기도 하여 현재 자신의 입장을 보다 부정적으로 평가하기도 한다. 어떤 사람은 자기보다 나은 사람이 주는 가치 있는 정보라도 부정적으로 해석하는 경향이 있다. 사람은 부정적 사건의 정도를 평가할 때 여러 가지 정보를 활용한다. 사람은 현재 자신을 평가할 때 확실한 스키마와 비교하기도 하고, 상상적 결과와 비교하기도 하며, 다른 사람과 비교하기도 한다. 심리적 외상 수준을 비교 정보와 비교하는 것은 다소 복잡하다. 일반적으로 자신의 심리적 외상은 어떤 부정적 사건과 비교하였을 때도 더욱 정도가 심한 부정적 사건으로 지각된다. 이것이 사회적 비교의 일반적 법칙이다.

예상되는 결과에 대한 정보

사람은 심리적 외상의 수준을 평가할 때 사건의 잠재적 결과에 대한 정보(미래 지향적 정보)를 활용한다. 심리적 외상의 결과는 시간 경과에 따라 크게 달라진다. 한 사건이 현재에는 부정적 사건으로 판단되지만 많은 시간이 경과한 후에는 반대로 긍정적 사건으로 판단될 수도 있고, 현재 비교적 중성적 결과로 평가되지만 먼 훗날에는 부정적 결과로 평가될 수도 있다. 예를 들어, 낮은 성적을 받은 학생을 생각해 보자. 그 학생은 순간적으로 불쾌하지만 시간이 지나면 불쾌감에서 벗어날 수 있다. 이와는 달리 낮은 성적을 받고도 그 순간에 불쾌한 감정이 들지 않는 학생은 시간이 지나면 나쁜 성적을 받은 것에 대해 불쾌감을 갖게 된다. 필연적으로 부정적 결과가 수반된 데는 여러 가지 이유가 있다. 부정적 결과에 대한 기대감은 정도가 더욱 심한 부정적 결과를 가져온다. 예를 들어, 개인의 흡연에 대한 민감성은 흡연이 발화의 원인이 된다는 것을 얼마나 믿느냐에 따라 결정된다.

잠재적으로 부정적 결과의 가능성이 높다고 믿으면 보다 심한 부정적 결과가 온다. 예를 들어, 암 환자가 자신의 병세가 더욱 악화될 수 있고, 이에 따라 생활의 질이 저하된다는 정보를 얻으면, 그의 병세는 더욱 악화되고, 그의 생활의 질은 크게 떨어진다. 심리적 외상의 결과에 대한 예측 가능성과 그 수준은 직교 관계에 있다. 이와 같은 사실은 부정적 사건에 대한 결과 평가에서 매우 중요한 의미를 갖는다. 예를 들어, 지갑을 잃어버렸을 때 자기의 신분까지 도난

당할 수 있다고 여기는 사람과 아무런 문제가 발생하지 않을 것이라고 여기는 사람을 생각해 보자. 전자에게는 지갑 분실은 심각한 문제가 되지만 후자게서는 그렇지 않다. 예방적 건강 행동과 극복 행동 간의 관계 연구에서 부정적 사건 발생 가능성이 높다고 생각하는 사람에게서는 부정적 결과가 나타난다는 사실이 밝혀졌다. 이 사실을 바탕으로 부정적 사건에 직면하였을 때 어떤 반응을 할지 그에 대한 예언도 가능하다.

부정적 사건이 자기와 밀접한 관계가 있다고 생각하면 보다 심한 부정적 결과가 수반된다. 일차적으로, 다른 사람에게만 영향을 준다고 생각되는 사건에 대해서는 부정적 반응을 일으킬 것이라고 기대하지 않는다. 예를 들어, 단 한 번 만난 사람의 죽음보다는 오랜 세월을 두고 사귄 사람의 죽음을 보다 의미 있게 생각한다. 물론 사건이 심각한 것이라면 다른 사람에 대한 영향도 깊이 고려하게 된다.

많은 사람에게 큰 영향을 주는 사건보다는 자기와 가까운 사람과 관계되는 하찮은 사건에 보다 큰 관심을 갖는다. 미국에서 있었던 9 · 11 테러나 허리케인 카트리나 같이 실제 일어난 사건은 단순히 TV에 방영된 사건보다 심각하게 지각된다. 또 친숙하지 않은 사람보다는 친숙한 사람, 가족이나 자기 자녀와 보다 가까운 사람과 관계되는 일에는 보다 많은 주의를 기울이게 된다.

많은 사람에게 영향을 미치는 사건은 보다 심각한 것으로 지각되는 경향이 있다. 성병에 대해 생각해 보자. 성병은 대중에게 부정적으로 지각된 질병이다. 이 질병은 건강에 부정적 영향을 주고, 사회적으로는 보다 부정적인 이미지를 준다. 예를 들어, 성병 환자는 HIV 검사 결과에 대한 불안이 매우 높다. 이는 양성 결과보다도 그러한 진단을 받았다는 데 대한 사회적 수치감 때문이다. 마찬가지로 심장병 검사를 받았을 때 심장에 대한 걱정보다는 심장에 대한 부정적 지각이 더 큰 문제가 된다. 어떤 경우에나 공공성 이미지에 대한 영향을 더욱 크게 생각하게 된다.

사건의 결과를 언제 얻느냐에 따라 결과에 대한 지각도 달라진다. 사람은 먼 훗날에 얻게 될 결과보다 당장 얻을 수 있는 결과에 대해 보다 큰 가치를 부여한다. 예를 들어, 사람은 먼 훗날에 소득을 얻게 될 일보다는 지금 당장 소득을 얻을 수 있는 일에 대해 보다 큰 가치를 부여한다. 시간적 추론이론에 따르면, 당장 결과를 얻을 수 있는 일에 대해서는 구체적 관점에 역점을 두지만 상당한 시간이 지난 후에 결과를 보게 될 일에 대해서는 추상적 관점에 역점을 둔다. 예를 들어, 내일 시험을 치를 예정이라면 필기시험 시간을 강조할 것이다(세목 중심의 관심). 반면에 시험의 계획이 다음 주나 그 후로 잡혔다면 보다 좋은 학업성적을 유지하는 데 관심을 가질 것이다(추상적 관심).

사람은 효과가 언제 나타나느냐에 따라서 서로 다른 잠재적 결과를 기대한다. 즉, 결과가 곧 나타날 것 같을 때는 구체적인 결과에 관심을 두지만, 결과가 상당한 시간이 지난 후에 나타날 것으로 생각될 때는 추상적 결과에 관심을 갖는다. 위기 사태에서의 의사 결정이론에 따라 요약하면, 사람은 부정적 사건의 수준을 평가하기 위해 그와 관계된 모든 정보를 활용한다. 또 사건의 수준을 평가하기 위해 당장 활용 가능한 정보와 나중에 활용 가능한 정보까지도 세밀하게 검토한다.

선택 가능한 반응 결정

심리적 외상 수준을 이해하고 나면 그에 대한 반응 책략이 결정된다. 이것이 심리적 외상 사태에 대한 의사 결정이론의 제2단계다. 이 단계에서 우리는 사태 해결에 자신이 기여할 수 있는 것을 찾아내야 한다. 이 단계의 기능은 극복의 2차적 평가 단계와 같다. 선택 가능한 반응 결정 단계에서는 심리적 외상을 극복하기 위해 자신이 선택 가능한 것이 무엇인가를 스스로 결정해야 한다. 이 단계는 Leventhal, H.의 질병 자아 제어 과정의 활동 계획 발전 과정과 매우 유사하다. 이와 같이 위기 사태에 대한 의사 결정이론의 제2단계에서는 자신의 선택 유형을 제한하는 요인을 찾아내서 자신이 활용 가능한 반응 형태를 결정해야 한다. 선택 가능한 반응의 결정 과정에서는 결과의 통제 가능성과 반응의 용이성이 깊이 고려되어야 한다.

부정적 결과에 대한 통제 가능성을 인지할 수 있어야 반응 선택이 보다 쉬워진다. 실제 부정적 결과가 예견되면 적극적 반응 유형을 선택하려고 시도한다. 그러나 그렇지 못할 때에는 최종적 반응 유형을 선택하려고 시도할 것이다. 말기 암 환자가 효과를 기대할 수 없지만 지속적으로 의학적 치료를 받는 경우와 같이 통제 불가능한 사태에서도 적극적으로 반응하려고 시도한다.

통제 불능 사태에 직면하게 되면 반응 범위는 크게 제한을 받는다. 그러나 가능한 선택 방법을 꾸준히 모색하게 된다. 예를 들어, 애인과 헤어진 사람은 자신의 고독감을 씻기 위해 가족이나 친구와 어울리며 사랑을 나눌 사람을 찾는다. 이를 통해 자신에게 통제 가능한 이상의 능력이 있다는 생각을 갖는다. 통제에 대한 착각은 건전한 정신건강에 큰 도움이 된다. 위기 사태에서의 의사 결정이론은 어떤 반응이 다른 반응보다 유익하다는 것을 주장하지 않는다. 그것보다는 선택 가능한 반응을 결정하는가에 역점을 둔다. 반응 효과가 보장되지 않을 경우에도 적극적인 반응 유형의 탐색은 지속된다. 그리고 객관적으로는 전혀 통제가 불가능한 사태에 대해서도 통제가 가능하다고 믿는 경향이 있다.

사람은 통제 가능성과는 상관없이 시간, 돈, 사회적 지지 및 필요한 능력이 없다면 효과적인 반응을 불가능한 것으로 생각한다. 일단 부정적 사건이 일어나게 되면 그 사건을 극복하는 데 필요한 부가적 자원의 활용이 불가능해진다. 부정적 사건이 예기된다면 순향성 극복에 필요한 자원을 축적하는 것이 필요하다. 실제 부정적 사건을 예기하고 그것을 성공적으로 극복하는 데 필요한 자원을 축적해 놓은 사람은 선택 가능한 자원을 찾아내는 것이 쉽지 않다. 왜냐하면 극복에 필요한 자원이 이미 축적되어 있어서 그 범위가 제한되기 때문이다. 자신의 장래를 예언하기도 어렵다. 또 성취 가능한 결과를 성취하는 데 소요되는 방대한 비용은 부정적 사건이 실제 일어났을 때 활용할 수 있는 수단을 경감시키는 결과를 가져온다.

일단 심리적 외상의 수준이 평가되고, 반응 수단이 결정되고 나면 최선의 방법을 선택하는 과정에 들어간다. 이 단계에서 사람은 이전 단계에서 결정된 각 반응의 타당성을 점검한다. 극복 유형에 대한 평가 단계에서는 Lazarus, R.와 Folkman, S.의 극복이론이나 Leventhal, H.의 질병제어모델에서 활용 가능한 반응을 결정하는 단계와 병행한다. 심리적 외상 사태에서의 평가 과정은 반응 선택과 동시에 이루어지거나 혹은 다음 단계에서 독자적으로 이루어진다. 다시 말하면, 사람은 다른 반응을 선택하기 전에 선택 가능한 반응을 미리 고려하게 된다. 보다 안전한 반응을 위해서 선택 가능한 반응에 포함된 요인과 다른 선택 가능한 반응에 포함된 주요 요인을 충분히 파악할 필요가 있다. 경우에 따라서 사람은 이 이론의 제2단계에서 한 가지 반응만 나타내는 수도 있다. 만일 단 한 가지 반응만 가능하다면(혹은 한 가지 반응만 가능하다고 생각하면), 반응 평가 과정은 따르지 않는다. 심리적 외상 사태에 대한 의사 결정이론에 따르면, 개인이 자신의 반응 형태를 평가할 때 반응에 소요되는 수단, 반응의 직접적 결과, 그리고 반응의 간접적 결과 등에 대해 깊이 생각하게 된다.

필요한 수단

심리적 외상에 직면하였을 때, 사람은 모든 조건이 동일하다면 특별한 기량이 필요하지 않는 반응을 선택한다. 자기 스스로 반응 수단을 상실할 것 같은 생각이 들면, 그것은 스트레스를 유발하는 1차적 요인이 된다. 그러므로 이를 방어하기 위해 사람은 특별한 기량을 요하지 않는 반응을 유지하고자 하는 동기가 보다 강화된다. 심리적 외상 사태에서의 의사 결정이론의 제2단계에서는 활용 가능한 반응을 제한하고, 제3단계에서는 선택 가능한 반응에 대해 평가한다. 반응에서 요구되는 수단에는 돈, 시간, 에너지, 힘, 정서적 고통, 그리고 일반적 웰빙이 포함된다. 보다 많은 수단을 가진 사람은 특정한 반응에 소요되는 비용에 별로 관심이 없다. 그러나 소요되는 수단을 최소화하는 것은 반응 유형을 선택할 때 깊이 생각해야 한다. 수단보존모델에 따르면, 사람은 자신의 궁극적 목적 달성에 도움이 된다는 판단이 설 때 극복 반응 수단을 선택한다. 이는 필요한 수단에 대한 정보 반응의 용이성에 대한 정보와는 엄격하게 구분되어야 한다.

용이성에 대한 정보는 반응의 가능성에 관심을 두는 반면, 소요되는 수단에 대한 정보는 반응이 바람직한가에 관심을 둔다. 반응이 쉽지 않은 것은 어떤 수단이 있다 하더라도 심리적 외상 사태에 대한 의사 결정이론의 제3단계에서는 고려되지 않는다. 치료를 받는 데 1,000만 원이 든다는 사실을 환자가 알고 있다고 하자. 만일 환자가 그 많은 돈을 가지지 못했다면 선택할 반응을 고려할 수 없다(즉, 반응이 쉽지 않다). 그러나 1,000만 원을 가진 환자도 너무 비용이 많이 든다는 생각이 들면, 그는 결과적으로 다른 반응 수단을 선택할 수밖에 없다.

직접적 결과

선택 가능한 반응 평가 과정에는 반응의 잠재적 결과까지도 미리 고려할 필요가 있다. 직접적 결과는 심리적 외상 사태의 변화 결과다. 이는 긍정적 변화일 수도 있고, 부정적 변화일 수도 있다. 만일 심리적 외상이 건강 문제에서 기인한 것이라면 직접적 결과는 환자의 건강 상태에 영향을 주는 반응의 결과다. 또 심리적 외상 사건이 직업과 관계되는 것이라면 직접적 반응 결과는 종업원의 작업 상태에 영향을 준다. 반응은 긍정적인 것일 수도 있고, 부정적인 것일 수도 있다. 일반적으로 사람은 긍정적 결과를 추구하기보다는 부정적 결과를 회피하려는 경향이 강하다. 이것은 사실 사람으로 하여금 잠재적으로 감당하기 어려운 상태로 악화되는 것을 고려하지 아니하고 행동하기보다는 자신이 감내할 수 있는 사태를 유지하기 위해 행동하게 하는 잠재적 기능이다. 이와 같은 사실은 선택 가능한 반응을 평가할 때는 잠재적인 긍정적 결과보다 부정적 결과에 관심을 가질 필요가 있음을 시사한다.

반응의 직접적 결과를 평가할 때 사람은 이러한 반응이 긍정적 변화를 일으켜서 부정적 변화를 피하는 데 도움이 될 수 있을까 하는 의문을 제기한다. 사람은 우선 각 반응의 효율성을 평가한다. 예를 들어, 불쾌한 치료를 받으면 생존할 수 있다는 정보를 가진 암 환자는 지속적으로 치료를 받을 것이라고 예언할 수 있다. 심리적 외상에 대한 의사 결정이론에 따르면, 환자가 긍정적 결과가 있을 것이라고 판단되면, 부정적 결과가 있을 것이라고 생각될 때보다 더 많은 바람직한 반응을 하게 된다.

특정 반응의 잠재적 효과는 얼마나 지속될 수 있는가? 부정적 사건의 효과를 완전히 제거하는 반응도 있고, 약간의 반응을 제거해 주는 반응도 있다. 부정적 측면에서 볼 때, 기존의 사태를 잠재적으로 악화시키는 수도 있다. 이와는 달리 약간 도움이 되는 것도 있고, 최악의 경우에는 부정적 결과에 전혀 영향을 주지 못하는 것도 있다. 반응의 효과는 지속 시간이 서로 다르다. 효과는 장기간 지속되기도 하지만, 단시간만 지속되기도 한다. 여러 반응 가운데 어느 하나를 선택해야 하는 경우에는 활용 가능성이 보장된 반응에 관심을 갖는다. 반응의 효과가 반전될 수 있는가, 선택한 반응이 다른 반응의 가능성을 억제할 수 있는가? 부정적 결과를 가져올 가능성이 전혀 없는 반응도 있다. 그리고 보다 영구적인 영향을 주는 반응도 있다.

간접적 결과

특정 반응의 영향은 매우 다양하다. 특정 반응 가운데 어떤 것은 부정적 사건은 물론 반응자의 생활에도 변화를 가져온다. 직접적 결과는 반응 효과를 증폭시키기도 하고, 반응 효과에 영향을 주기도 한다. 또 직접적 결과는 개인의 정서, 이미지, 그리고 다른 생활 영역에서 나타난다. 정서적 결과와 이미지의 결과는 매우 중요하지만, 다른 생활 영역의 결과의 중요성은 별로 큰 의미가 없다. 심리적 외상 사태에 대한 의사 결정이론에 따르면, 효과가 자기 생활에 직접 영향을 주지 않거나 자기의 대중적 이미지에 영향을 주지 않거나 혹은 자기 자신의 정서적 결과에 영향을 주지 않을 때는 자신의 행동이 다른 사람에게 주는 영향에 대해서는 별로 관심을 가지지 않는다. 사실상 사람은 현재 직면한 문제를 해결하는 것보다는 자기 자신의 정서를 조정하고 자신의 이미지를 보호하는 데 더욱 큰 관심을 갖는다.

사람은 부정적 사건에 수반되는 정서적 결과에 대해 큰 관심을 갖는다. 이는 문제 해결과 직접 관련이 있지만, 대부분의 정서적 결과는 부정적 사건에서는 2차적인 문제로 다루어진다. 사람은 부정적 사건에 수반되는 다양한 정서적 반응, 특히 실망과 후회의 정서에 역점을 둔다. 부정적 반응 결과가 자의적 통제가 불가능할 때는 심한 실망의 정서를 경험하게 되지만, 반응의 결과가 자신의 행동 결과와 밀접한 관계가 있을 때는 후회의 정서를 경험하게 된다.

사람은 평상시에는 실망과 후회의 정서를 회피하려고 하지만, 중요한 의사 결정 장면에서는 이를 마음속에 간직한다. 물론 다른 사람의 느낌에 대한 정확한 판단은 불가능하다. 그렇지만 정서 반응을 기초로 한 반응 상태의 정확한 예언은 가능하다. 사람은 편견에 따라 훗날의 정서적 상태를 평가하는 경향이 있다. 또 긍정적 사건이나 부정적 사건을 경험할 때, 정서의 강도와 그 지속 시간을 과대평가하는 지각 특성 때문에 자신의 반응 평가 결과에 대해 후회하고 실망하는 경향이 있다.

자신의 반응은 자신의 대중적 이미지에 큰 영향을 미친다고 생각한다. 자기 표출의 동기는 개인 행동의 특성 결정에서 큰 비중을 차지한다. 그러므로 자신의 반응이 다른 사람에게 주는 영향을 깊이 생각하게 된다. 예를 들면, 사람은 의학적 검사 결과가 자신에게 불쾌감을 줄 것 같은 예감이 들면 그 결과에 관심을 두지 않는다. 젊은 사람은 자신의 의학적 문제를 발견하였을 때 더욱 공격적으로 반응한다. 자신의 약점을 보이는 것이 싫기 때문이다.

개인의 대중적 이미지는 자신의 특성에 의해 결정된다. 한 젊은이가 어려운 처지에 직면하였을 때, 자기 부모가 나타났을 때보다 친구가 나타났을 때 공격적으로 행동하는 경향이 있다. 그의 행동에는 영향을 미치는 외적 인물 외에 자기표상에 영향을 주는 내면적 가치도 포함된다. 자기 충족감에 가치를 두고 행동하는 사람을 생각해 보자. 그는 자기 자신을 자립적인 사람이라고 생각하고 다른 사람의 도움을 받는 것을 바람직하게 생각하지 않는다. 이와 같은 주장을 바탕으로 이루어진 한 연구 결과를 보면 다음과 같다. 우울증이 개인의 성장에 부정적 영향을 준다고 생각하는 사람은 치료나 상담을 기피한다. 바람직하지 않은 치료를 받고 싶지 않은 사람은 자기 자신의 문제를 해결하기 위해 자기표상적 관심을 표출하는 것을 억제하는 경향이 있다. 일반적으로 자기표상에 부정적 영향을 주는 반응도 기피하려는 경향이 있다.

일반적으로 사람은 자신의 반응이 자신의 생활에 주는 영향을 깊이 고려하게 된다. 암 진단을 받은 가장을 생각해 보자. 그에게는 화학 물질 치료와 방사선 치료가 효과적이다. 그가 치료를 받기 위해서는 일정 기간 휴직이 필요하다. 이러한 경우, 진단에 대한 반응을 하기 전에 수입의 감소를 깊이 고려해야 한다. 의학적 측면에서 특정한 치료 효과는 환자의 일반 생활에 큰 영향을 준다. 심리적 외상 사태에 대한 의사 결정이론에 따르면, 개인의 반응은 부정적 사건뿐만 아니라 개인의 생활 전반에 미치는 영향도 깊이 생각하게 된다. 사람은 자기 생활에 부정적 영향을 준다고 생각하거나 당면한 문제와 별로 상관이 없다고 생각되면 바람직하지 못한 것으로 여긴다.

일반적으로 사람은 다른 사람에게 영향을 주는 행동에 관심이 크다. 자신에게 영향을 주는 행동에 대해서는 더 깊은 관심을 가진다. 앞서 설명한 암 진단을 받은 환자의 사례를 다시 보자. 그는 화학 물질 치료가 어떻게 진행되며, 그것이 자신의 역할, 예를 들어 가장, 아이들의 아버지, 회사원 그리고 골프 모임에서 자신의 역할에 대해 숙고하게 된다. 가족 구성원의 어느 한 사람이 병석에 눕게 되면, 다른 가족 구성원은 심한 스트레스를 피할 수 없게 되고, 그것이 다른 사람에게 주는 영향을 깊이 생각하지 않을 수 없다. 이러한 배려는 매우 합리적이다. 즉, 모든 사람은 자신의 반응이 다른 사람에게 부정적 영향을 줄 때는 그렇게 바람직한 것이라고는 생각하지 않는다.

2 심리적 외상의 극복

심리적 외상의 극복

우리는 여러 가지 형태의 스트레스 속에서 생활하고 있지만 결코 불행하지만은 않다. 이는 우리가 그것에서 벗어나기 위해서 여러 가지를 생각하고 행동하기 때문이다. 캘리포니아대학교 심리학 교수 Richard Lazarus와 Susan Folkman은 개인이 스트레스를 받고 있다고 생각될 때 그것에서 벗어나기 위해 내적 및 외적 도구를 조절하게 되는데, 여기에서 사용되는 사고와 행동을 극복 책략이라고 정의하였다.

동일한 사건이라도 사람에 따라 다르게 느껴진다. 어떤 사람에게는 행복하게 지각되는데, 어떤 사람에게는 불행하게 지각될 수 있다. 이와 같은 지각의 차이를 이해하기 위해서는 극복 책략의 특성을 이해하는 것이 무엇보다 중요하다. 스트레스에 대한 반응 특성은 단일 요인에 의해서 결정되지는 않는다. 그것은 개인의 성격, 문화적 환경, 생활 경험, 사회적 환경 등에 의해서 결정된다. 그리고 그의 인지적 특성과 행동 특성도 주요 요인으로 작용한다.

극복 책략은 여러 가지 요인에 의해서 결정된 개인의 반응 형태라는 특성이 있다. 이 반응 형태의 특성에 따라 개인이 지각한 스트레스 사태를 극복하는 데 필요한 서로 다른 기술과 책략이 결정된다. 그렇다면 스트레스란 무엇인가? 스트레스는 환경이 자신에게 요구하는 것과 그것을 감당할 자신의 능력이 균형을 이루지 못하는 상황에서 자기 스스로 느끼는 주관적 경험이다. 개인이 극복하기 어렵다고 느끼는 스트레스 사태는 사람에 따라 크게 다르다. 동일한 스트레스 사태라고 하여도 어떤 사람에게는 사소한 것으로 생각되지만 어떤 사람에게는 매우 심각한 것으로 생각된다. 이 때문에 조건이 동일한 상황에서 동일한 과제를 수행하여도 수행 결과가 달라진다. 즉, 과제 수행의 결과가 향상되는 수도 있고, 그 결과가 크게 떨어지는 경우도 있다.

1950년에 캐나다 몬트리올대학교 실험의학연구소의 내분비학자인 Hans Selye(1907~1982)는 생리적 스트레스와 심리적 스트레스가 매우 유사하다는 사실을 발표하여 많은 사람의 지지를 받았다. 그는 말년에 캐나다의 국익에 공헌한 공로로 훈장을 받기도 하였다. 그의 일반적응증후군(GAS)이론에 따르면, 어떤 조직에 가해진 유해원인(스트레스 원)에 대한 생리적 방어(스트레스 반응)는 다른 유기체에서도 동일하게 나타난다. 이것은 극복의 심리학적 개념에서 유추한 것으로 생각할 수 있다. Selye, H.는 스트레스를 유스트레스와 디스트레스로 구분하였다. 전자는 유쾌한 양질의 스트레스로서 긍정적 감정과 건전한 생리적 반응을 일으킨다. 그러나 이와는 대조적으로 후자는 불쾌한 질이 낮은 스트레스로서 신체적 기능까지도 손상시킬 수 있다.

Lazarus, R.도 스트레스를 손상, 위협 및 도전의 세 가지로 분류하였는데, 손상은 심리적 상처로 이미 오래전에 경험한 것들이다. 예를 들어, 사업에서 거액을 손실을 본 것과 같은 경험이다. 위협은 손상을 예기하는 감정이다. 이는 현재 겪는 것은 아니지만 머지않아 틀림없이 겪게 될 것 같은 감정이다. 또한 도전은 성취하기 어려운 욕구를 자신의 능력으로 성취하게 될 것이라는 신념이다.

긍정적 극복 책략에는 자기의 도전, 위협, 손상 및 손실을 야기하는 매우 어려운 일을 관리하고 조절하는 기능이 있다. 극복은 유기체가 역경에 적응하는 데 필요한 감각이다. 긍정적 심리학의 발달에 따라 극복은 넓은 의미로 사용되고 있다. 즉, 자아에 의해 제어된 목적 달성이나 개인적 성장 수단이 되었다. 극복의 개념과 책략도 다양해졌다. 누구나 이미 오래전에 손실한 것, 직면한 유해성 사건, 혹은 예기되는 위험한 사건에 대해 스트레스를 느낀다. 스트레스의 사회적 의미는 더욱 복잡하다. 그러므로 그것은 원시적 방법, 예를 들어 투쟁-도피 반응이나 긴장 이완의 기술만으로는 그것을 극복하는 것이 어렵거나 불가능하다. 그것을 극복하는 방법은 다양하다.

스트레스의 극복 유형은 반응성, 예기성, 예방성 및 순향성으로 분류된다. 반응성 극복은 결혼의 불화, 실직, 잘못된 취업, 돌발 사고, 부모나 친구의 부당한 비판이나 감봉 처분을 받았을 때 그것을 직접 극복하기 위한 노력이나 보상받고자 하는 노력이다.

이와 같은 경험을 가진 사람은 그에 대한 치료를 피해서는 안 된다. 극복은 실패한 생활에 대한 재적응 과정이며, 인생의 의미를 탐색하는 수단이라고 생각해야 한다. 따라서 반응성 극복에는 문제 중심의 극복, 정서 중심의 극복 혹은 사회 관계 중심의 극복과 같은 기능이 있다. 개인은 자신의 손실이나 손상을 극복하는 데는 자기 효험의 신념과 같은 특정한 낙관적 신념이 필요하다.

예기성 극복은 반응성 극복과는 다르다. 이것은 어떤 의미에서는 손상이나 손실을 조절하기 위한 노력이라고 볼 수 있다. 예기적 극복 과정에서는 나중에 직면하게 될 어떤 위협을 피하는 것이 아니다. 그것을 효과적으로 조절하는 방법을 탐색하는 것이다. 예정된 중요한 대중 연설, 치과 치료 약속, 결정된 취업 면접, 증가한 업무량, 중요한 시험의 임박, 임박한 승진 여부 결정, 은퇴의 임박에는 누구나 위협의 감정을 느낀다. 그것은 피할 수 없고 적절하게 조절해야 한다. 그 위협 사태는 그에게 위협이 될 수도 있지만 경우에 따라서는 어떤 형태의 도움이 될 수도 있다.

개인은 위협을 극복하기 위해서 여러 가지 방법을 찾는다. 현실을 바탕으로 해결할 수도 있고, 주위의 도움을 받아 해결할 수도 있다. 그것이 여의치 않다면 다른 극복 수단을 탐색해야 한다. 위협을 긍정적 감정으로 생각해야 한다. 그 사태를 안정적 사태로 재정의할 수도 있고, 그것을 계기로 다른 사람에게 긍정적 보장을 받을 수 있다고 생각해야 한다. 예기성 극복은 자신이 예기하는 위협을 조절하는 개인의 한 수단이다. 여기에는 자기 자신이 스트레스와 투쟁하거나 혹은 예견되는 이점을 극대화하는 기능이 내포된다. 개인의 책략 요인의 하나는 Ralf Schwarzer와 Britta Renner가 주장하는 사태 특유의 극복자기효험의 감정이다. 이것은 특정한 사태에서 오는 위협을 매우 성공적으로 극복할 수 있다는 매우 낙관적인 자기효험의 신념이다.

예방성 극복은 장기간 지속되는 불확실한 사건에 대한 방어 능력이다. 이는 예기성 극복이 단기간 지속되는 확실한 사건을 방어하는 노력과 대조를 이룬다. 예방성 극복에는 스트레스의 효과를 경감시키는 기능이 있다. 따라서 심한 스트레스를 가볍게 극복하는 데 큰 도움이 된다. 예방성 극복은, 예를 들면 실직, 강압에 의한 퇴직, 범죄, 질병, 신체적 쇠약, 천재지변 그리고 빈곤 등을 예방하는 수단이 될 수 있다. 이를 위해 건강보험에 들기도 하며, 저축을 하기도 한다.

순향성 극복은 설정한 목표에 도전하는 수단, 개인의 성장을 증대시키는 수단으로 활용될 수 있다. 순향성 극복자에게는 비전이 있다. 그들은 장차 직면하게 될 위협을 예기할 수 있고, 그것을 위협이 아니라 도전을 위한 긍정적 기회라고 해석한다. 그들은 극복을 위협 조절 수단이라기보다는 설정한 목적 조절 수단으로 생각한다. 그들은 역향성 극복보다는 순향성 극복이 성장을 위한 건설적인 방법이라고 생각한다.

순향성 극복자는 자신의 향상과 발전을 위해 투쟁하고 자신이 활용 가능한 자질을 축적하기 위해 노력한다. 그들은 생활 조건을 향상시킴으로써 보다 나은 삶의 의미를 찾을 수 있고, 스트레스는 곧 생산적 각성 상태며, 거기에는 힘찬 에너지가 함축되어 있다고 생각한다. 예방성 극복자와 순향성 극복자의 특성은 매우 유사하다. 그들은 장차 직면하게 될 위협의 효과적 극복을 위해 장기적 계획을 세워 기술을 발전시키고 축적한다. 하지만 이들에게는 서로 다른 특성이 있다. 위협에 대처하는 방법과 도전의 동기 수준이 다르다. 예방적 극복을 시도하는 사람의 동기 수준은 순향성 극복을 시도하는 사람의 동기 수준보다 높다. 순향성 극복자의 표준 수준은 비교적 높다. 자기 제어성 목표 조정을 하는 사람은 높은 목표를 설정하고, 그것을 열심히 추적한다. 목표를 적극적으로 달성하기 위해서는 자신이 어떤 어려움도 성공적으로 극복해 낼 수 있다는 낙관적 신념, 즉 행동자기효험을 필요로 한다. 이는 2006년 캔자스대학교에서 라이트 임상심리학 수훈교수로서 세상을 떠난 Snyder, C.가 주장하는 행위의 개념과도 매우 유사하다.

극복과 의미의 탐색

극복 과정에는 의미의 탐색 과정이 내포되어 있는데, 이 과정에는 여러 가지 의미가 함축되어 있다. 적응을 위한 극복 과정에서는 의미가 큰 비중을 차지하며, 극복 과정에서 쓰이는 의미의 수준은 동일하지 않다. Folkman, S.과 Judith Moskowitz는 이를 사태적 의미와 총체적 의미로 구분하고 있다. 사태적 의미는 자신의 스트레스 극복 과정에서 그것이 자신의 신념, 목표 및 가치에 얼마나 도움이 되는가에 역점을 둔다. 이와는 달리 총체적 의미는 추상적인 것보다 일반적인 것으로 자신의 실존적 가치에 역점을 둔다. 개인이 추구하는 의미는 그가 처한 역경을 보다 쉽게 극복할 수 있는 힘이 된다는 것이다.

개인은 환경과 다양한 상호 작용을 통해 여러 가지 의미를 습득한다. 다른 의미와 마찬가지로 정서적 의미는 자신이 처한 사태가 자신의 신념, 목표 및 가치에 따라 자동적으로 결정된다. 직면한 사태는 자신과 관계가 있을 수도 있고 없을 수도 있으며, 위협이 될 수도 있고 도전을 필요로 할 수도 있다. 그것은 본인이 평가한 의미에 따라 적응 특성이 결정된다. 개인이 가지는 의미의 특성은 직면한 스트레스 사태를 평가하는 데, 극복 책략을 선택하는 데, 그리고 극복을 위한 행동을 결정하는 데 결정적 영향을 준다. 특히 긍정적 행동에 도움을 주는 극복 책략에 큰 영향을 미친다. 베를린자유대학교 교수 Schwarzer, R.와 Nina Knoll은 긍정적 행동을 촉진시키는 극복 책략, 특히 의미와 관련된 극복 책략에는 긍정적 평가와 긍정적 의미 부여의 기능이 있다고 주장하였다.

부정적 경험도 긍정적으로 평가되면 긍정적 행동 수준이 상승한다. 이와 같은 사실은 임상사례에서 입증되고 있다. AIDS 진단을 받은 남편을 8개월간 지속적으로 간호하였더니 남편의 행동에 긍정적 변화가 크게 나타났다는 임상보고도 있다. 이는 남편의 간호에 헌신한 아내가 스스로 자신의 일을 고통스럽지만 값진 것으로 평가한 결과로 해석할 수 있다. 또한 그와 같은 긍정적 변화는 남편을 위한 아내의 중제 중심의 극복 노력이 큰 도움이 된 것으로 해석할 수 있다.

긍정적 정서는 건강과 웰빙의 수준을 증대시키며, 사고 기능을 촉진시키고 활동 범위를 넓혀 준다. 그러나 부정적 정서는 사고 기능을 저하시키고 활동 범위를 크게 위축시키는 결과를 가져온다. 이것이 미시간대학교 심리학 교수 Barbara Fredrickson의 주장이다. 긍정적 정서는 부정적 정서의 효과를 크게 경감시키기도 한다. 또 긴장 이완 훈련이나 긍정적 의미를 탐색하는 긍정적 정서를 신장시키는 기술을 통해 불안, 우울증, 과격성과 같은 부정적 정서를 효과적으로 경감시킬 수 있다.

총체적 의미와는 달리 사태적 의미에는 개인의 세계관과 신념을 추상화·일반화하는 기능이 있다. 개인은 역경을 극복하는 과정에서 자신의 의미를 추구하기 위해 실존적 의미를 재구성한다. 의미는 개인의 적응 과정에서도 큰 도움이 된다. 이와 같은 사실은 캘리포니아대학교 심리학 교수 Shelley Taylor의 위협 사건에 대한 인지적 접근이론 구성에 큰 도움이 되었다. 그의 이론은 의미의 추구, 정복감, 자기 향상의 적응과 같은 3대 차원으로 이루어졌다.

이 3대 차원은 엄격하게 구분되는 성질의 것이 아니다. 이는 한 차원의 기능이 다른 차원의 기능 신장에 도움을 주기 때문이다. 예를 들면, 한 사건에 대한 인과관계의 설명은 자신에게 어떤 의미를 제시해 줄 뿐만 아니라 동시에 자신의 정복감의 수준도 높여 주는 결과를 가져온다. 이 경우 의미를 분석해 보면, 위협 사건의 원인과 그 영향을 충분히 이해할 수 있다. 왜 사건이 일어났는지, 왜 위협을 받게 되었는지를 이해함으로써 그 사건이 어떤 의미를 가지며, 그것이 자신의 삶에 어떤 도움을 주는지를 이해할 수 있다. 더 나아가 자신의 실존적 의미를 다시 이해할 수 있게 된다.

이와 같은 사실은 유방암 환자의 면담 결과에서도 잘 나타나는데, 면담한 유방암 환자 중 95%는 자신의 신체적 상태에 대해 자세히 설명하였다. 가까운 친구와 사이가 멀어졌거나 배우자와 사별한 사람을 면담해 보면, HIV 혈청 양성 반응자 가운데 그 의미를 정확하게 이해하는 사람의 T-헬퍼 수준이 높게 나타난다. 이는 면역 기능이 건전하다는 것을 의미한다. 이러한 사람 중에서는 사망자가 비교적 적다는 사실도 임상실험 결과에서 밝혀지고 있다.

내담자에게 상실된 사건이나 직면한 스트레스에 대해 보나 넓세, 그리고 새롭게 이해시키는 데는 많은 시간이 필요하다. 경우에 따라서는 그것이 전혀 불가능하기도 하다. 배우자와 사별한 사람이나 자녀를 잃은 사람 가운데 4~5년이 지난 후에도 그에 대한 새로운 이해가 불가능한 사람도 있다. 외상성 손실을 겪은 수년 후에도 그에 대한 기억이나 생각 때문에 온 가족이 어려움을 겪게 되는 사례도 있다. 대부분의 가족은 자기가 경험한 사건에서 새로운 의미를 발견하지 못한다.

스트레스 상황에서도 적응적 의미를 발견할 수 있는데, 이와 상반되는 주장이 없지는 않다. 죽음을 눈앞에 둔 환자의 가족에 대한 연구에서 의미의 2차원적 구조를 발견할 수 있다. 그 하나는 의미 구조, 다른 하나는 유익성 발견의 구조다. 전자는 자신이 직면한 사건, 예를 들면 중병을 기존의 스키마 혹은 적응 스키마, 종교, 건강 지식, 질병의 원인 · 결과에 통합시키는 것을 의미한다. 이와는 대조적으로 유익성 발견의 구조는 부정적 사건이나 역경 속에서 긍정적 의미의 추구를 의미한다.

중환자는 의미의 탐색에서 유익성 발견의 구조에 역점을 두는 경우가 많다. 예를 들면, 심장발작을 경험한 사람 가운데 유익성 발견의 의미를 강조하는 사람은 심장발작을 경험한 후 8년까지도 심장발작을 일으키지 않고 건강한 생활을 유지할 수 있었다. 이와 같이 의미의 탐색은 넓은 의미의 긍정적 극복 책략으로 간주할 수 있다. 여기에는 사태적 의미, 총체적 의미, 유익성의 발견 등 다양한 의미가 내포되어 있다.

순향성 극복과 역향성 극복

스트레스를 극복하는 방법에는 여러 가지가 있는데, 스트레스를 경험한 시점에 따라 그 극복 방법이 달라진다. 즉, 이미 오래전에 경험한 스트레스나 외상이 극복의 대상인가, 아니면 현재 자신이 직면한 스트레스나 외상이 극복의 대상이냐에 따라 극복 방법이 달라진다. 전자를 역향성 극복 혹은 과거 지향성 극복이라고 하고, 후자를 순향성 극복 혹은 미래 지향성 극복이라고 한다. 동일한 책략이 동일한 문제를 극복하는 데 활용되는 경우에도 그들이 사용하는 용어가 다를 경우가 있다.

지금까지 극복 책략의 연구자들은 과거에 경험하였던 스트레스나 심리적 외상 극복 방법과 그 효과에 역점을 두었다. 이것이 극복 책략의 고전적 연구자들의 특징이다. 따라서 역향성 극복 책략 혹은 과거 지향성 극복 책략에 관심이 쏠리지 않을 수 없다. 사실 개인이 과거에 경험한 스트레스나 심리적 외상보다는 개인이 현재 직면한 스트레스와 장차 직면하게 될 심리적 외상을 미리 예견하고, 그에 대한 극복 책략을 준비하는 것이 더욱 중요하다.

순향성 극복 책략은 현재 혹은 미래 지향성 극복 책략으로, 이는 개인이 현재 직면하고 있는 스트레스, 장차 직면하게 될 심리적 외상의 극복 책략에 역점을 둔다. 그러므로 이는 현재 혹은 미래 지향성 극복 책략이라고 볼 수 있다. 기대하지 않았던 절박한 일에 맞닥뜨렸을 때, 직장에서 예고 없이 해고당했을 때 받는 스트레스를 효과적으로 극복하는 방법은 무엇인가? 전통적 극복 책략으로는 그것을 효과적으로 극복할 수 없다. 이에 대한 답을 얻기 위해 메릴랜드대학교 심리학 교수 Lisa Aspinwall과 캘리포니아대학교 심리학 교수 Taylor, S.는 순향성 극복 책략, 혹은 현재 중심, 미래 지향성 극복 책략의 이론 체계를 개발하였다. 이 책략은 [표 2-1]과 같이 다섯 가지 도메인으로 구성되었다.

순향성 극복 책략의 효과적 조절은 순향성 성격에 의해 이루어지는데, 이 순향성 성격에는 다음과 같은 몇 가지 중요한 특징이 있

[표 2-1] 순향성 극복 책략의 다섯 가지 도메인

① 자원 확보의 중요성(장차 직면하게 될 손상이나 손실이 발생하였을 때 활용 가능한 자원으로 경제적 자원이나 사회적 자원을 축적한다.)
② 잠재적 스트레스 원의 인지
③ 잠재적 스트레스 원에 대한 초기 평가
④ 예비적 평가
⑤ 자신의 노력 성과에 대한 피드백

다. 즉, 모든 일의 성공 가능성이 높다. 그들은 많은 급료를 받으며, 빨리 승진하고, 자신의 직무에 대한 만족 수준이 높다. 사회 적응이 쉽고, 외향적이며, 성실하다. 그들은 대인관계보다 과제 지향성에 큰 비중을 둔다. 또한 자의적 환경 통제 욕구 수준이 높으며, 외향성 수준이 높아 활동적이며, 자기 주장적이며, 정력적이다.

성격 특성은 선천적으로 결정된다. 그렇지만 새롭고 바람직한 성격 특성은 자기훈련을 통해 스스로 개발할 필요가 있다. 그렇지 않으면 극복 책략의 수준은 신장되지 못한다. 성격 특성 훈련을 통해, 스트레스 환경에의 성공적 적응, 만족스러운 직무수행, 성공적인 사회생활을 보장받을 수 있다. 그러므로 스스로 새로운 생활 목표를 설정하고, 그것을 성취하기 위한 책략을 수립하게 된다. 잠재적 스트레스 사태나 부정적 사태는 피할 수 없기 때문에 그것을 효과적으로 극복할 수 있는 기능을 축적할 필요가 있다. 이러한 기술 축적을 통해 스트레스를 예방할 수 있으며, 직면한 스트레스는 순향성 극복 책략을 바탕으로 효과적으로 극복할 수 있다.

순향성 극복 책략에는 몇 가지 잠재적 이점이 있다. 우선 사태에 대한 부정적 평가를 피하는 데 도움이 된다. 이 극복 책략에는 일정한 비전이 보장되어 있다. 그러므로 이 극복 책략을 가진 사람은 장차 위협이 되는 기회를 미리 예감할 수 있다. 그러나 그것을 위험스럽게 생각하거나 부정적으로 생각하지는 않는다. 그것보다는 곧 도전을 위한 기회로 생각하기도 하고 성공으로 이어지는 지름길로 생각한다. 극복 책략은 위험 관리를 위한 수단이 아니고 목적 성취나 달성의 형태로 발전하게 된다. 순향성 극복 책략을 가진 사람은 자기 발전을 위해, 발전의 질을 향상시키는 데 역점을 둔다. 어려운 사태나 스트레스 사태를 극복하는 데 가장 중요한 방법이 자원 축적이다.

순향성 극복은 예기되는 사건을 긍정적으로 변화시키려는 시도며 노력이다. 이러한 의미에서 순향성 극복은 스트레스 사건의 극복과 다르며, 예기적 극복과도 다르다. 그러므로 극복은 잠재적 위험을 내포하는 것, 손상을 끼치는 것, 혹은 손실을 줄 것이라고 생각되는 환경적 혹은 정신 내적 욕구를 억제하고, 참고, 경감시키고 혹은 최소화시키는 활동이다. 예기성 극복은 예기되는 사건에서 기인한 스트레스 반응을 대비하는 수단이므로 순향성 극복과 다르다.

순향성 극복은 일시적으로 예기성 극복에 선행한다. 여기에는 자원 축적과 기술 습득이 포함된다. 이는 특정한 스트레스 원에 활용될 수 있는 것이 아니다. 그것은 극히 일반적인 것에 대비하기 위한 것으로 직면하게 될 스트레스 원에 대해 충분한 방어를 위한 준비 태세다. 순향성 극복은 직면한 스트레스 원을 극복하는 것과는 다른 기술과 활동을 필요로 하는 것으로 특정한 스트레스 원을 목표로 한 행동이 아니다. 그러므로 그 극복 기술은 잠재적 스트레스 원을 발견하는 데 큰 도움이 된다. 순향성 극복의 대상은 현재 직면한 스트레스 원이 아니다.

순향성 극복에는 또 다른 기능이 내포되어 있는데, 이것은 실제 스트레스 수준을 저하시킬 수 있다. 스트레스의 특성에 따라 그 수준은 다르다. 즉, 실제 스트레스 사건보다는 스트레스 가능성이 높은 사건의 수준이 더 많이 떨어진다. 그것은 순향성 극복 활동을 하면 실제 그 사태에 직면하였을 때 느끼는 스트레스 수준이 낮게 나타난다. 스트레스는 피하는 것보다 초기에 직접 조정할 때 쉽게 극복할 수 있다. 특히 초기의 스트레스 원의 수준이 낮기 때문에, 그리고 그 근원이 확실하게 밝혀져 있지 않기 때문에 보다 쉽게 극복할 수 있다. 스트레스 사건에 임박하면 그 조정 방법은 다양해진다. 스트레스가 야기되거나 더 발전하게 되면, 극복 책략의 선택은 더 많은 제한을 받게 된다.

순향성 극복의 단계

순향성 극복은 여러 단계를 거치게 된다. 메릴랜드대학교의 심리학 교수 Lisa Aspinwall과 캘리포니아대학교 심리학 교수 Taylor, R.가 제안한 다섯 가지 순향성 극복 단계는 [그림 2-1]과 같다. 각 단계마다 처리되어야 할 과제가 있는데, 이들은 서로 밀접한 관계가 있다. [그림 2-1]에서 나타난 것처럼 순향성 극복은 특정한 예기적 스트레스 원에 앞서 그에 대처하는 데 필요한 자원과 기술을 미리 축적해야 한다. 이것이 자원의 축적 단계다. 효과적인 순향성 극복에는 시간과 돈을 축적하고 숙련 계획을 세우고 그것을 조직해 놓으면, 스트레스에 직면하게 되어도 그것을 보다 효과적으로 조정할 수 있다.

순향성 극복에는 잠재적 스트레스 원에 대한 인지 기능이 포함되어 있다. 이 인지 기능은 장차 스트레스에 직면하게 될 것을 미리

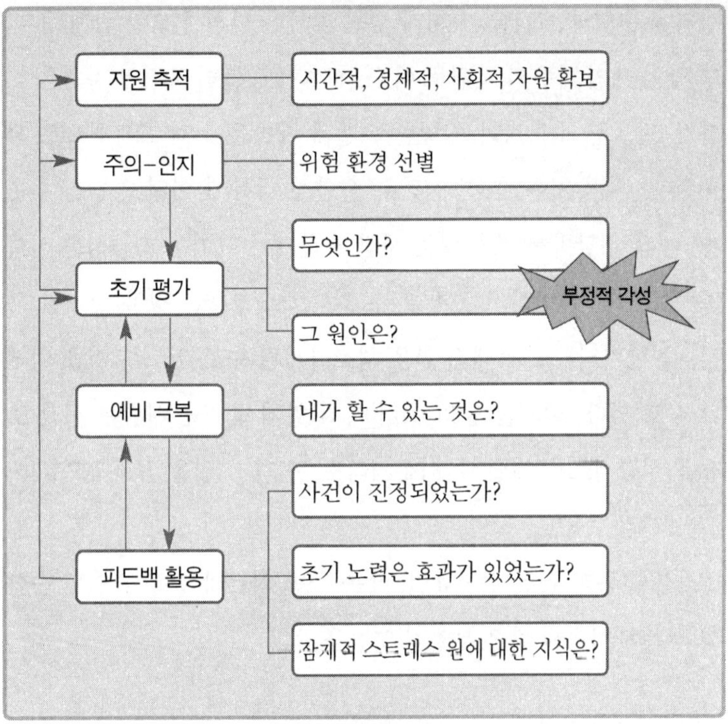

[그림 2-1] 순향성 극복의 다섯 가지 단계

인지하는 능력을 의미한다. 이 기능은 위험이 내재된 환경을 조정하고 위협이 야기되었을 때, 같은 단서를 포착하게 되면 내적으로 예민하게 반응하는 기능을 의미한다.

자원 축적

스트레스 극복에 필요한 자원을 축적하고 그것을 유지하는 데는 일정한 과정이 필요하다. 이 자원에는 시간, 돈 및 자원을 조직하고 계획을 수립하는 기술, 사회 구성원 및 친구와의 친밀한 관계 유지, 그 밖의 개인 특유의 자원 등이 포함된다. 충분히 축적된 자원은 직접적 도전을 위해 장차 직면할 손실의 예방을 위해 효과적으로 사용된다. 외적 자원, 특히 시간은 순향성 극복에 어떤 영향을 주는가? 시간적 압박을 받지 않는 사람은 문제가 야기될 가능성을 시사하는 단서를 예민하게 포착할 수 있다. 또 그들은 장차 일어날 사건, 즉 예기되는 스트레스 원을 최소화시킬 수도 있고 그것을 억제할 수도 있다. 이와는 달리 여러 가지 일에 쫓기는 사람은 시간 조절을 성공적으로 해낼 수 있을지라도 한 가지 일을 심사숙고할 시간은 가질 수 없다.

시간 부족과 관련되는 요인, 예를 들면 피로와 같은 요인도 순향성 극복에 다음과 같은 부정적 영향을 준다.

첫째, 시간이 부족하거나 심한 피로를 느끼는 사람은 인지 수준이 낮은 경계 단서에 대한 인지 기능을 저하시킬 가능성이 매우 높다.

둘째, 임박한 스트레스 원에 대한 사고 기능을 손상시킨다.

셋째, 충분한 시간을 가지지 못하거나 피로한 상태에 있는 사람은 스트레스 원과 관계되는 정보를 원만하게 처리하지 못한다.

시간과 에너지가 부족하면 순향성 극복의 수행 기능이 크게 떨어진다. 돈이 없는 경우에도 원만한 순향성 극복은 기대하기 어렵다.

자원의 축적을 위해서는 순향성 극복 기술을 습득할 필요가 있다. 아동은 일찍부터 어른이나 주위 사람이 스트레스를 극복해 나가는 것을 보면서 성장한다. 아동의 예방적 건강 행동 기술 습득을 위해 부모는 그러한 행동을 보일 필요가 있다. 건강과 관련된 시연(건강 다이어트), 금연, 적절한 양의 음주, 신체적 운동과 같은 행동은 주로 가정에서 가족을 통해서 학습된다.

아동은 가족을 통해 특수한 극복 기술을 습득한다. 만성적으로 우울한 어머니 밑에서 성장한 아동은 환경 반응 수준이 떨어진다. 또 그들은 스트레스 환경을 회피하는 경향이 있다. 성장 배경에 따라 자신이 필요한 것은 자기가 미리 챙겨 놓는 아동이 있는가 하면 아동이 필요한 것을 부모가 챙겨 주는 아동이 있다. 이러한 조직 기술은 새로운 환경이나 과제에도 적용된다.

일반적으로 교사가 많은 책임을 지는 교실에서 공부하는 학생은 교사로부터 그날의 과제를 피동적으로 받는 경향이 있다. 이와는 대조적으로 규모가 작고 질서가 잡힌 교실의 학생은 스스로 정보를 수집하고 조직화한다. 그들은 그것을 수행하기 위해 부모의 도움을 청하기도 한다. 이러한 훈련은 아동이 조직 능력을 개발하고, 시간을 조절하고, 자신이 목적을 달성하기 위해 남의 도움을 받아 활용하는 기술을 습득하게 된다. 이와 같이 개인의 생활 환경은 그가 순향성 극복 기술을 습득하고 그것을 활용하는 기술에서도 큰 차이가 난다.

다른 사람과 사회적 유대관계를 맺고 사회적 지지를 받는 것은 직면한 스트레스를 극복하는 데 도움이 될 뿐만 아니라 순향성 극복 능력을 신장시키는 역할을 한다. 사회적 지지 체계 속의 개인은 스트레스 원에 대한 정보를 얻고 사태를 정확하게 평가할 수 있다. 그들은 사회적 스트레스를 받는 사람에게 도움을 줄 수 있고, 다른 사람에게는 정서적 지지자의 역할을 한다. 사회적 지지는 순향적 극복에서 가장 중요한 도움이 된다.

축적된 자원은 만성적 스트레스를 통제하는 데 큰 도움이 된다. 만성적 스트레스 환경에서는 순향성 극복 기술 습득이 매우 어렵거나 불가능하다. 금전적 문제나 가정불화와 같은 만성적 문제는 개인의 순향성 극복 기술 습득 기회를 박탈하는 결과를 가져온다. 왜냐하면, 스트레스 환경은 개인의 인지 기능을 손상시키고 개인의 통제 기능을 경감시키며, 순향성 극복 경험의 기회를 박탈하고, 역향성 극복 책략 경험의 기회를 제공하기 때문이다. 더 나아가 만성적 스트레스는 우울증과 같은 부정적 정서와 밀접한 관계가 있기 때문에 순향성 극복 가능성을 경감시키는 결과를 가져온다. 역향성 극복의 기회가 많을수록 스트레스는 크게 누적된다.

개인이 자유롭게 행동할 수 있게 되면 과제 수행의 질은 크게 높아진다. 주의 과정은 한정된 자원으로, 다른 요인의 영향을 받으면 순향성 극복에 의해 해결될 수 있는 과제는 극히 제한된다. 특히 정확하게 정보를 활용하고 적절하게 유추할 수 있는 과제는 훼손되기 쉽다. 정확한 정보 활용 능력과 유추 능력은 부정적 영향을 주는 경우가 있다. 과다한 정보의 양은 유추 능력의 기능을 손상시킨다. 왜냐하면 이러한 경우에 사람은 많은 정보보다는 극히 한정된 정보를 활용하고, 이용 가능한 정보를 충분히 고려하지 못하고, 정확한 정보 처리에 도움이 되지 못하는 정보를 활용하기 때문이다.

순향성 극복 과정에서 인지 자료의 양은 매우 중요한 의미를 갖는다. 즉, 인지 자료의 양이 많으면 직면할 스트레스 원의 지각 기능이 크게 떨어진다. 많은 인지 자료의 양은 필연적으로 중요한 정보에 대한 평가 기능을 방해하고, 잠재적 스트레스 원에 대한 초기 평가 기능을 손상시킨다. 개인이 잠재적 스트레스 원을 지각하고 그것을 정확하게 평가한 경우에도, 그리고 초기 평가가 정확한 경우에도 정보의 양이 많을 때는 초기 평가가 어려워지고, 그에 대한 피드백을 받는 것은 어려워진다. 주위의 만성적 장애로부터 해방될 때 순향성 극복 의지는 강화된다.

주의/인지

잠재적 스트레스 원에 주의를 기울이고 그것을 지각하는 것은 극복 과정에서 무엇보다 중요하다. 우리에게는 선천적으로 부정적 자극이나 예기치 않은 자극에 대해 주의를 기울이도록 되어 있다. 극적으로, 또는 일시적으로 부정적 자극에 주의를 집중하게 되면, 생리적 수준이 부활되고 인지적 사회적 기능이 저하된다. 잠재적 스트레스 원에 대한 정보는 숙고 과정을 통해 얻을 수 있다. 주어진 시간 내에 자기가 수행해야 할 과제를 깊이 생각함으로써 주어진 과제를 수행하는 것이 가능한지, 그것을 수행하는 데 소용되는 시간은 충분한지를 고려하여 그 과제에 대한 우선순위를 결정한다. 경계 신호가 외적인 것이거나 내적인 것과는 무관하게 개인차는 있지만 스트레스 원에 대한 조정은 가능하다.

현재 직면한 스트레스에 대한 평가에서 자신이 스트레스 원을 탐지하고 그것을 장차 어떻게 활용할 것인가를 인지하게 되면, 스트레스 원의 식별은 보다 쉬워진다. 이러한 환경에서는 자신이 스트레스에 직면하였을 때 순향성 극복을 위해 취해야 할 행동을 선택할 수 있다. 즉, 자신의 에너지를 보존하고 보다 건전한 건강 행동, 예를 들면 흡연이나 알코올 섭취를 효과적으로 자제해 나갈 수 있다.

위협 사건에 대한 주의 기능의 특성은 여러 가지로 나타난다. 과도한 경계성, 예민성, 모니터링은 사건의 정보에 대한 과도한 주의 집중의 상태다. 위협 가능성이 많은 자극에 대한 정보는 위협 자극보다 긍정적으로 접근하여 그것을 내면화하는 데 큰 도움이 된다. 이와 대조적으로 억압과 둔감 반응은 위협적 환경이나 자극을 바르게 받아들이지 못한다. 억압자는 위협적 자극에 예민하게 반응하지만 성공적으로 대처하지는 못한다. 위협적 자극은 주의 기능을 억제하기 때문에 부정적 정보에 대한 기억력이 손상된다. 따라서 문제 혹은 특정한 사람에 대한 정보를 정확하게 처리하지 못하고 잠재적 스트레스 원을 미리 조절하지 못하게 된다. 억압자는 위협적 사건에 대한 정보를 쉽게 탐지할 수 있지만, 그 처리 과정의 정확성이 크게 떨어진다.

잠재적 위협 사건에 대한 정보 지각 기능과 낙관적 기질과의 관계는 매우 복잡하다. 낙관적 신념을 가진 사람은 근심과 걱정이 적기 때문에 부정적 정보에 대한 관심이 비교적 적다. 낙관적인 사람은 그와 대조되는 사람에 비해 자신의 건강 상태에 대해 주의를 기울이며, 자신에 대한 긍정적 피드백을 받은 사람은 그렇지 못한 사람에 비해 부정적 정보에 대해 흥미를 갖는다. 이와 같은 사실을 종합해 보면, 긍정적 기대나 경험은 부정적 피드백의 정서적 효과를 극복하는 개인의 능력을 신장시킨다는 사실을 알 수 있다.

잠재적 위험을 내포한 환경을 자각하는 기능도 극복 과정과 깊은 관계가 있다. 잠재적 위험을 느낀 사람에게서 흔히 볼 수 있는 것은 과잉경계심이다. 과잉경계심은 무의미하거나 지나친 여러 가지 행동을 야기한다. 자신의 힘으로는 조정이 불가능한 극복을 시도하거나 상상의 문제에 집착한다. 또 어떤 위협에 직면하게 되는 것은 아닌지 심하게 경계하기도 한다. 과잉경계에 의해 야기된 잠재적 문제는 잠재적 위험의 신호가 되고, 부정적 정보에 대한 이해가 불가능해진다.

초기 평가

스트레스 원의 특성은 초기 단계에서 정확하게 평가되어야 한다. 초기 평가 단계에서는 문제를 정의하고, 그에 따른 각성 상태를 조정한다. 이 과정에서는 스키마, 정신적 조작, 평가에서의 개인차, 사회적 정보와 그것이 과제에 미치는 영향을 평가하게 된다. 직면한 스트레스 원의 특성은 초기 단계에서는 매우 불분명하다. 개인은 순향성 극복을 시도하고, 부정적 자극의 의미를 추구한다. 사람은 스키마의 사회적 인지 과정에서, 불투명한 부정적 자극에서 의미 있는 발견을 시도하는 경향이 있다.

스키마 형성 과정에서 자기와 관계가 있는 것은 쉽게 눈에 띄기 때문에 수월하게 찾아낸다. 단서의 강도가 강할수록 스키마는 보다 쉽게 유발된다. 주업에서 해고 통보를 받으면 부업에서 해고 통보를 받았을 때보다 실직에 대한 강한 스키마가 유발된다. 그리고 최근에 일어난 사건도 강력한 스키마를 유발한다. 옆집 부부가 최근에 실직했다거나 혹은 수입 감소 때문에 빈번히 언쟁을 높이는 일을 목격하였다고 하자. 그것은 매우 새로운 사실로 지각되고 실직에 대한 시나리오가 보다 뚜렷하게 형성된다.

표상은 후속 스키마나 시나리오에 대한 강력한 단서가 된다. 표상적 시나리오는 개인이 가진 스키마의 특성과 결합될 가능성이 매우 높다. 예를 들면, 불경기 때문에 폐업을 했던 회사에 경제적으로 위험 신호가 나타나면, 폐업이 그 회사의 표상적 시나리오로 작용한다. 이와는 달리 정당한 이유로 폐업을 한 적이 있는 회사에서는 선택적 해고가 하나의 단서로 작용한다. 이와 같이 유발된 시나리오의 차이는 개인이 해고되었을 때 어떤 영향을 받게 되는지, 그 차이를 설명하는 데 중요한 요인이 된다.

스키마의 특성은 지각자의 특성에 따라 결정된다. 스키마의 단서는 과거에 경험한 사실의 결합에 의해 이루어진다. 이전의 해직 경험과 현재의 사태를 결합해 보면, 해직에 대한 시나리오가 나온다. 전문적 지식도 현재의 자료를 스키마와 결합시키는 데 큰 비중을 갖는다. 실직 사태에 대한 많은 지식은 스키마 결합에 큰 도움이 된다. 직면한 스트레스의 명료성, 강도, 대표성, 과거의 경험 등은 잠재적 위험에 대한 신호를 이해하는 데 큰 도움이 되며, 그것은 스키마와 쉽게 통합될 수 있다.

순향성 극복에서 효과적인 초기 평가를 위해서는 긍정적 표상을 회상하는 것은 물론 그것이 어떻게 변화될지 생각하는 것도 중요하다. 순향성 극복을 위해서는 직면하게 될 사건을 미리 생각해 볼 필요가 있다. 앞으로 직면할 사건에 관심을 가지는 사람에게는 이 과정이 중요한 의미가 있다.

인지적 숙련 기술이라는 용어를 빌리면, 앞으로 일어날 정신적 사건에 관심을 가지는 사람은 정신적 시뮬레이션이 필요하다. 정신적 시뮬레이션은 가상적 사건 혹은 상상적 사건의 모의적 표상으로, 이는 장차 야기될 수 있는 사건을 미리 시연해 보는 것을 포함한다. 정신적 시뮬레이션의 중요한 특성은 그것을 통해서 야기될 수 있는 과정을 실제 스스로 경험해 보는 데 있다. 시뮬레이션을 거치면 장차 직면하게 될 위험에 대한 단서의 의미를 해석하는 데 큰 도움이 된다.

잠재적 스트레스 원은 매우 불분명하지만, 정신적 시뮬레이션을 통해 그 실체를 상상해 볼 수 있다. 개인의 현실 지각 특성은 그의 개인적 경험, 다른 사람을 통해서 들은 정보, 사회적 규범, 문화적 기대에 의해 결정된다. 이와 같은 사실을 염두에 두면, 모든 위험 단서를 가진 대상은 정신적 시뮬레이션의 대상이 될 수 있다. 정신적 시뮬레이션을 통해 정상적인 것만 택하고 그렇지 않은 것은 버린다. 정신적 시뮬레이션도 실제 행동에서 적용되는 법을 그대로 따른다. 잠재적 위험이 있는 스트레스 원을 이해하는 데서도 개인차가 있다.

정신적 시뮬레이션을 통해 위협적 신호의 의미를 탐지할 수 있을 뿐만 아니라 잠재적 스트레스 원의 조정 계획도 수립할 수 있다. 결과적으로 정신적 시뮬레이션을 통해 행동 계획을 세울 수 있다. 정신적 시뮬레이션은 위협 신호에 대한 의미를 정의하고, 초기 평가와 예비적 극복 시도 간의 가교 역할을 한다. 이 과정에서 행동 계획과 관계되는 정보를 얻게 되는 것이다.

초기 평가의 결과는 평가자의 특성에 따라 달라진다. 평가자의 특성에 따라 잠재적 스트레스 원은 호의적으로 평가되기도 하고, 비호의적으로 평가되기도 한다. 낙천적인 사람이나 자기 효험의 수준이 높은 사람, 그리고 강인성 수준이 높은 사람은 스트레스 사건에 대해 위협이 적고 부정적 수준을 낮게 평가한다. 불안 수준이 높은 사람은 그렇지 않은 사람에 비해 어떤 사태든지 위험하다고 지각하는 경향이 있으며, 위협에 대한 평가를 확대시킬 뿐만 아니라 신체적 증후를 호소하는 경향이 있다. 이에 비해, 강인성, 낙관성 및 심리적 통제 수준이 높은 사람은 위협 사태를 보다 낮게 평가하는 경향이 있다.

위협 수준을 낮게 평가하는 사람은 잠재적 스트레스 원의 수준을 낮게 평가하는 경향이 있다. 위협 수준을 낮게 평가하는 요인은 순향성 극복을 위한 노력을 촉진시킨다. 특히 잠재적 스트레스 원을 적절한 수준에서 호의적으로 평가하는 사람은 위협 정보를 적절하게 수용한다. 이와는 달리 비호의적으로 평가하는 사람은 위협 정보를 기피하는 경향이 있다.

잠재적 스트레스 원을 호의적으로 평가하는 것은 여러 가지 긍정적 효과가 있다. 문제 해결에 도움이 될 뿐만 아니라 부정적 정서적 각성을 효과적으로 통제하는 기반이 된다. 이 과정에서 높은 자존심과 통제 신념 같은 개인의 특성은 극복 책략에 대한 긍정적 평가 기능과 도전적 평가 기능을 촉진시킨다.

선천적으로 위협 사태를 높게 평가하는 특성도 순향성 극복에 큰 도움이 된다. 바람직하지 못한 초기 평가는 정보 처리 기능과 도구적 행동 기능을 방해한다. 억압자의 스트레스에 대한 반응 특성은 그의 안구운동과 생리적 각성 상태에서 쉽게 찾아 볼 수 있다. 즉, 자극을 받으면 초기에는 주의 상태가 높아지지만, 그 자극에 대한 반응이 곧 저하되는 현상이 나타난다.

이와 같은 사실은 억압자는 자극의 본질에 대한 관심보다는 자극이 가지는 위협 수준을 경감시키는 데 큰 관심이 있다고 해석할 수 있다. 마찬가지로 억압자는 자기 자신에 대한 부정적 정보에 주의를 기울이지만, 이 정보에 대한 회상 능력은 낮다. 이와 같은 현상은 불안 수준이 높은 사람에게서도 나타난다. 일반적으로 사람은 부정적 정보에 예민하게 반응하는데, 그러한 특성은 정보 처리 기능과 순향성 극복 기능을 저하시킨다.

사람은 높은 수준의 위협을 지각하게 되면 주의 범위가 축소되고, 그에 수반되는 부정적 정서 과정을 통정하기 위한 방어 행동이 발동한다. 극단적인 경우, 사람은 초기 단계에서 위협 자극을 거부하거나 왜곡하여 그것을 보다 낮게 평가하는 경향이 있다. 거부는 상황에 따라 그 효과가 달라진다. 즉, 치료를 받을 때는 도움이 되지만, 심장 회복 상황에서는 도움이 되지 않는다. 왜냐하면, 순향성 극복은 초기 단계에서 잠재적 스트레스 원을 제어하고 잠재적 문제에 지속적인 주의를 기울여야 하기 때문이다. 그러므로 거부는 순향성 극복 과정에 부정적 영향을 준다. 특히 거부 때문에 순향성 극복이 불가능해지기도 한다.

순향성 극복을 시도하면 잠재적 스트레스 원이 가지는 객관적 특성을 인지하지 못하게 된다. 이와는 대조적으로 잠재적 문제 평가를 위한 행동은 동시에 부정적인 정서적 각성 상태를 보다 뚜렷하게 표출함으로써 그 상태를 경감시키는 결과를 가져온다. 문제에 대한 정확한 정의를 통해 공포, 불안, 흥분과 같은 정서에 대한 정확한 정의도 내릴 수 있다.

지지적 평가 과정은 경계 신호를 인지하고 직면할 스트레스 사건에 대한 평가에 큰 영향을 준다. 불투명한 잠재적 스트레스 원은 사회적 네트워크를 통해 그 실체가 분명해진다. 동일한 사건을 두고 다른 사람과 토의 · 관찰하거나 자신의 평가 결과를 다른 사람의 결과와 비교함으로써 자신의 최초 평가 과정의 정확성을 판단할 수 있고, 스트레스 극복에 대한 계획을 세울 수 있다. 즉, 다른 사람이 언어적 행동이나 비언어적 행동으로 자신의 행동에 동조하면, 자신의 사태인지 능력이 어느 정도 향상되었는지, 자신의 정서적 반응이 어느 정도 정확했는지 스스로 평가해 볼 수 있다. 사회적 접촉은 초기의 해석과 평가에서 중요한 의미를 갖는다. 부정확한 판단보다는 보다 정확한 판단의 기회는 중요한 의미를 갖는다. 그런데 사회적 지지 네트워크만으로 정확한 판단이 이루어지는 것은 아니다. 왜냐하면 개인은 다른 사람의 지지를 받으려고 하기 때문에 때로는 오해와 편견을 함께 범하기 때문이다.

예비 극복

스트레스에 대한 정의에 따라 극복 시도의 형태는 크게 달라진다. 정신적 시뮬레이션을 통해 스트레스 원에 함축된 의미를 미리 상상해 본 사람은 실제 행동으로 극복을 시도하는 것이 별로 어렵지 않다. 이 과정에서 보다 적극적인 극복 책략의 평가 유형이 고려되어야 한다. 사람은 보다 쉬운 변화가 가능한 사태에 대해서는 호의적으로 평가하고, 그에 따라 행동한다. 자기 스스로 필요한 행동을 취할 수 있고, 그 행동은 스트레스를 경감시킬 수 있다는 신념을 가지면 잠재적 스트레스는 성공적으로 극복할 수 있다.

대표적인 신행동주의 미국의 심리학자 Burrhus Skinner(1904~1990)에 따르면, 자신의 통제 기능을 높게 평가하는 사람은 이 세계가 일정한 구조 체계를 갖추고 있다고 믿는다. 그들은 이 세상의 모든 사태는 분명한 수단-목표의 관계로 이루어졌기 때문에 여러 가지 행동을 자유롭게 취할 수 있는 기회가 있다고 믿는다.

이와는 대조적으로 자신의 통제 능력을 비호의적으로 평가하는 사람의 문제 해결력은 크게 떨어진다. 이와 같은 주장의 타당성을 입증하기 위해 수행된 실험과 그 결과를 살펴보자. 실험자는 아동과 성인에게 6개월 내에 자신이 직면하게 될 부정적 사건의 예견 능력을 평가해 보게 했다. 결과에 따르면, 성인은 특정한 부정적 사건을 정확하게 예견할 수는 있었으나 그들의 60%는 그것을 예방할 수는 없었다. 이와 같이 순향성 극복 능력이 결여된 일반적인 이유는 결과의 심각성과 자신의 통제 능력을 과소평가하였기 때문인 것으로 해석할 수 있다. 여기서 사건을 통제 가능한 것으로 지각하지 못하였기 때문에 직접 행동으로 옮기지 못한 것으로 해석할 수 있다.

개인의 특성과 통제 가능성 지각은 어떤 관계가 있는가? 지금까지 개인의 특성과 통제 가능성에 대한 평가 기능 간에는 일관된 관계가 없는 것으로 알려져 있다. 그러나 우울증은 자신의 통제 가능성에 대해 비호의적으로 평가하는 경향이 있다. 그들은 위험 신호를 지각해도 자신이 할 수 있는 것은 아무것도 없다고 생각한다. 이와는 대조적으로 심장 수술을 받은 사람이나 AIDS 위험 수준이 높은 사람이라도 낙관주의적이면 자신의 사태를 보다 호의적으로 평가하는 경향이 있다. 그렇다면 사태에 대한 호의적-비호의적 평가와 통제 가능성에 대한 신념이 극복 과정에서 실제 어떤 역할을 하는가? 낙관성 수준과 통제 가능성에 대한 신념이 높은 사람은 극복에 필요한 자원을 축적하고, 긍정적 편향이 상승하며, 스트레스 원에 대한 극복 경험이 풍부해지고, 인지 기능이 상승하고, 행동 경향성이 높아진다.

피드백의 활용

초기의 극복 노력을 바탕으로 잠재적 스트레스 원의 본질과 그것을 극복하는 책략을 세울 수 있다. 스트레스에 대한 초기 평가 방법이 달라지고, 그것을 극복하고자 하는 노력은 여러 가지 요인에 의해 크게 달라진다. 즉, 왜곡된 초기 평가가 불안전한 정보와 동기를 바탕으로 이루어지면 잠재적 스트레스 원은 왜곡되기 쉽고, 그 평가는 안전할 수 없다. 초기의 평가가 상당히 합리적이더라도 스트레스를 조정하거나 혹은 그 발달 과정을 점검하지 못하는 경우가 있고, 도리어 문제를 악화시키는 경우도 있다. 잠재적인 스트레스 원을 쉽게 조정하지 못할 수도 있다. 그러므로 예비적 극복에 성공하더라도 그에 대한 피드백의 효과는 크게 기대하지 못한다.

순향성 극복 모델에 따라, 스트레스 원을 성공적으로 극복하려면 유익하고 많은 정보를 필요로 한다. 만일 예비적 극복 노력이 문제 해결에 도움이 되지 못한다면 후속되는 문제 해결을 위해서도 활용할 수 없다. 한 쌍의 부부에게 갈등을 유발하는 서로 다른 세 가지 문제를 제시하여 토의하게 하고 부부가 그것을 회피하는가, 아니면 보다 적극적으로 토의하는가를 체크해 보았다. 그 결과 적극적인 극복 책략을 선호하고 순향성 극복 책략을 선호하는 부부는 그것을 회피하는 부부보다도 효과적으로 극복하였다. 왜냐하면 순향성 극복 책략은 알려진 사태에 대한 피드백을 제공하기 때문이다.

심리적 통제 기능에 대한 연구에서도 이와 같은 결과를 발견할 수 있다. 즉, 자신의 통제 기능이 높다고 생각하는 사람은 그렇지 못한 사람에 비해 자신의 행동에 강한 통제를 가하려고 한다. 초기 극복 책략에서는 시간적 요인이 매우 중요하다. 순향성 극복의 경우, 이 시간적 요인의 역할이 확실하게 밝혀진 것은 아직 없지만, 기존의 스트레스 원에 대한 연구 결과에서 그에 대한 근거를 찾아볼 수 있다. 만성 질환에 대한 순응 연구에서 환자의 통제 감각은 그의 질병 상태에 따라 크게 달라진다는 사실이 밝혀졌다. 특히 질병 초기에 자신의 질병을 끝까지 통제하려고 시도하는 사람도 그것이 성공할 수 없다는 것을 깨닫게 되면 통제 가능한 것만 통제하려고 새롭게 시도한다. 극복 과정에서는 인지적 요인과 동기적 요인도 큰 역할을 한다. 사람들은 잠재적 스트레스 원에 대한 정보의 본질을 이해하면, 그것을 활용할 수 있고, 또 그것을 활용하려고 할 뿐만 아니라 그에 대한 평가 방법을 바꿔 보려고 시도한다.

3 인지적 적응과 긍정적 착각

인지적 적응

우리의 삶은 크고 작은 어려운 일의 연속이다. 그렇지만 그것을 잘 헤쳐 나간다. 그 힘은 인간 정신에서 나온다. 가족의 심한 질병이나 죽음을 경험한 후에도 자신은 행복한 삶의 기쁨을 누릴 수 있다. 그렇다고 이들이 특별한 전문가의 도움을 받은 것은 아니다. 대부분이 자신의 힘으로 극복한 결과다. 이와 같은 사실을 체계적으로 설명하는 것이 인지적 적응이론이다. 개인이 위협적인 사건을 경험하고 나면, 정상적 적응을 위해 특별한 의미를 탐색하기도 하고, 어려운 경험을 극복하려고 시도하기도 하고, 자존심을 지키기 위해 노력하기도 한다. 이러한 시도를 통해 성공적 재적응이 성취되고, 자기 자신에 대해 보다 긍정적인 감정을 가지게 된다.

어떤 위협적 사건에 직면하게 되면, 그 사건의 의미를 탐색함으로써 그 발생 원인을 발견하고 그것이 주는 영향을 알 수 있다. 사건의 의미는 여러 가지 통로를 통해 찾을 수 있다. 그중 한 가지 방법이 인과관계의 귀인이다. 어려움에 직면하게 되면 우리는 그 근원을 추정하고, 결과를 예언하고, 환경을 통제한다. 사건 유발의 원인을 발견함으로써 그 사건의 실체를 이해하고, 그것이 자기의 삶에 주는 의미의 징표를 이해할 수 있다. 암 환자의 경우를 생각해 보자. 암 유발 원인은 아직 아무도 정확하게 모른다. 그의 식생활, 특별한 유전인자 가운데 어떤 것이 크게 작용했는지 아무도 확실히 모른다. 환자가 암 유발 원인을 탐색하는 것은 헛된 노력으로 끝나는 경우도 있다.

그럼에도 불구하고, 암 환자는 발병 원인을 발견하려고 스스로 꾸준히 노력한다. 암 환자의 95% 이상은 자신의 암 발병 원인을 알 수 있다고 믿지만 그것은 일관성이 보장된 것이 아니다. 발병 원인 추구는 삶의 의미 추구와 어떠한 관계가 있는가? 이에 대한 답은 환자의 발병 원인에 대한 설명과 심리적 적응의 관계를 통해 부분적으로 얻을 수 있다.

환자가 주장하는 암 발병 원인은 매우 다양하다. 대다수의 환자가 주장하는 암 발병 원인은 일반적으로 스트레스다. 보다 세부적으로 보면, 결혼 생활의 문제, 특히 근래에 경험한 이혼이 발병 원인으로 작용하는 것으로 생각하고 있다. 잘못된 피임약의 복용, 환경적 조건도 원인으로 여긴다. 또한 여기에는 유해 물질을 배출하는 공장 지대에서의 생활도 포함된다.

유전적 요인도 비중이 큰 발병 원인으로 꼽힌다. 또 다른 원인으로는 잘못된 식생활—고단백 음식, 고지방 음식, 부족한 채소 섭취—을 든다. 환자가 주장하는 암 발병 원인 가운데 유전적 요인을 뺀 다른 요인들은 과거에 이미 형성된 것들이다. 만일 현재 진행 중인 것들이라면 통제가 가능할지도 모른다. 이러한 것들은 의미와 정복이 서로 뒤엉킨 상태로 해석 가능한 것들이다.

삶의 의미를 추구하는 것은 발병 원인을 추구하는 것뿐만 아니라 현재 자신의 삶에 함축된 것들을 이해하는 것도 내포한다. 대다수의 암 환자들은 투병 생활을 통해서 자신의 삶을 다시 평가해 본다. 암에 대한 투병 생활을 통해 삶에 대한 새로운 태도를 습득하고, 자기에 대한 지시 혹은 자기 변화를 스스로 이해할 수 있고, 그리고 가족을 비롯한 다른 사람과의 관계 변화를 경험할 수 있다. 소수의 예외가 없는 것은 아니지만 대부분의 암 환자들의 긍정적 의미는 암에 대한 경험을 통해서 얻어지는 것으로, 이는 곧 보다 나은 심리적 적응으로 이어진다. 따라서 암의 위협은 자신의 삶을 보다 의미 있게 재조정하는 촉매제의 역할을 한다.

암과 같은 불치병의 위협을 받은 사람은 자신의 신체는 물론 자신의 삶을 효과적으로 통제하는 것이 불가능하다고 생각한다. 이러한 상황을 효과적으로 극복하기 위해서 다시는 그러한 위협에 직면해서는 안 되겠다는 마음가짐이 중요하다. 정복감은 곧 개인의 통제감 신념이다. 암 환자의 암에 대한 정복감은 그것을 스스로 방어할 수 있다는 생각으로 표출된다.

환자에 따라 암의 발병을 스스로 통제할 수 있다고 믿는 사람이 있는가 하면 불가능하다고 믿는 사람도 있다. 후자의 환자는 암의 통제는 의사만이 가능하고, 그들만이 효과적인 치료가 가능하다고 믿는다. 하지만 사실은 그와 다르다. 즉, 환자가 자신이 암을 통제할 수 있다고 믿는 사람이 더욱 많다. 그들은 암을 정복할 수 있다는 신념이 더 강하다. 자신이 암의 상태를 통제할 수 있다는 신념을 갖는 한편, 의사는 환자에 대한 효과적 치료를 보장할 수 있다는 신념을 가질 때 환자의 적응 상태는 양호하게 된다. 이 두 가지가 결합될 때 환자의 상태는 급진적으로 호전된다.

환자의 통제 능력은 정신적 능력을 바탕으로 이루어진다. 무엇보다도 긍정적 태도가 암과의 투병 생활에서 큰 비중을 갖는다. 질병은 특별한 심리적 기술로서 통제가 가능하다고 믿는 사람도 많이 있다. 이 특별한 기술에는 명상, 상상법, 자기최면, 긍정적 사고 등이 포함된다. 이 기술들은 환자의 상태에 따라 선별적으로 활용하는 것이 보통이지만, 경우에 따라서는 여러 기술을 통합 활용하기도 한다. 이와 같은 기술은 의학적 치료 기술에 수반되는 부작용이 없기 때문에 마음 놓고 사용할 수 있고, 더욱 나은 치료 효과를 얻을 수 있다.

환자는 초기에 발병 원인으로 생각했던 것이 발병과 무관하다는 생각이 들 때 정복감이 강해진다. 암 환자의 경우, 발명 초기의 상태와 현재 상태가 크게 다르다고 느끼는 감정이 매우 중요하다. 초기 상태와 현재 상태는 확실히 다르다고 말할 수 있어야 성공적으로 정복할 수 있다. 암 진단을 받은 한 여성을 생각해 보자. 그녀는 전남편의 강간 범죄 성향 때문에 발병하였으나 재혼한 남편과의 건전한 생활 때문에 자신의 병이 치료되었다고 생각한다. 저하된 면역 기능이 암 발병의 원인이라고 생각하는 여성은 암이 자신의 신체 구조를 크게 변화시키는 결과를 가져왔다고 여긴다. 그 여성은 이를 세포의 개조라고 생각하고, 다시는 암의 재발이 없을 것으로 생각한다.

암 발병 전후의 불연속성 관계에서 발병 초기의 원인은 후속되는 암의 진행 과정에 전혀 영향을 주지 않는다는 생각이 정복감을 저해하는 중요한 요인으로 작용한다. 다른 방법으로 암을 정복할 수 있다고 생각하고 직접 여러 가지 행동을 취하는 사람도 있다. 환자 중에 생활 변화를 통해 암의 재발을 방지할 수 있다고 생각한 사람은 현재 자신의 생활을 통제하려고 시도하기도 한다. 그 수단으로 암 유발 가능성이 높은 고단백, 고지방 음식 섭취를 절제하며, 피임제 사용을 억제하기도 한다.

암의 정복은 직접적 통제만으로는 부족하다. 암 통제를 위한 노력은 물론 정보 수집을 위한 모임에 적극적으로 참여하는 것도 큰 도움이 된다. 암 치료에 수반되는 부작용을 통제하는 것도 암 정복을 위한 노력으로 생각할 수 있다. 실제 대부분의 환자는 암 치료에 수반되는 부작용 통제를 위해 특별한 노력을 한다. 그들은 약물을 복용하고, 정신적 치료를 받고, 이 두 가지 방법을 조합한 방법을 쓰기도 한다. 그 외에 상상법, 자기최면, 명상 등을 정신적 통제 방법으로 사용한다. 건강 악화를 방어하는 것이나 방사선 치료에 따른 불쾌감을 경감시키는 노력도 매우 가치 있게 평가된다. 개인의 정복감은 환자 스스로 치료가 가능하고, 통제가 가능한 질병이라는 신념을 바탕으로 강화된다. 통제가 가능하다는 신념은 일시적인 협

오감도 효과적으로 극복할 수 있다.

환자의 적응 과정에서 자신이 자아를 향상시키고 자존심을 신장시킬 수 있다는 신념은 매우 큰 비중을 차지한다. 자녀의 죽음이나 파산 경험이 있는 사람에게서 공통적으로 나타나는 것은 자존심의 손상이다. 이러한 사건들이 개인적인 힘으로는 극복이 불가능한 외적 요인에 의해 일어났을 경우에도 그들은 자존심의 큰 손상을 받는다. 다행히 손상된 자존심은 인지적 방법으로 회복시킬 수 있다.

자존심 신장을 위한 인지적 노력의 결과는 가시적으로 나타난다. 자신이 위협 사태에 직면하게 되면, 다른 사람은 어떻게 적응하였는가를 먼저 생각해 본 후 적절한 행동을 취한다. 직장을 바꿔 보기도 하고, 배우자와 이혼하기도 하고, 방종하면서 금전을 낭비하기도 한다. 불행하게도 이러한 변화에서는 성공적 적응을 기대할 수 없다. 투병 생활을 경험한 사람에게 그것을 통해 어떤 변화를 경험했는가를 물어보면 부정적 변화였다고 대답하는 사람은 극히 소수이고, 대부분은 긍정적인 변화였다고 대답한다. 물론 전혀 변화가 없다고 대답하는 사람도 있다. 암 환자에게 암 증후가 나타난 후 자신의 정서 상태를 평가해 보면, 대부분의 환자는 암 발병 전보다 정서적으로 안정되었다고 생각한다.

자아 신장은 착각, 특히 긍정적 착각에 기반을 둔 사회적 비교에 의해서 이루어진다. 환자는 자신의 사회적 비교 특성과 그 목적을 이해하게 되면 적절한 질병 극복 특성도 생각해 낼 수 있다. 환자인 남편이 건강한 아내와 자신을 비교하면, 그는 자신이 자기 관리를 잘못하고 있다고 생각하게 되고, 이로 인해 크게 사기가 떨어진다.

이와는 달리 건강한 남편이 암을 앓고 있는 아내와 비교하면, 자신은 자기 관리를 잘하고 있다고 생각하게 되어 크게 사기가 올라간다. 다른 사회비교이론을 바탕으로 한 대체예언도 가능하다. 자기보다 약간 상태가 좋은 환자와 비교할 때, 즉 상향 비교를 하면 그들을 통해 성공적으로 극복하는 것을 배울 수 있다. 그러나 불행하게도 이 두 가지 비교법은 위협에 직면한 사람에게는 큰 도움이 되지 않는다.

앞서 언급하였듯이 위협에 대한 인지적 조정은 역경 극복에 큰 도움이 된다. 그렇지만 거기에는 부정적 측면도 있다. 예를 들면, 암을 자기 스스로 통제 가능하다고 믿었던 환자에게 암이 재발한 경우를 생각해 보자. 그는 암 재발을 계기로 자신의 생각을 스스로 수용할 수 없게 된다. 의사는 암이 교통사고와 같은 특별한 원인에 의해서 발병한다고 생각하지 않는다. 만일 착각을 바탕으로 위협 사태에 적응하게 된다면, 그러한 착각이 도전을 받게 되거나 그 기능이 쇄진되면 어떤 현상이 일어날까? 이 문제에 대한 대답은 사회적 인지, 심리적 통제에 대한 연구 결과를 통해 얻을 수 있다. 심리적 통제가 사회적 인지 기능에 큰 도움이 되지만, 통제 기능이 미치지 못하는 환경에서는 통제를 위한 노력을 포기하기 때문에 성공적 적응 가능성은 점차적으로 줄어든다.

통제 기능의 잠재적 부정적 영향은 여러 가지 측면에서 설명할 수 있다. 감응적 저항의 모델에 따르면, 개인의 자유가 위협받거나 큰 손실을 경험하게 되면 개인은 자유나 손실을 회복하기 위해 간접적인 노력을 한다. 학습을 통해서 습득한 무기력감의 모델에 따르면,

통제를 위해 반복적인 노력을 하여도 성공하지 못하게 되면 개인은 그에 대한 반응을 포기해 버린다. 결과적으로 동기, 인지, 정서의 결핍이 생겨 새로운 환경에서의 학습이 저해된다. 이와 같은 모델에서 한 사람의 인지, 동기, 정서의 기능은 실제 통제를 시도한 사람과 그러한 시도를 하지 않은 사람에 따라 다르다. 즉, 전자는 후자에 비해 그 기능이 크게 저하된다. 인지적 적응의 유연성을 바탕으로 한 불인정의 모델에 따르면, 일반적으로 사람은 주어진 시간에 수행이 불가능한 것이나 부정적 피드백이 반복되는 상황에서도 그것을 포기하지 않고 장기간 지속할 수 있다고 과대평가하는 경향이 있다.

일일 수행 과제 계획을 세울 때는 다음과 같은 점에 특별히 주의해야 한다. 즉, 계획표는 매일 아침에 작성한다. 수행자는 계획표에 수록된 과제 중 40% 정도만 수행하고 나서 또 40%를 수행하고, 20%는 전혀 손을 대지 않고 남겨둔다. 나머지 20%는 다음 날로 넘긴다. 수행 결과가 비생산적인 경우에는 다음 날로 미룬다. 이때 기능장애를 받지 않거나 정서적 불쾌감을 느끼지 않거나 더 행동 변화가 없는 경우가 있다. 자기 계획에 믿음이 가지 않을 때 계획을 변화시키는 것은 우리에게 전혀 불쾌감을 주지 않는 것이 보통이다.

긍정적 착각

사람은 극복하기 어려운 역경, 스트레스, 심리적 외상의 위협을 받게 되면 심리적 기제를 바탕으로 그것을 성공적으로 극복한다. 이 과정에서 큰 비중을 가지는 것은 긍정적 착각이다. 이는 자기를 과시하고, 비현실적 낙관적 태도를 가지며, 통제에 대한 자신감이 높게 표출된다. 긍정적 착각의 근원은 어디에 있는가? 긍정적 착각은 유전적 소질에 기반을 두며, 다른 한편으로는 환경적 영향을 크게 받는다. 긍정적 착각은 유전-환경의 상호 작용 산물이기도 하다. 좋은 가정 환경에서 성장한 아동은 그렇지 못한 가정 환경에서 성장한 아동보다 긍정적 착각의 수준이 높다. 이 긍정적 착각은 교육을 통해 습득될 수도 있다. 자기 자신, 자기의 환경은 다른 사람, 다른 사람의 환경보다 낫다고 교육받은 사람일수록 자기 자신은 물론 자신이 속한 세계가 더욱 좋은 것으로 생각한다.

사람은 일관성 있게 자기 자신을 긍정적으로 평가하는 경향이 있다. 그 정도는 다른 사람이 그를 평가하는 것보다 심하다(자기과시). 또한 현재 자신의 입장을 과거보다 더 행복하다고 생각한다. 장차 자신의 위치는 현재보다 더 나을 것이며, 더욱 행복할 것이라고 생각한다(비현실적 낙관주의). 그뿐만 아니라 자신이 처한 환경이나 사건을 성공적으로 통제할 수 있다고 생각한다(통제감). 일반적으로 사람은 자기 자신은 다양한 즐거운 일을 경험하게 될 것이라고 생각한다. 남보다 더 나은 직장에서 많은 월급을 받을 수 있다고 생각한다. 자신의 자녀는 재능이 뛰어나다고 생각한다. 그들은 자신이 직장에서 언제 해고될지, 언제 이혼을 하게 될지, 언제 치유하기 어려운 질병에 걸리게 될지는 생각하지 않는다. 어떤 관점에서 보면 이러한 것들이 모두 착각이다.

그렇다면 왜 사람은 긍정적 착각을 하는가? 무엇보다도 착각은 개인의 심리적 웰빙과 밀접한 관계가 있다. 심리적 웰빙은 자신을 보다 긍정적 방향으로 평가하는 상태다. 보다 독창적인 일을 할 수 있고, 원만한 대인관계를 가질 수 있다고 생각한다. 예를 들면, 전투병은 전투 스트레스를 보다 효과적으로 극복할 수 있다고 생각한다. 긍정적 착각은 삶을 위협하는 질병이나 큰 돌발적 사고를 극복하는 데 큰 도움이 된다.

긍정적 착각은 이러한 사태를 보다 효과적으로 극복하는 데 도움이 되기도 하고, 극복이 여의치 않은 경우에는 주관적으로 느끼는 심리적 불쾌감의 수준을 경감시키는 데 도움이 된다. 암 투병의 경험이 있는 사람은 그러한 경험을 갖지 못한 사람에 비해 삶의 질이 좋다. 그 이유는 무엇인가? 이는 힘든 투병 생활과 같은 외상적 경험은 삶의 의미를 일깨워 주기 때문이다. 사람은 왜 긍정적 착각을 하는가? 이러한 착각적 믿음은 다른 사람이 쉽게 포기하는 일을 창의적으로, 그리고 지속적으로 수행할 수 있게 되기 때문이다. 자기 자신은 어려운 목적도 달성할 수 있다고 믿음으로써 에너지가 생겨나고, 흥분하게 되고, 그것이 곧 목표 달성에 도움이 된다. 착각 목표는 비현실적이지만, 수행 결과를 보면 착각 목표를 갖지 못한 사람에 비해 수행 결과가 월등하게 높다.

개인의 긍정적 착각에는 그가 통제 불능 사태에 직면하였을 때도 희망적으로 생각하게 하는 기능이 있다. 이것은 외견상 극복하기 어려운 일도 성공적으로 극복할 수 있게 하는 힘이 된다. 긍정적 착각이 긍정적 효과만을 가져오는 것은 아니다. 거기에는 여러 가지 위험도 내포되어 있다. 즉, 자신의 낙관적 신념이 성취되지 않을 때 심한 불쾌감을 면할 수 없다. 긍정적 착각을 하는 사람은 성공보다는 실패 가능성이 많은 계획을 세우고, 그에 따라 행동한다. 일반적으로 사람은 특정한 직업을 찾거나 진학을 계획할 때 현실을 바탕으로 생각한다. 그러나 긍정적 착각을 하는 사람은 현실에 직면하면 지나치게 낙관주의자로 변한다. 이와 같이 현실주의에서 낙관주의로 변하는 것은 어려운 과제를 수행하는 데 필요한 에너지를 제공하니 실패 가능성이 많다.

긍정적 자아 지각에는 사회적 손실이 따른다. 남보다 높은 자아 신장을 위해서는 다른 사람과의 경쟁에서 이겨야 한다. 초기에 개인의 낙관적 태도는 다른 사람으로부터 긍정적 평가를 받지만, 그것이 장기간 지속되면 곧 대인관계의 악화로 이어진다. 즉, 다른 사람에게서 호의적 평가를 받을 수 없게 된다. 긍정적 착각은 문화적 통념의 제한을 받는다. 긍정적 착각은 서양 문화권에서는 매우 긍정적으로 평가, 수용되지만 동양 문화권에서는 자기의 가치를 손상시키는 결과를 가져온다.

정신적 건강의 기준은 다양하다. 전통적 기준과 현재 통용되는 통합적 기준은 물론 다르다. 전통적 기준에 따르면, 정신적으로 건강한 사람은 주위 환경에 잘 적응한 사람, 자기 자신에 대한 정확한 지각을 가진 사람, 그리고 자신의 삶과 환경을 적절하게 통제할 수 있는 사람이다. 이와는 대조적으로 통합적 기준에 따르면, 정신적으로 건강한 사람은 자기과시 수준이 높은 사람, 비현실적으로 낙관적인 사람, 통제에 대한 자신감을 가진 사람이다. 통합적 기준에서는 정신적으로 건강한 사람은 긍정적 착각의 주요 도메인 특질을 모두 요구한다. 이들 도메인 특성이 결여된 사람의 우울증 수준은 높고 자존심의 수준은 낮다.

일반적으로 사람은 자아에 대한 착각 수준이 높고, 개인적 통제 기능이 발달되고, 장래에 대한 전망이 확실하다. 그렇다면 이들의 착각은 정신건강과 어떤 관계가 있는가? 전통적 정신건강 기준에서는 정확한 자기지각 능력의 비중이 크다. 이와 같은 기준은 자아에 대한 착각이 정신건강의 기준이 된다는 주장과 부합되지 않는다. 행복한 만족감도 정신건강의 주요 기준이다. Marie Jahoda의 긍정적 정신건강 기준에 따르면, 건강한 사람이란 자아에 대한 긍정적 태도를 가진 사람, 성장 및 발달 자아실현의 능력을 가진 사람, 자율성이 있는 사람, 노동과 사회적 관계에서 환경을 정복한 사람, 그리고 통합 능력을 구비한 사람이다.

Sidney Jourard와 Ted Landsman도 이와 유사한 정신건강의 기준을 제시하였다. 그들의 주장에 따르면, 정신적으로 건전한 사람은 긍정적 자아에 대한 관심을 가진 사람, 다른 사람과 자연에 관심을 가진 사람, 새로운 아이디어와 새로운 사람을 수용할 수 있는 사람, 창의성이 있는 사람, 사랑할 수 있는 능력을 가진 사람, 생산적 작업 능력을 가진 사람, 그리고 현실적 자아 지각을 가진 사람이다.

다른 사람에 비해 자신은 행복하다고 느끼는 사람이 많다. 이와 같은 생각은 긍정적 착각과 무관하지 않다. 자존심과 자신에 대한 믿음의 수준이 높은 사람은 자신이 삶을 효과적으로 통제할 수 있고, 장차 자신의 삶은 행복할 것이라고 생각한다. 이들은 지금도 매우 행복하다고 생각한다. 행복하다고 느끼는 사람일수록 자기 주변에서 일어나는 일을 효과적으로 통제할 수 있다. 또 그들은 비현실적인 낙관적 생각을 많이 하는 경향이 있다. 긍정적 착각은 긍정적 기분과 깊은 관계가 있다. 이와 같은 사실은 두 변인 간의 상관관계 연구에서도 분명하게 나타난다. 그러므로 긍정적 착각은 긍정적 기분에 직접 영향을 준다고 볼 수 있다. 사실 자신의 성공은 자아에 의해 결정되지만, 실제는 자아와는 무관한 것으로 귀인시키는 경향이 있다. 자아 신장에 대한 긍정적 착각에는 우울증 환자의 기분을 긍정적으로 변화시키는 기능이 있다.

다른 사람에 대해 관심을 갖는 사람은 정신적으로 건강하다. 긍정적 착각은 사회적 유대관계와도 깊은 관계가 있다. 자신을 높게 평가하는 사람은 친구와 친근하게 생활할 수 있다. 낙관주의적 태도에는 사회적 기능을 촉진시키는 기능이 있다. 자존심이 높고 낙관적인 사람은 고독감도 효과적으로 극복할 수 있다. 긍정적 착각 수준이 높은 사람일수록 긍정적 기분 수준이 높다. 긍정적 기분을 가진 사람은 다른 사람에게 도움을 줄 수 있고, 그들과 보다 많은 대화를 할 수 있다. 긍정적 정동을 가진 사람은 사교성과 자비심의 수준이 높다. 긍정적 착각은 사회적 유대관계를 향상시킨다. 이러한 기능은 긍정적 기분에 의해 간접적으로 촉진된다.

긍정적 착각은 창조적이며, 생산적 성취 기능을 향상시킨다. 착각은 지적 창조적 기능을 향상시키며, 동기, 지속성 및 수행 능력을 향상시킨다. 확실하고 객관적 증거는 많지 않지만, 비현실적 낙관주의 신념이 지적 기능을 향상시킨다는 주장은 널리 알려져 있다. 지적 신념이 자아 기능을 향상시키는 것이다. 자기 중심적으로 기억이 조직된 사람들은 자아에 관계되는 정보를 보다 효과적으로 회상할 수 있다. 자기 중심적으로 조직된 기억에는 인지적 신념 기능이 내포되어 있다. 복잡하고 조직화된 자아는 잘 희생할 수 있는 능력을 가지고 있고, 보다 복잡한 연결 과정을 가지고 있다.

긍정적 착각은 지적 기능을 촉진시키는데, 이는 기분의 영향을 받는다. 이에 대한 확실한 증거는 아직 많지 않지만 몇 가지 사실은 분명하다. 즉, 긍정적 정동은 효과적 단서의 회상을 촉진시킨다. 긍정적 정동은 문제 해결의 속도를 통제하고, 효과적 수행을 촉진시킨다. 정동은 기호화된 정보를 받아들여서 효과적으로 판단하고 결심하는 데 필요한 복잡한 환경을 제공한다. 긍정적 정동은 긍정적 지적 효과를 높인다.

자기 자신의 통제력에 대한 신념과 낙관적 태도는 개인의 동기 수준을 신장시킨다. 또 지속적인 과제 수행을 효과적으로 촉진시키고, 자신에 대한 긍정적 개념은 여러 가지 긍정적 효과를 가져 온다. 개인으로 하여금 보다 열심히, 보다 지속적으로 일할 수 있게 한다. 궁극적으로는 효과적인 과제 수행을 성취할 수 있다. 모든 목표 성취의 가능성을 높여 준다. 자아 수준이 높은 사람은 자기의 수행 결과를 높게 평가한다. 이것이 동기 수준을 높이는 긍정적 피드백으로 작용한다. 자존심이 높은 사람일수록 자신의 수행 기능을 높이 평가하는 경향이 있다.

자신의 동기, 동기의 일관성, 자기 통제 신념은 여러 가지 요인에 의해 신장된다. 자기 효험에 대한 신념이 강할수록 동기 수준이 향상되고, 성공을 위해 보다 많은 노력을 하게 된다. 통제에 대한 욕구 수준이 높을수록 도전심이 강하고, 지속적으로 과제를 수행하는 경향이 있다. 이들은 야심차고, 자기 통제 의욕도 강하다. 정복의 신념도 자신의 통제에 대한 신념과 깊은 관계가 있다. 정복감이 강한 아동과 무기력한 아동이 성공과 실패를 지각하는 기능 간에는 큰 차이가 있다. 정복감이 강한 아동과 무기력한 아동의 과제 수행 결과가 동일하더라도 정복감이 강한 아동들은 자신의 성공 경험을 보다 잘 기억하며, 자신의 성공이 자신의 능력과 깊은 관계가 있는 것으로 생각하는 경향이 있다. 정복감은 강하나 실패한 아동은 자신의 실패 원인을 찾으려고 하지만, 자신의 실패는 인정하지 않는다.

낙관적 태도가 동기 수준과 과제 수행의 수준을 신장시킨다. 성공에 대한 기대감이 높은 사람일수록 장기간 열심히 일한다. 자신의 장래에 큰 비중을 두는 사람은 높은 임금, 근로에 대한 동기, 많은 목표 추구, 실용성이 보장된 행동을 중심으로 일상생활 계획을 수립하는 경향이 있다. 그들은 운명에는 전혀 관심이 없다. 낙관주의적 성향과 노력, 인내 그리고 목적 성취 성향과의 간접적인 관계는 우울증과 학습을 통한 학습 경험에 대한 연구를 통해 확실하게 밝혀졌다. 비관적 태도는 우울증에서 큰 비중을 갖는 속성이고, 이는 학습을 통해 습득한 무기력감에서 두드러지게 나타난다. 우울증이나 학습을 통해 습득한 무기력감에서 공통적으로 나타나는 것이 동기의 결여다. 부정적 기분은 개인의 활동 수준을 저하시킨다. 그리고 비관적 태도는 동기 수준과 목표 지향 행동의 수준을 저하시킨다.

연구 결과를 종합해 보면, 높은 자아 신장, 통제에 대한 강한 신념, 높은 낙관주의 수준은 동기 수준을 향상시키고 보다 효과적으로 과제 수행을 촉진시켜 결과적으로는 성공으로 이어진다. 또 이들 요인은 착각과 자아의 욕구를 충족시키는 데 큰 도움이 된다. 이들은 성공 가능성이 적은 상황에서도 부지런히 일하는 사람의 수행 수준을 향상시킨다. 경우에 따라서 성공하지 못하는 경우도 있지만, 오랫동안 지속되는 경우에는 착각을 통한 보상을 받는다.

지금까지 기술한 착각과 건강과의 관계는 이론적으로나 실제적으로 매우 복잡하다. 사실 정신의학이나 임상심리학에서는 자아 및 자기의 환경에 대한 정확한 지식의 중요성을 크게 강조한다. 착각에는 값진 가치가 있다. 긍정적 착각은 매우 일반적인 것이고, 건전한 정신건강에서 큰 비중을 차지한다. 진정한 정신적 건강을 위해서는 자신의 생존에 적합한 현실 조정이 요구된다. 현실에 직면하였을 때, 혹은 현실과 동떨어진 환경에서 착각은 어떤 기능을 하는가. 이것은 앞으로 풀어야 할 중요한 문제 가운데 하나다.

정상적 인지 기능과 착각

착각은 정상적 인지 과제 수행 과정에서 큰 비중을 갖는다. 인지 기능과 관계되는 의미, 정복 및 자아의 신장은 대부분 착각과 별개일 수 있다. 예를 들면, 다음과 같다. 앞서도 말했듯이 지금까지 진짜 암의 원인은 밝혀진 것이 없다. 특별한 증거도 갖지 못한 현실에서 자신의 암은 치료된다는 굳은 신념을 가진 사람이 많다. 자아 신장을 위한 사회적 비교를 할 때 자기와 비교할 만한 사람이 없을 경우에는 자기 스스로 그러한 사람을 상상해 본다. 이와 같은 방법은 심리적 적응을 위해서 매우 유익하다. 한때 긍정적 정신 기능은 현실 접촉에 의해 결정되는 것으로 인식되었다. 치료의 목적은 환자에게 정확한 세계관과 문제를 인식할 수 있고 건전한 현실 검증의 기능을 갖도록 도와주는 데 있다. 자기기만은 정신장애 상태와 다름이 없다.

착각이 정신건강에 필요하다는 생각은 널리 수용되었다. 이러한 관점에서 보았을 때, 거부는 원시적 방어기제가 아니다. 이제 거부의 방어기제는 매우 유익한 것으로 인정받고 있다. 개인이 위급 사태에 직면하였을 때, 생존 가망이 희박하다는 어려운 정보를 받았을 때, 개인을 보호하는 가치 있는 방어기제로 인식되고 있다. 근래에 들어 자아에 대한 전체주의적 분석주의자의 주장에 따르면, 자아 개념은 자신의 생활사 수정에 의해 달라진다. 현재의 자신을 실제 자신보다 더 성공한 사람, 보다 더 정확한 사람으로 생각하게 한다. 귀인연구에서도 좋은 결과는 자신에게 귀인시킨다는 사실이 밝혀졌다. 개인의 객관적 태도는 개인의 사고 기능을 지배한다. 현재는 과거보다, 미래는 현재보다 더 나을 것이라고 생각한다. 자신과 세계는 자아를 떠나서는 생각할 수 없는 것으로 생각하는 사람이 많다.

착각이 우리 생활에 유익하다는 사실은 우울증의 인지 기능 특성에서 찾을 수 있다. 일반적으로 사람에게는 자기를 과대평가하고, 자기의 통제 기능을 잘못 판단하는 경향이 있다. 즉, 통제가 불가능한 것도 객관적 통제가 가능할 것으로 믿는다. 또한 그들은 자신들이 받는 부정적 피드백을 과소평가하는 경향이 있다. 일반적으로 사람은 긍정적 결과는 과대평가하고, 부정적 결과는 과소평가하는 경향이 있다. 그들은 객관적 업적보다 자기 자신에게 큰 보상을 주는 경향이 있다. 그들은 자신의 성공은 내적이며 안정된 원인에서 기인한 것으로 생각하고, 실패한 것은 외적이며 불안정한 원인에서 기인한 것으로 생각하는 경향이 있다.

암 환자를 대상으로 한 실험에서 마비 환자의 비현실적 신념과 쾌유의 정도가 밀접한 관계가 있다는 사실이 밝혀졌다. 치유된다는 비현실적 신념의 수준이 높을수록 쾌유 상태는 물론 그들의 정서적 건강 상태도 매우 양호하다. 이와 같은 사실은 그들의 일상생활에도 그대로 적용된다. 일에 대한 비현실적 희망은 보다 나은 생활로 이어진다.

착각은 정상적 인지 기능에서도 큰 비중을 차지한다. 그렇다면 그 이유는 무엇인가? 착각에는 진화의 의미가 포함되어 있기 때문이다. 착각은 자아로 하여금 고도로 조직화된 정보 처리 기능을 할 수 있게 도와주며, 일관성을 유지할 수 있게 도움을 준다. 행동의 일관성을 통해 통제에 대한 과장된 지각이 유의미한 적응의 가치를 갖게 된다. 이에 따라 통제에 대한 연구는 보다 많은 연구자의 관심을 끌고 있다.

자아 신장의 편중에는 여러 가지 기능이 있다. 긍정적 자아 지각은 자기 자신은 물론 타인에 대한 호의적 행동을 촉진시킨다. 타인에게 도움을 주는 행동도 그 한 면이다. 자기 강화는 과제 수행의 속도를 증대시킨다. 이와 같은 착각을 기반으로 이루어지는 행동은 여러 가지 자아 제어기제의 영향을 받는다. 개인의 의미, 정복, 자아 성장 감각, 인지 기능은 암의 재발을 통제하고, 자신에 대한 지각을 긍정적으로 변화시킨다. 또 유익한 자아 변화를 촉진시키고 위협에 효과적으로 대처할 수 있는 힘이 된다. 더 나아가서 진정한 착각의 기능을 발달시키고 신장시킨다.

제2부

디스트레스

4. 외상후 스트레스 장애

4 외상후 스트레스 장애

외상후 스트레스 장애

외상후 스트레스 장애(PTSD)는 심리적 외상에 의한 정신장애다. 이 학술적 진단명이 최초로 등장한 것은 1980년이다. 미국 정신의학회는 DSM-Ⅲ에 이 진단명을 등재하면서 외상후 스트레스 장애를 심한 심리적 외상에 대한 부정적 정서 반응이라고 정의하였다. 이는 개인의 생명을 위협하기도 하고, 심리적-신체적 통합을 해치기도 한다. 외상후 스트레스 장애는 불안장애의 일종으로 공황장애를 수반한다.

또 부분적이기는 하지만 사회경제적 의미는 물론 정치적 의미까지도 내포하고 있다. 제1차세계대전 때만 해도 전상병은 적절한 정신의학적 진단을 받지 못한 것은 물론 그에 대한 적절한 치료도 받지 못하였다. 뿐만 아니라 귀향 후에는 군인연금 혜택도 전혀 받지 못했다. 하지만 사실 이 장애는 기원전 1900년부터 존재해 왔다. 이집트의 한 의사는 심리적 고통을 '외상에 의한 히스테리성 반응'이라는 진단명을 사용했다. 이것이 심리적 외상에 의한 장애의 과학적 기술의 효시다.

19세기에는 심리적 외상을 '철로 연결관'이라고 불렀는데, 이는 일시적으로 주어진 무의미한 진단명에 불과하다. John Eric Erichsen (1818~1896)은 1864년 『철도와 신경계통의 손상』이라는 단행본을 통해 이 장애에 대해 구체적으로 설명하였다. 이것은 외상후 스트레스 장애에 대한 과학적 연구 기반을 제공하였다. 이를 계기로 철로 연결관은 '에릭슨 병'으로 알려졌으며, 동시에 이 질병의 원인은 기차의 과속에 있다는 데 많은 사람이 의견을 모았다. 그들은 기차의 과속은 사람의 힘으로는 통제가 불가능한 것이며, 그 질병은 순전히 심리적인 것으로 질병의 실체는 존재하지 않는다는 데 의견을 같이하였다.

과거 100년 동안 상이군인 중에는 외상후 스트레스 장애와 유사한 증후로 고통받은 사람이 많았다. 예를 들면, 미국 시민전쟁 당시 정서적 고통을 받는 상이군인을 '군인 심장' 혹은 '다 코스타 증후군'이라고 진단하였다. 이 증후를 자세히 살펴보면, 외상후 스트레스 장애의 증후와 유사한 점이 많다. 그와 유사한 증후를 호소하는 전상병은 시대의 변천에 따라 서로 다른 명칭으로 진단되었다. 즉, 제1차세계대전 당시에는 '전쟁신경증', 제2차세계대전 시에는 '전투쇄약증'으로 진단되었다. 그 밖에 병사들의 기분장애는 '노스탤지어', '미진단 신경증', '불안정 심장', '노쇠 증후군', '전쟁신경증',

'전투피로증' 등으로 진단, 분류되었다.

100년 전 프랑스의 정신병리학자 Pierre Janet(1859~1947)는 히스테리가 외상과 관계 있다고 주장하였다. 현재 사용되는 외상후 스트레스 장애의 증후에 대해 보다 자세히 기술한 것은 Sigmund Freud의 한 제자인 Abram Kardiner(1891~?)다. 외상후 스트레스 장애의 증후는 호주의 토착민이나 전 세계에 거주하는 인디오와 같은 부족 사회에서도 찾아볼 수 있다. 이들은 성장기에 부모와 별거한 경험이 있으며, 대인 폭력이 심하고, 약물을 오용하며, 수명이 짧다.

외상후 스트레스 장애는 극단적 심리적 외상에 대한 심한 정서적 반응이다. 그러나 심리적 외상을 경험한 사람이 모두 외상후 스트레스 장애로 발전되지는 않는다. 대부분의 사람은 심한 심리적 외상을 받은 수개월 후에는 자연스럽게 정상 생활이 가능하다. 외상후 스트레스 장애는 공황장애를 핵심으로 하는 불안장애인데, 여기에는 여러 가지 증후가 수반된다. 주로 악몽, 환각 재현, 정서적 이탈, 불면증, 식욕 상실, 불안정감, 과잉 각성, 기억 상실, 우울증, 불안 등의 증후를 보인다.

외상후 스트레스 장애에는 우울증, 불안, 기타 다양한 중독과 같은 하나 이상의 정신의학적 증후가 수반된다. 심리적 외상을 경험한 후 1개월 내에 나타나는 것은 후외상성 증후보다는 '급성 불안장애'다. 1개월 내에 증후가 호전되지 않는 듯하면, '외상후 스트레스 장애'로 진단한다. 외상후 스트레스 장애는 증후의 변화에 따라 다른 진단명이 부여된다. 외상성 증후가 3개월 이내에 소실되면 '급성 외상후 스트레스 장애', 나타난 외상성 증후가 그 이상 존속되면 '만성 외상후 스트레스 장애', 그리고 외상성 증후가 나타나 몇 개월, 몇 년, 혹은 10년 이상 지속되면 '지연 발병 외상후 스트레스 장애'로 분류된다.

외상후 스트레스 장애의 유발 요인 및 모델

외상후 스트레스 장애를 유발하는 요인은 매우 다양하다. 우선 생물학적 유전 요인을 들 수 있다. 심리적 외상 경험은 뇌의 신경전달물질과 호르몬에 생화학적 변화를 일으키고, 이는 여러 가지 행동 변화로 이어진다. 외상후 스트레스 장애도 그 가운데 하나다. 이를 유전적으로 타고난 것이라고 보는 사람이 많지만, 확실한 과학적 증거는 많지 않다. 병적 체질과 아동기의 부정적 경험이 외상후 스트레스 장애의 발병 원인이 되기도 한다. 지속적 외상적 경험이나 스트레스는 외상후 스트레스 장애의 직접적 발병 원인이 된다. 이것은 기존의 발병 취약성이 존재하기 때문이다.

선천적으로 타고난 불안 특성이나 심리적 문제, 외적 통제 성향이 높은 사람일수록 외상후 스트레스 장애의 발병 위험은 높다. 이와는 대조적으로, 강인성, 자기 효험성, 일관성 감각 그리고 내적 통제 수준이 높은 사람에게서는 외상후 스트레스 장애 발병률이 매우 낮다. 아동기에 경험한 신체적, 정서적 학대나 성적 학대, 장기간의 소외 경험, 아동이나 성인에 대한 학대 장면의 목격 등도 외상후 스트레스 장애의 중요 발병 원인으로 작용한다. 또한 생명을 위협하는 여러 가지 장면, 예를 들면 정도가 큰 사고, 중한 질병, 심한 신체적 폭행, 고문, 성인 강간, 살인, 폭행이나 직업상 재해 장면 접근, 생명 위협, 자연재해, 유괴 사실을 경험하였거나 그러한 장면을 목격하는 것도 발병 위험률을 크게 높이는 결과를 가져온다.

폭력, 범죄, 살인, 전쟁과 같은 외상적 경험은 외상후 스트레스 장애의 발병 원인이다. 근래에 와서는 암 투병 경험자와 그의 가족, 특히 유방암 투병자, 어린이 암 투병자 및 그의 가족에게서도 외상후 스트레스 장애의 증후를 쉽게 발견할 수 있는데, 전체 환자의 5~20%로 추산된다. 이들에게서는 손상이나 죽음에 대한 외상적 기억이 뚜렷하게 나타난다. 심리적 외상으로서의 암에는 심한 불쾌감이 수반되는 것이 특징이다.

외상후 스트레스 장애의 형성 과정을 설명하는 모델은 다양하다. 외상후 스트레스 장애의 증후군이 다양한 만큼 이 장애를 설명하는 모델도 매우 다양한데, 불행하게도 이 장애를 만족스럽게 설명할 수 있는 모델은 아직 없다. 지금까지 발표된 모델은 장애의 특정 측면 밖에 설명하지 못하고 있으며, 모든 연구자 및 치료자가 장애의 실체를 만족하게 설명할 수 있는 모델은 아직 없다.

행동주의 심리학자의 조건화이론에 따르면, 외상후 스트레스 장애는 외상적 경험 당시 형성되는 고전적 조건화 과정의 결과다. 환자는 이 과정을 통해 유해 자극을 피하는 방법을 학습한다. 이 이론은 치료에 광범위하게 활용된다. 조건화이론을 바탕으로 한 외상후 스트레스 장애의 이론은 역경 속의 성장 기능 신장을 위한 기술로 널리 활용된다. 자세한 기술은 이 책의 제10장에서 자세히 설명할 것이다.

사회인지이론에 따르면, 인간은 태어날 때 주변에서 일어나는 사건들을 완전하게 이해하려는 경향성을 가지고 태어난다. 이와 같은 경향성은 새로운 지식을 기존의 스키마에 통합시키는 데 크게 도움이 된다. 개인이 심리적 외상에 직면하게 되면 외상적 정보를 통합하지 못하고 회피하려는 경향이 있다. 이 정보는 돌입과 회피의 주기를 반복한다. 이와 같은 반응은 외상 초기 단계에서 매우 자연스럽지만, 그것이 장시간 지속되면 외상후 스트레스 장애의 병적 증후로 변한다.

중다표상이론에 따르면, 외상후 스트레스 장애에 따른 기억은 언어적 평가 기억(VAMS)과 사태적 평가 기억(SAMS)으로 양분된다. 전자는 어떤 상황에서나 평가되지만, 후자는 특정한 단서에 의해서만 평가가 가능하다. 이는 Horowitz, M.의 사회적 인지모델과 유사하다. 사태적 평가 기억은 완결을 위해 언어적 평가 기억에 통합될 필요가 있다.

McKeever, V.와 Huff, M.는 외상후 스트레스 장애의 기제를 설명하기 위해 다양한 모델의 통합을 시도하였다. 그들은 외상후 스트레스 장애의 발병 요인을 의학적 요인과 심리적 요인의 통합체에서 찾으며, 그것은 잔류 스트레스, 환경적 스트레스 그리고 생물적 스트레스로 구성되어 있다고 보았다. 이것이 병적 소질-스트레스 모델이다. 이 모델에서 병적 소질은 외상후 스트레스 장애 유발 가능성을 증대시킬 수 있는 기존 병적 발병 요인으로 외상후 스트레스 장애의 발병 가능성을 증대시킨다. 여기서 스트레스는 외상적 사건에 장기간 직접적으로 영향을 주는 요인으로 작용한다.

잔류 스트레스는 외상적 사건이 주는 장기간 지속되는 직접적인 스트레스다. 잔류 스트레스 통로는 매우 중요한 외상후 스트레스 장애의 발병 촉매 작용을 한다. 외상후 스트레스 장애의 발병을 촉진시키지 못하는 스트레스 원은 잔류 스트레스 통로가 될 수 없다. 그렇지만 이들은 병적 환경이나 생물학적 통로와 결합하여 다른 통로를 통해 외상후 스트레스 장애의 주요 발병 요인으로 작용할 수도 있다. 환경적 스트레스는 개인의 자아와 그를 둘러싼 환경, 예를 들면 성장 발달, 극복 기제, 모델링, 대상성 학습, 개인적 지지 체계, 이선에 경험한 외상의 누적된 효과 등인데, 이는 외상후 스트레스 장애를 유발하는 환경적 병리 위험 요인으로 작용한다. 생물적 스트레스는 유전적 특성, 신경학적 이상, 뇌 구조의 신경화학적 변화, 기타 생물생리학적 요인으로, 이는 만성적으로 장기간 스트레스 원에 노출되었을 때 외상후 스트레스 장애의 발병 위험 요인으로 작용한다.

정신장애의 진단요강: DSM

1952년, 미국 정신의학회는 정신장애의 진단과 분류에 사용할 DSM-I을 내놓았다. 이는 그 후 50여 년 동안 개정을 거듭하면서 오늘에 이르고 있다. 가장 최신판인 DSM-IV는 ICD-10을 기초로 하여 정신장애 진단요강의 내용을 크게 개정, 보완한 것으로, 그 질과 양이 크게 달라졌다. 하지만 그것이 안고 있는 문세는 해결되지 않았다는 것이 전문가들의 주장이다.

정신장애의 진단요강은 어떤 특정한 이론 체계나 가설을 바탕으로 만들어진 것이 아니다. 그러므로 이론이 결여된 진단 분류 체계는 정신의학의 발전에 도움이 될 수 없다는 것이 반론자들의 주장이다. 정신장애의 진단요강 구조는 개정을 거듭하면서 진단의 유목 수와 그 분량만 크게 늘어났다. 지금까지 수정 · 보완된 정신장애의 진단요강, 특히 그에 수록된 진단 유목 수, 분량, 기타 필요한 참고 자료는 [표 4-1]과 같다.

[표 4-1] 정신장애 진단요강에 개정 수록된 진단 유목 수 및 분량

DSM	수정 연도	분량	진단 유목 수	기타
I	1952	130	106	
II	1968	134	182	
III	1980	494	265	
III-R	1987	567	292	
IV	1994	886	297	
IV	2000			텍스트 판
V	2012			출간 예정

DSM은 미국 정신의학회가 미국 전상병 조사국에서 사용하는 분류 용어를 바탕으로 1918년에 만든 정신장애의 진단 및 통계요강이다. 이것은 DSM은 생물학적 기반이 전혀 고려되지 않고 정신역동적 정신의학, 정신분석적 정신의학을 바탕으로 제작되었다는 것이 큰 단점으로 지적되고 있다. 제1차세계대전까지만 해도 정신장애에 대한 분류 체계는 없었다. 제2차세계대전을 계기로 새로운 변화를 가져오게 되었다. 그들은 분류 용어를 채택하는 데 정신의학적

용어 외에 인접 과학의 용어도 사용하였다.

분류 체계에 대한 비판을 면치 못한 미국 정신의학회는 1980년에 다시 DSM-Ⅲ을 출판하였다. 이 판에서는 임상적 지식을 바탕으로 한 정신의학적 지식보다는 연구를 기초로 한 의학적 지식에 큰 비중을 두고 있다. 이를 계기로 정신장애의 진단요강은 기술적 정신의학의 틀을 벗어나게 되었다. DSM-Ⅲ에서는 정신분석적 이론과 치료의 핵심인 '신경증'이라는 개념이 삭제됨에 따라 특별위원회로부터 큰 저항을 받게 되었으며, 이들과의 협상 끝에 '장애'라는 용어를 상용하기에 이르렀다. 이를 계기로 다음에 설명하게 될 외상후 스트레스 장애라는 진단용어가 정신장애의 진단요강에 처음으로 등장하게 되었다.

DSM-Ⅲ: 외상후 스트레스 장애의 진단 기준

정신의학적 진단의 신빙도와 타당도 모두 문제가 되자 이를 극복하기 위한 여러 가지 연구가 시작되었다. 그 가운데 대표적인 것이 '신 Kraepelin 운동'이며, 그 산물로 '파이너 기준'과 '연구진단기준(RDC)'이 나오게 되었다. 파이너 기준은 특정한 장애를 진단하는데 필요한 임상적 기술 단계, 실험 연구 단계, 추시 단계, 가족 연구 단계를 제시하고 있다. 이것은 DSM-Ⅱ에 비해 간편하고 그 결함을 보완하였기 때문에 널리 보급되었다. 파이너 기준을 계승, 발전시킨 것이 연구진단기준이며, 이는 DSM-Ⅲ의 기반이 되었다.

DSM-Ⅲ의 서론에는 그 발전 과정이 자세히 기록되어 있다. 미국 정신의학회는 1974년 정신장애의 진단과 통계를 전문적으로 다룰 특별위원회를 구성하였다. 이 특별위원회는 정신과의사, 역학자, 심리학자 및 다른 전문가들을 참여시켰다. 특별위원회가 주동이 되어 만든 DSM-Ⅲ에는 다음과 같은 여러 가지 특징이 있다. 우선 다른 정신장애의 진단요강보다 유목 수가 많다. DSM-Ⅰ은 106개, DSM-Ⅱ는 182개, DSM-Ⅲ은 265개, DSM Ⅲ-R은 292개, DSM-Ⅳ는 297개의 진단 유목으로 구성되어 있다. 따라서 복잡한 정신장애를 보다 포괄적으로 다루고 있다고 볼 수 있다.

DSM-Ⅲ은 여러 개의 축을 사용해서 진단하고 있는데, 이는 이전의 진단자들이 사용한 것을 계승, 발전시킨 것이라고 볼 수 있다. 발병 원인과 관계되는 축과 임상적 증후에 관계되는 축을 분리시키기도 하고, 장애 유형, 수준, 적응 유형을 서로 다른 축으로 진단하기도 했다. 이러한 주장을 받아들인 것이 바로 DSM-Ⅲ이다.

DSM-Ⅲ은 진단 유목도 크게 달라졌다. 기질적 뇌증후군, 아동기 및 청년기 장애, 정동장애, 성격장애, 신경증적 장애가 바로 이것이다. 정동장애는 신경증적 장애, 정신병적 장애, 선천성 우울증의 구별이 없어진 대신, 단극성 장애와 양극성 장애로 구분되고 있다. 정신분열증의 경우 14개의 하위 진단 유목이 5개로 축소되었다. 아동기 장애의 하위 진단 유목은 지적장애, 행동장애, 정서장애, 신체장애, 발달장애로 그 수가 증가하였다.

DSM-Ⅲ은 DSM-Ⅰ이나 DSM-Ⅱ에 비해서 크게 발전되었지만 많은 문제가 미해결 상태로 남아 있다. 진단 유목은 실험적 자료에 의해 선정되지 않고, 몇 사람의 임상적 경험이나 직관에 의존하였다. 이는 두 개 이상의 축에 의해 진단되었는데, 여러 축에 따라 진단할 때 임상가에게는 더 많은 노력과 시간이 필요하다. 더욱 중요한 것은 두 개 이상의 축에 따라 진단한다고 해도 측정문제 자체는 쉽게 해결되지 않는다. 예를 들면, 축 IV와 축 V는 조잡한 서열척도에 의해 평가되고 있다. 이는 결코 DSM-II에 의한 이중 진단과 크게 다르지 않다. DMS-III에는 그 유목에 속하는 정신병리를 이해하는 데 도움을 주는 어떠한 참고문헌도 겸비되어 있지 않다. 뿐만 아니라 이를 이해하는 네 필요한 사례가 전혀 인용되어 있지 않다.

또 각 진단 유목에 대한 기술에 일관성이 결여되어 있다. 대부분의 기술적인 용어는 정신의학적 의미가 결여되어 있다. 진단 분류 유목을 구성하는 장애의 임상적 특징, 진행 과정 및 치료 과정을 너무 세분화하고 있다. 예를 들면, DSM-II의 분열성 성격장애를 DSM-III에서는 '분열형 성격장애'와 '회피성 성격장애'로 세분하고 있다. 이와 같이 세분화하면 신빙도는 상대적으로 떨어진다. 무진단 혹은 진단 유보와 같은 유목은 DSM-I과 DSM-II에도 포함되어 있었지만, 행정 목적으로 쓰인다는 것뿐 별다른 설명이 없다.

DSM-II에 있는 아동기장애가 DSM-III에서 세분되었는데, 이에 따라 실제 진단을 하면, 진단자 간의 일치도는 크게 떨어진다. 5개의 하위 유목으로 분류하는 것은 옳지만, 그의 신뢰도와 타당도는 보장되지 않는다. 이와는 달리 DSM-III의 진단 유목과 요인 분석의 결과가 완전히 일치하지 않는다. 예를 들면, '과잉행동증을 수반하지 않는 주의결핍'은 요인 분석에서는 주요 요인으로 추출되지 않는다.

아동기의 우울증장애와 같은 유목이 DSM-Ⅲ에는 없지만, 아동에게서 모은 자료를 요인 분석하면 우울증을 주 증상으로 하는 요인이 추출되었다. 이것을 계기로 미국 정신의학회는 DSM-Ⅲ의 기준에 따라 아동기의 우울증을 성인의 진단 기준에 따라 진단할 수 있게 되었다. 그러나 여기서 문제에 부딪히게 된다. 아동들은 성인과 같이 우울증을 경험하지 않기 때문이다. 이제 아동들의 진단에 필요한 증후군집을 찾아내야 할 필요가 생겼다.

DSM-Ⅲ을 구성하는 성격장애의 유목에도 문제가 있다. 여러 성격장애뿐만 아니라 성격장애와 정신장애 간의 경계가 매우 불분명하다. 하위 진단 유목에 대한 타당도의 연구를 위한 군집 분석의 결과에서도 지지할 만한 결과를 얻지 못하고 있다. 또 디스티미아 성격과 순환성 성격을 정동장애로 분류하는 것은 정신분열증을 성격장애로 분류하는 것만큼이나 일관성이 없는 것으로 나타났다. 또한 정신분열증의 하위 유목을 결정한 논리적 근거가 매우 불분명한데, 잔재성 정신분열증은 정신병적 장애가 아님에도 불구하고 여전히 그대로 남아 있다.

외상후 스트레스 장애의 진단 기준과 타당성

외상후 스트레스 장애는 DSM-Ⅳ와 DSM-Ⅳ-TR에 제시된 기준에 따라 진단하고 분류한다. 그 주요 진단 기준은 [표 4-2]와 같다.

[표 4-2] 외상후 스트레스 장애의 진단 기준

A. 외상적 사건에 노출된 경험이 있어야 한다. 여기서는 다음의 두 가지 특성이 모두 충족되어야 한다.
   (1) 생명이 위협받거나 심한 신체적 손상을 받을 만한 사건을 실제 경험한 것이 확실하게 입증되어야 한다.
   (2) 그 반응에서 심한 공포, 무기력감, 전율감이 현저하게 나타나야 한다.
      * 아동에게서는 조직이 결여된 행동 혹은 흥분한 행동 대신 이와 유사한 행동이 표출된다.

B. 외상적 사건은 한 가지 혹은 그 이상의 사건을 다시 경험하게 된다.
   (1) 심상, 사고, 지각을 포함한 사건들이 반복적으로 발생한다.
      * 어린 아동은 외상 주제들이 반복되는 유희를 거듭한다.
   (2) 외상적 사건에 대해 자꾸 꿈을 꾼다.
      * 어린 아동은 무서운 꿈을 자주 꾸는데, 그 내용을 전혀 회상할 수 없다.
   (3) 외상적 사건(경험으로부터의 구제감, 착각, 환각, 이인증), 중독 상태에서 나타나는 것도 포함된다. 다시 직면한 것과 같은 행동을 하고 그러한 감정을 갖는다.
      * 어린 아동은 외상적-특수 연기를 보인다.
   (4) 외상성 사건에 노출하게 되거나 그와 유사하거나 혹은 그것을 상징하는 외적 단서에 노출되면 심한 심리적 불쾌감을 느낀다.
   (5) 외상적 사건이나 그와 유사하거나 유사한 단서에 직면하면 생리적 반응이 일어난다.

C. 외상적 사건과 관계되는 자극에 직면하면 그것을 지속적으로 회피하기 위해 다음의 행동 가운데 세 가지 이상의 행동을 취한다.
   (1) 외상적 사건과 관계되는 사고, 감정, 대화를 회피하려고 한다.
   (2) 심리적 외상을 회상시키는 활동, 장소, 인물을 회피하려고 한다.
   (3) 외상적 경험의 주요한 측면을 회상하지 못한다.
   (4) 흥미의 범위가 좁아지고 사회 활동 참여가 현저하게 줄어든다.
   (5) 다른 사람과의 유대관계가 현저하게 줄어든 것 같은 감정이 든다.
   (6) (사랑의 감정이 감소되는 것과 같은) 정동 범위가 제한된다.
   (7) 장래의 희망이 줄어든다(생업, 결혼, 정상적 생활 범위 등이 줄어든다).

D. 각성 상태가 다음의 행동 가운데 두 가지 (혹은 그 이상) 형태로 지속된다.
(1) 잠들기 어렵다.
(2) 불안정감이나 분노를 노출시킨다.
(3) 주의 집중이 어렵다.
(4) 각성 수준이 지나치게 높다.
(5) 심하게 놀란다.

E. 장애의 지속 기간에 B, C, D 규준에 있는 증후가 1개월 이상 지속된다.

F. 위와 같은 특성 때문에 심한 불쾌감을 느낀다. 이러한 장애 때문에 사회생활이나 직장생활이 어렵다. 여러 주요 기능이 손상된다.

특기 사항
(1) 증후 지속 기간이 3개월 미만일 때 급성으로 진단한다.
(2) 증후 지속 기간이 3개월 혹은 그 이상일 때 만성으로 진단한다.
(3) 스트레스 원에 노출된 6개월 후에 장애의 증후가 나타났을 때 발병의 지연으로 진단한다.

1980년에 개정된 DSM-Ⅲ에 처음으로 등장한 외상후 스트레스 장애 증후들은 크게 달라졌다. 1994년에 만든 DSM-Ⅳ와 DSM-Ⅳ-TR에는 증후군집—재경험, 회피, 각성—이 포함되어 있다. 하지만 이 증후군집은 요인 분석 결과 일관되게 추출되지 않는다. 이와 같은 사실에 대해 덴마크 아레스대학교의 심리학 교수 Ask Elklit와 북아일랜드 얼스터대학교 심리학 교수 Mark Shevlin도 뜻을 같이하고 있다. 이와 같은 사실을 보면, DSM-Ⅳ와 DSM-Ⅳ-TR의 진단 기준에도 과학적 근거를 보장할 수 없다.

외상후 스트레스 장애의 심리사회적 증후군

외상후 스트레스 장애의 주요 증후군은 불안, 불면증, 공격성, 우울증, 이인증, 정서적 유리 그리고 악몽 등이다. 외상성 경험에 대한 기억 손실과 심리적 기능의 손상도 외상후 스트레스 장애의 중요한 잠재적 증후로 빼놓을 수 없다. 외상후 스트레스 장애로 진단된 아동은 자기의 외상적 경험을 유희를 통해 외부로 노출하는 경향이 있다. 그러므로 그들의 유희 특성을 관찰하면 아동의 외상 경험의 특성을 이해할 수 있다.

외상후 스트레스 장애는 전문가의 입장에 따라 서로 다르게 해석할 수 있다. 외상후 스트레스 장애를 병적 심리적 현상으로 보는 사람은 그것을 정서적 결함 혹은 외상적 경험에 대한 인지 과정에 수반되는 2차적 과정으로 본다. 이와 같은 견해는 외상후 스트레스 장애를 설명하는 3대 증후군집의 특성을 설명하는 데 큰 도움이 된다.

외상후 스트레스 장애는 외상적 경험에 수반되는 극단적 정서를 효과적으로 처리하는 것이 불가능하다. 그러므로 일정한 시간이 경과하면 그것을 다시 경험하게 된다. 이처럼 이전의 외상적 경험이 재현되는 것은 높은 불안 때문이다. 이는 돌입성 증후인데 외상후 스트레스 장애군집의 증후 형성을 촉진시킨다. 외상후 스트레스 장애는 항상 신경과민 상태에 있다. 그러므로 투쟁–도피 정서의 준비 태세를 갖추고 있다. 이 전형적 과잉 반응성 경이 반응은 예기치 않았던 큰 소리에도 병적으로 예민하게 반응한다. 이는 외상후 스트레스 장애의 특이한 반응 형태로서 과잉각성 증후라 불리는 외상후 스트레스 장애의 주요 증후군집 중 하나다.

과잉각성 증후와 돌입성 증후가 심한 외상후 스트레스 장애는 모든 사람과 접촉하기를 꺼리며, 심지어는 심리적 외상을 야기하는 생각도 피하려고 한다. 이러한 것이 돌입성 상태와 과잉각성 상태를 유발하는 원인으로 작용한다. 외상후 스트레스 장애의 정서적 반응 능력의 손상은 정서적 유리감정의 원인으로 작용한다. 상이군인에게서는 회피 행동이 눈에 띄게 나타난다. 회피는 곧 외상후 스트레스 장애를 구성하는 주요 증후군집의 하나다. 이는 상실된 자신의 통제감을 방어하고 남을 해치는 것을 스스로 피하기 위해서다. 이인증은 외상후 스트레스 장애에서 쉽게 발견되는 방어기제다. 그 특징으로는 뚜렷한 비인격화의 감정, 현실감 상실 등을 꼽는다. 기억과 감정의 연결 기능이 상실되었기 때문에 그들은 다른 세상에서 생활하는 것처럼 보인다. 극단적 사례는 이중인격으로 진단되며, 기억력 손상이 주요한 특징이다.

외상후 스트레스 장애에는 여러 가지 기억장애가 따른다. 이것은 우울증에서 나타나는 기억장애와는 달리 심리적 외상과 관계되는 것은 잘 회상하지만, 특정한 자기 신상에 관한 기억은 매우 회상하기 어렵다. 외상후 스트레스 장애의 기억 기능은 외상적 경험에 대한 회상과는 달리 비임상적 집단의 특성과 유사하다. DSM-IV의 기준에 따르면, 외상후 스트레스 장애의 발병 빈도는 비교적 높다. 그것은 불쾌감을 주고, 기억 기능을 저하시키기 때문에 경험한 사건을 쉽게 망각한다. 임상적 연구와 관찰 결과에 따르면, 기억의 혼돈과 망각은 일관되게 나타나며, 그 내용은 불분명하고 회상이 잘 되지 않는다. 외상적 경험 내용은 크게 달라지기 때문에 내용의 일관성이 크게 떨어진다.

외상후 스트레스 장애의 외상 경험은 소실되기도 하고 재현되기도 한다. 외상후 스트레스 장애의 또 다른 특징은 정상적 기억에 비해 빈번하게 재경험되는 외상적 경험, 즉 프레쉬백의 내용이 매우 생생하다는 것이다. 이들이 경험하는 이미지나 감각은 서로 연관성이 없다. 외상적 기억의 재현 증후는 시간 감각의 왜곡 현상으로 나타난다. 그러므로 재현된 외상적 경험을 과거의 경험이 아니라 현재 경험하는 것으로 잘못 생각하는 경향이 있다. 외상적 에피소드도 자의로 떠오르는 것이 아니라 외상적 환경에 의해 자신의 뜻과는 상관없이 기억에 떠오른다.

프레쉬백 현상의 기제를 이해하는 데 도움이 되는 실험 결과가 있다. 이 실험에서는 외상후 스트레스 장애 집단, 우울증 집단 및 통제집단에게 스트레스 사건과 관계되는 생각을 말하게 하였다. 그 결과, 외상후 스트레스 장애 집단의 43%, 우울증 집단의 9%가 다른 언어와 결합된 프레쉬백을 경험하지만 통제집단은 그러한 프레쉬백을 경험하지 못한다는 사실이 밝혀졌다. 이를 통해 프레쉬백은 외상후 스트레스 장애의 한 특징임을 알 수 있었다.

기억 능력을 조절하는 주의의 초점인 워킹 메모리는 과제 수행에 부정적 영향을 주는 요인을 미리 방어하는 기능을 한다. 워킹 메모리 기능이 건강한 사람일수록 불필요한 사고가 기억의 영역에 돌입하는 것을 효과적으로 방어할 수 있다. 이와 같은 사실을 바탕으로 워킹 메모리 기능과 관계 있는 낮은 지능이 외상후 스트레스 장애를 유발하는 위험 요인으로 작용할 것으로 생각할 수 있다.

외상후 스트레스 장애는 주의 기능을 편향시킨다. 과제 처리의 초기 단계에서 이와 같은 사실은 자료의 자동적 처리 과정과 책략적 처리 과정에서 뚜렷하게 나타난다. 이와 같은 사실은 스트룹 검사를 할 때 의식하 수준에서 외상성 단어를 제시하면, 그에 대한 명명 시간이 매우 느리게 나타나는 것을 통해서 확인할 수 있다.

이와는 대조적으로 주의 편향성은 후인지 과정의 목표 지향 과정에서도 잘 나타난다. 주의 편향성은 외상후 스트레스 장애에서 매우 중요한 특성으로 인정되지만, 여러 가지 실험 과정에서 나타난 것을 자세히 살펴보면 외상후 스트레스 장애 특유의 요인이 아님을 알 수 있다. 앞서 인용된 실험 가운데 일관되게 주의를 집중시키고 위협 자극에 반복적으로 노출시키면, 피험자는 외상적 자극에 장시간 주의를 기울이고 그것을 처리하는 경향이 있다. 이것은 외상후 스트레스 장애의 경우, 주의 지속 기능에 결함이 있다는 주장에 일관성을 보장하기는 어렵다는 사실을 입증해 주는 것으로 생각할 수 있다.

이인증 혹은 해리현상은 자기가 사고하는 것, 자기 주의의 지각 능력, 과거에 대한 기억 능력이 일시적으로 손상된 상태다. 스트레스 환경에서 가벼운 해리현상을 경험하는 것은 크게 문제될 것이 없다. 훈련병사의 96%는 이러한 경험을 갖는다. 심리적 외상을 경험하게 되면 정서적 무감각, 현실 상실감, 인격 상실증 등이 뚜렷하게 나타난다. 이와 같은 특성은 증후 경험에 따른 외상 정도에 따라 다르다. 이는 일종의 방어 수단이다. 투쟁-도피 반응에서는 심장 박동이 정상이지만, 해리반응에서는 그 기능이 떨어진다.

이와 같은 증후가 외상 경험 과정에 나타날 때에는 '페리 외상성 해리현상'이라고 부른다. 페리 외상성 해리현상은 외상 경험 직후에 나타나며, 이는 외상후 스트레스 장애 반응을 예언하는 지표가 된다. 일반인을 대상으로 한 실험실 연구 결과를 종합해 보면, 외상성 경험을 담은 필름에 노출되어 있을 때 나타나는 해리현상에는 그 필름의 내용이 담긴 기억이 번복된다. 이와는 달리 외상 경험 후에 나타나는 해리성 증후는 후에 나타나는 외상후 스트레스 장애의 발병 위험과는 일관된 관계가 없다.

DSM-IV 진단 기준에 따르면, 외상성 경험에는 강한 공포, 무기력감 및 공포가 수반되는데, 이는 외상후 스트레스 장애의 주요 진단 기준이 된다. 폭력도 주요한 진단 단서가 된다. 폭력이 반드시 외상후 스트레스 장애로 이어지는 것은 아니지만, 폭력자의 48%는 앞서 언급한 증후 가운데 한 가지 이상의 증후가 함께 나타나고, 89%는 외상후 스트레스 장애로 발전한다. DSM-IV의 기준에 따라 외상후 스트레스 장애로 진단된 사람 가운데는 이러한 증후가 전혀 나타나지 않은 사람도 있다. 대신에 그들은 심한 분노와 수치심을 느낀다.

무기력감과 관계되는 증후로 정신적 좌절감을 들 수 있다. 정신적 좌절감은 한 인간으로서의 주체감을 완전히 포기한 상태다. 이는 무기력감과 같이 정서나 신념 혹은 두 가지 모두 상실된 것으로, 정도가 심한 좌절감이다. 외상적 경험자는 자기 자신을 완전한 폐인으로 생각하며, 어느 누구의 도움도 받지 못하고 있다고 생각한다. 때문에 정신적 좌절감은 무기력의 감정보다 그 정도가 훨씬 심한 장애다.

포로수용소 생활 경험자가 출소 후에 다시 외상적 경험을 하게 되면, 정신적 좌절감을 피할 수 없다. 일반적으로 정서적 경험은 외상 경험의 결과지만 인지 평가 요인에 의해 그 특성이 결정된다. 외상적 경험의 내용은 정서적 경험은 물론 자신에 대한 평가의 특성에 따라 달라진다. 따라서 외상후 경험은 정서의 평가 과정이며, 그에 대한 반응 가능성이며, 후속될 외상 경험에 내포된 의미를 포함한 것으로 해석할 수 있다.

대인관계에서 심한 분노를 느낄수록 외상후 스트레스 장애로부터의 회복은 지연된다. 폭행을 당한 경험이 있는 사람이 느끼는 부끄러움의 수준은 외상후 스트레스 장애 발전 과정의 예언 지표가 된다. 또 이는 성인기의 외상 경험의 느린 회복의 원인을 이해하는 데 도움이 된다.

아동기에 받은 학대, 성인기의 외상 경험에서 생긴 부끄러움은 외상후 스트레스 장애로부터의 회복을 느리게 한다. 그 둘 중 아동기의 학대 경험이 보다 심한 부끄러움을 느끼게 한다. 아동기에 받은 학대의 경험이 외상후 스트레스 장애 회복에 주는 영향은 그가 경험한 부끄러움에 대한 조정에 의해 결정된다. 그러므로 외상후 스트레스 장애에 대한 현대 치료에서는 공포는 물론이고 부끄러움을 수정하는 데 역점을 둘 필요가 있다.

외상후 스트레스 장애에서 믿음의 비중이 매우 크다는 사실은 상이군인, 정치범, 피강간자 그리고 교통법규 위반자에서 흔하게 발견할 수 있다. 이들은 위협의 지각 기능이 매우 예민한 것이 특징이다. 위협에 대한 예민한 지각 기능은 다른 지각 기능보다 더 큰 영향을 준다. 외상후 스트레스 장애의 외형적 사건에 대한 믿음 수준은 위협의 지각 수준보다 현저히 떨어진다.

외상후 스트레스 장애는 자기 자신, 타인 그리고 주위의 세계에 대해 지나치게 부정적으로 생각하는 경향이 있다. 자신은 어느 누구의 믿음도 받을 수 없다고 생각한다. 이러한 잠재적 외상 때문에 희생자가 될 수 밖에 없다고 믿는다. 대인 불안이 심한 외상후 스트레스 장애는 스스로 다른 사람의 호감을 살 수 없다고 생각한다. 이상하게도 심한 고문을 받은 사실이 있는 정치운동가는 비정치운동가에 비해 큰 외적 손상을 받지 않는다. 왜냐하면 그들에게는 고문이 정치운동가에게 흔히 있을 수 있는 일이라는 암시적 믿음이 있기 때문이다.

자신에 대한 믿음은 중요한 의미가 있다. 외상후 스트레스 장애는 자신이 경험하는 외상이 자신의 인생 목표 성취 가능성에 부정적 변화를 가져온다고 생각한다. 해상재난을 당한 항해자 중에는 항해 중에 일어난 재난이 자기 때문이라고 생각하는 외상후 스트레스 장애가 많다.

사건 자체를 부정적으로 생각하는 사람, 부정적으로 외상을 생각하는 사람 가운데 외상후 스트레스 장애가 많고, 그 지속 기간도 길다. 증후에 대한 부정적 해석자는 외상후 스트레스 장애로부터 회복이 매우 느리다. 외상적 경험자의 경우 초기에는 부정적 믿음을 가진 사람은 많지 않지만 시간이 지나면서 그것을 부정적으로 생각하는 사람이 많아진다. 외상과 유사한 사건은 재경험의 부분을 형성하여 외상의 형태로 발전하게 된다.

외상적 경험자는 초기 단계에서는 원하지 않은 생각을 억압하고 싶지 않으나 일정한 시간이 지난 후에는 그것을 억압하고 싶은 생각이 든다. 머리에 떠오르는 생각을 고의적으로 피하려고 하는 것은 외상적 경험을 극복하는 데 도움이 되지 않는다. 회피 경향성과 증후 수준 간의 관계에 대한 이론에 따르면, 회피와 사고의 억압은 외상후 스트레스 장애의 회복을 저해시킨다. 그러나 자연스러운 반추와 안전행동의 반복은 외상후 스트레스 장애의 성공적 극복을 촉진시킨다.

스트레스의 정도, 성의 특성, 그리고 사회적 지지 수준에 따라 외상후 스트레스 장애의 특성이 결정된다. 가장 비중이 큰 것은 사회적 지지다. 초기의 사회적 지지 연구자들은 정서적 지지나 실용적 지지와 같은 긍정적 지지에만 관심이 있었으나, 근래에 와서는 연구 추세가 크게 달라져서 사회적 무관심이나 사회적 비판과 같은 부정적 측면에도 많은 관심을 가지기 시작했다. 근래에 발표된 자료를 보면, 부정적 사회적 지지는 외상후 스트레스 장애의 증후 특성을 예언하는 보다 좋은 지표가 된다. 6~9개월 후에 발병하게 될 외상후 스트레스 장애도 다른 사람에 대한 부정적 평가에 의해 예언된다. 부정적 사회적 지지에 의해 폭력 범죄의 특성, 즉 남성 희생자보다 여성 희생자가 더 많다는 것을 예언할 수 있다. 여성의 부정적 사회적 지지와 외상후 스트레스 장애 증후와의 관계는 남성의 두 변인의 관계보다 더 높다. 특히 배우자에 의한 부정적 사회적 지지를 받는 사람은 외상후 스트레스 장애 치료에 대한 반응이 별로 좋지 않다.

외상후 스트레스 장애의 생리적 기능과 신경해부학

외상후 스트레스 장애는 뇌와 신체 기능에 현저한 병리적 변화를 일으킨다. 이들의 변화는 일반 정신의학적 장애, 예를 들면 우울증과는 현저히 다르다. 외상후 스트레스 장애자에게는 덱사메서손과 코르티솔 분비가 크게 억제되는데, 이는 우울증에서 나타난 억제 수준보다 낮다. 그들의 코르티솔 뇨분비 수준은 낮지만 카테콜라민 분비 수준은 높다. 노르에피네프린/코르티솔 분비의 비율은 증가한다. 뇌 카테콜라민 수준은 낮고 부신피질 자극호르몬 분비 요인 농축도는 증가한다. 시상하부-뇌하수체-부신피질 축의 반응 기능도 예민해진다. 여기에는 코르티솔의 부적 피드백이 강하게 나타나는데, 이는 코르티솔 수용기의 반응성이 예민해지기 때문이다.

인간이나 동물의 편도는 외상후 스트레스 장애의 정서 기능, 특히 공포와 밀접한 관계가 있다. 축성단면촬영투시기법(CAT)과 양전자 방출단면촬영투시기법(PET) 같은 고급 기술을 활용하여 외상후 스트레스 장애의 뇌를 촬영하여 분석해 보면 편도의 기능을 잘 이해할 수 있다. 외상후 스트레스 장애의 편도이론에 따르면, 이는 편도의 기능 저하, 전전두엽 피질의 중앙 부위, 해마의 불충분한 하향 통제 기능과 밀접한 관계가 있다.

외상후 스트레스 장애의 발병 빈도는 DSM-IV와 DSM-IV-TR의 기준에 의해 산출된다. 외상적 경험을 가진 사람 가운데 외상의 강도와 개인의 취약성의 정도에 따라 5~80%는 외상후 스트레스 장애를 겪게 된다. 미국의 질병이완연구소에서 발표한 자료를 보면, 성인 남성의 7.8%, 여성의 10.4%가 외상후 스트레스 장애로 진단되었다. 2004년 쓰나미 재해, 2001년 9·11 테러, 허리케인 등에 의해 많은 사람이 외상후 스트레스 장애의 위협을 심하게 받았다는 주장도 있다. 외상후 스트레스 장애의 증후, 특히 공포와 관계된 정서적 기억은 편도의 기능과 밀접한 관계가 있다. 인간의 뇌를 투시해 보면, 외상후 스트레스 장애의 형태학적 기능적 특성을 발견할 수 있다. 외상후 스트레스 장애의 편도중심모델에 따르면, 외상후 스트레스 장애는 편도 기능의 과잉 활동, 전전두엽 피질과 편도상융기 활동장애가 주요 원인이 된다는 사실이 인간의 뇌 투시 결과에 의해 발견되었다.

제3부

역경 속의 성장

5 역경 속 성장의 역설

역경 속 성장의 역설

개인의 웰빙은 여러 가지 예기치 못한 사건에 의해 위협받는다. 부부간의 갈등, 배우자와의 사별과 그에 따른 고독한 생활, 실직, 사업의 실패와 그에 따른 경제적 빈곤, 본인이나 가족의 치명적 질병, 자연재해, 급격한 사회적 대혼란 등은 주요한 위협 사건의 일부다. 직장의 특성에 따라 개인의 웰빙이 크게 손상받기도 한다. 예를 들면, 말기 암 환자 병실에서 근무하는 간호사, 간병인, 의사, 그리고 지진, 화재, 참사와 같은 자연재해에 따른 생명이 위태로운 환경에서 구조 활동을 하는 소방관, 장례업자, 참전병사에게는 그 자체가 심리적 외상이 된다.

이와 같은 심리적 외상 환경에 지속적으로 노출되는 사람에게서는 부정적 행동 변화가 크게 나타난다. 예를 들면, 정서적으로 불안해지고, 우울증이 심해지고, 불면증으로 고통받고, 공격적으로 행동하고, 대인관계가 악화되고, 기억력이 크게 떨어진다. 원인이 불분명한 신체적 질병을 호소하는 것도 빼놓을 수 없다. 심리적 외상에 따르는 심신의 장애를 진단하고 분류하기 위해 1980년 미국 정신의학회는 『정신장애의 진단 및 통계요강』(DSM-III)에 외상후 스트레스 장애(PTSD)라는 진단명을 수록하였다. 이 진단명은 미국뿐만 아니라 세계적으로 널리 사용되고 있다.

앞서도 언급하였듯이 지난 20여 년 동안 이 진단명의 신빙성과 타당성에 대한 논쟁은 지속되고 있다. 심리적 외상을 경험한 사람 가운데 긍정적 행동 변화가 뚜렷하게 나타나는 사람이 있는데, 이들에게는 어떤 진단명이 적합할 것인가? '외상후 성장(PTG)'이라는 용어를 쓰고 있는데, 이것이 곧 '역경 속의 성장'과 뜻을 같이한다.

외상후 성장 현상이 실제로 존재하는가? 그 존재가 임상적으로 존재한다는 사실이 입증되었다. 중국의 주나라 때(1112~222 B.C.) 대성된 유교의 경전 『주역』에는 '큰 강을 건너면 이롭다.'라는 말이 자주 등장한다. 여기서 큰 강은 인생의 곤경이나 위험을 뜻한다. 이 말에는 곤경이나 위험은 곧 성장의 밑거름이 된다는 사실이 함축되어 있다. 그러므로 심리적 외상은 곧 성장으로 이어진다는 뜻도 된다.

역경을 극복하고 큰일을 성취한 몇 가지 사례를 보자. 평생을 헐벗고, 굶주리고, 병마와 싸우는 아이들과 함께 생활하다 세상을 떠난 유고슬라비아 출신 Mother Theresa of Calcutta(1910~1997)를 생각해 보자. 그녀는 열악하고 견디기 힘든 심리적 외상 환경에서 한

평생을 생활하였다. 그래도 Theresa 수녀는 심신이 건전한 박애주의 사업가로 한평생을 바칠 수 있었다. 그 공로로 노벨평화상(1979)까지 받는 영광을 누리기도 하였다. 선천적 신체불구에 굴하지 아니하고 인류의 복지 향상에 공헌한 미국의 26대 대통령 Theodore Roosevelt(1858~1919)의 사례도 특별하다. 영국 캐임브리지대학교의 천체물리학자 Stephen Hawking(1942~) 교수의 사례도 빼놓을 수 없다. 그는 21세 때부터 희귀한 불치병인 루게릭병을 앓고 있다. 그가 자기 힘으로 할 수 있는 것은 두 손가락을 움직이는 것뿐이다. 그럼에도 불구하고, 그는 우주의 새로운 비밀을 풀어나가고 있다. 그래서 사람들은 그를 살아 있는 아인슈타인이라고 부르고 있지 않은가?

슈퍼맨으로 유명한 미국의 배우 Christopher Reev(1952~2004)는 승마 사고로 척추에 마비가 왔는데, 그는 태아줄기세포 연구를 위해 많은 연구 기금을 모아 연구재단을 세우고 세상을 떠났다. 15세 때 교통사고로 하반신불수가 된 Rich Hangen(1957~)은 의족여행을 통해 암 환자 치료를 위한 자금을 모았다.

Claudo Abbado(1933~)는 이탈리아 출생으로 베를린 필하모닉 오케스트라 음악 감독 겸 지휘자였다. 그는 불행하게도 2000년 위암 진단을 받고 그 자리에서 물러났다. 모든 사람은 그의 화려한 생활은 끝났다고 생각했다. 그러나 그의 지휘자 생활은 모든 사람이 생각하였던 것처럼 끝나지 않았다. 2003년 그는 스위스에서 루체른 오케스트라를 창단하여 Gustav Mahler(1860~1911)의 교향곡을 지휘하면서 보다 화려한 예술가의 생활을 즐기고 있다.

미국의 Jimmy Carter 대통령의 보좌관을 지낸 Hamilton Jordan (1944~)은 암 투병 생활을 세 번이나 하였는데, 그는 암 투병 생활에서 얻은 자신의 긍정적 변화를 밝히는 책을 2000년에 출간하였다. 이 책에서 그는 "나의 암 투병 생활은 나에게는 특별한 의미가 있다. 첫 번째 암 투병 생활에서는 아름다운 일몰 광경을 볼 수 있었고, 귀여운 아이들을 껴안아 볼 수 있었고, 아내와 함께 웃을 수 있었다. 이때 느낀 아름다운 감정은 시간이 지나도 오래 간직할 수 있다. 두 번째, 세 번째 투병 생활을 통해 삶의 의미는 어디에서나 느낄 수 있다고 생각되었다. 나는 나의 가족과 친구의 소중함을 느꼈고 나의 남은 삶이 얼마나 되는지 깊이 생각해 보게 되었다. 또 영원한 삶은 아무에게도 보장되어 있지 않다는 것을 깨닫게 되었다."

83명의 희생자가 생긴 비행기 사고에서 유일하게 살아남은 지질학 교수 Sally Walke는 당시의 긍정적 감정을 이렇게 서술하였다. '내가 집에 돌아왔을 때 하늘은 유난히 밝았다. 보도 표면을 보았을 때 그것은 마치 영화를 보는 것 같은 느낌이 들었다.' 세계 사이클 챔피언인 Lance Armstrong은 1996년에 고환암 진단을 받았는데, 그 암은 이미 뇌와 폐에까지 전이되어 있었다. 그는 수술 후에도 지속적으로 화학약물치료를 받았다. 그는 암과의 투쟁 경험을 이렇게 기술하였다. "과거를 회고해 보면 나는 달라진 것이 아무것도 없다. 나는 병으로 잃은 것이 없다. 나는 나의 아내와 만나고 싶지 않았다. 그래도 나는 불행하다는 것을 느끼지 못했다. 지난 2년 동안 나는 많은 것을 배웠다."

삶에 대해 감사하는 마음이 신장되고 삶에서 무엇이 중요한가를 이해할 수 있게 되었다는 것은 역경을 경험한 사람들이 공통적으로 느끼는 경험이다. 역경 속의 성장 경험을 통해 아주 사소한 삶에도 큰 의미가 있고, 스스로 행복하다고 느끼게 된다. 또 다른 중요한 변화는 자신의 가치를 인지할 수 있게 되었다는 점이다. 자기 자신에 대한 중요성의 전형적 변화 가운데 하나는 이전에는 대수롭게 여기지 않았던 자신의 존재 가치를 역경 경험을 통해 보다 크게 평가할 수 있게 된다는 점이다.

다른 사람과 친밀하고 의미 있는 관계를 맺는 것도 역경 속의 성장에 의한 중요한 성장 경험이다. 자식을 잃은 부모가 외상후 성장에 대한 연구에서 이와 같은 변화가 나타나는 것은 좋은 예로 들 수 있다. 자식의 죽음을 경험한 부모가 이렇게 말했다. "그가 세상을 떠났을 때 나는 다른 사람과의 관계가 중요하다는 것을 깨닫게 되었다. 그 후로 나는 나의 남편을 보다 더 소중하게 여기게 되었다."

주위의 사람이 눈앞에서 사라질 때 비로소 다른 사람과 깊고 의미 있는 관계의 중요성을 깨닫게 된다. 자신과 유사한 외상성 경험을 가진 사람에 대한 동정심이 증가할 때 다른 사람과 보다 의미 있고 친근한 관계를 유지할 수 있게 된다. 자식을 잃은 또 다른 부모는 이렇게 말했다. "나는 나와 같은 고통을 겪은 사람을 동정하고 이와 같은 슬픔을 겪는 사람을 더 동정할 수 있게 되었다."

역경 속의 성장에 의한 중요한 변화는 개인의 장점을 깨닫게 된다는 점이다. 자식을 잃은 어떤 부모가 이런 이야기를 했다. "나는 일을 보다 잘 처리해 낼 수 있다. 평소에 남들이 큰일로 생각했던 것은 나에게는 별로 큰일이 아니었다. 큰 위기를 야기하는 문제와 같이 큰 영향을 줄 수도 있고 그렇지 못할 것도 있다. 어떻든 그것은 자신이 처리해 내야 한다." 자신의 장점 발견은 역설적으로 더 큰 상처를 받게 되지나 않을까 하는 감정을 불러일으킨다. 이 도메인에서 성장은 두 가지 감각—이롭지 못한 행동은 언제 어디서나 일어날 수 있다. 만일 내가 이것을 성공적으로 처리하게 되면 다른 것도 성공적으로 처리할 수 있다—이 결합된 산물이다.

역경 속의 성장 경험을 통해 자신의 삶에 대한 새로운 가능성을 발견할 수 있다. 또 삶의 새로운 방법을 발견할 수도 있다. 한 사람이 자신의 개인적 손상에 대해 이야기하였는데, 그는 자신이 암 전문 간호사가 되어서 그들을 돕고 싶다는 것과 슬픔과 투쟁한 것을 중점적으로 이야기하고 있었다. 역경 속의 성장 경험을 통해 정신적 실존적 도메인에 새로운 변화가 온다. 종교가 없는 사람이나 극단적인 무신론자도 역경 속의 성장 경험을 통해 실존적 의미를 발견할 수 있다. 이는 근본적, 실존적 의문과 연결되고, 이 연결 그 자체가 곧 성장으로 이어진다.

유방암과의 투병 생활을 성공적으로 극복한 한 중년 여성은 "유방암과의 투쟁이 고통이 아니라 축복이 되었다."라고 말하였다. 유방암을 성공적으로 극복한 사람 가운데 발병 전보다 더 즐겁고 보람 있는 삶을 사는 사례도 있다. 43세의 초등학교 교사가 병원에서 경영하는 학교에서 교사로 봉사하게 된 사례도 있다. 또한 45세의 중학교 국어 교사가 퇴원 후에 암 예방 홍보 강사가 된 사례도 있다. 58세의 산부인과 여 의사는 노숙자와 나환자를 위해 무료봉사를 하고 있다. 역경이나 외상성 경험을 성공적으로 극복한 사람만이 참된 즐거움을 경험할 수 있다. 이와 같은 사실은 브라질의 음악가이자 시인인 Vinicius de Morais(1913~1980)가 '큰 슬픔을 겪어보지 못한 사람에게서는 흥겨운 삼바춤을 기대할 수 없다.'고 말한 것과 무관하지 않다.

역경 속의 성장 측정 자료 분석에서도 긍정적 성장 현상이 뚜렷하게 나타나고 있다. 객관적 자료에서 밝혀진 중요한 사실을 보자. "자아에 대한 태도가 긍정적으로 변하였다. 외상성 경험을 통해 내가 생각했던 것보다 훨씬 강하다는 느낌을 갖게 되었나." 자식을 잃은 어떤 부모는 "나는 최악의 경험을 하였다. 이제 나는 어떤 일에 부딪히게 되어도 성공적으로 극복할 수 있겠다."라고 상담자에게 말하였다. 자식을 잃은 어떤 암 환자는 "자식이 죽은 것을 계기로 특이하고 새로운 흥미가 생겼고, 새로운 삶의 질을 개척할 수 있게 되었다."라고 말하였다.

대인관계도 크게 개선된다. 외상성 경험 후에 실망보다는 대인관계가 개선되었다는 것을 스스로 느낄 수 있다. 그들은 외로운 섬에 갇혀 있다는 생각보다 다른 고통받는 사람들의 중심에 있는 것 같은 느낌을 갖게 된다. 동정심이 생기고, 이타주의적 사고를 하게 된다. 흔히 있는 일은 아니지만 중병환자와 같이 생활하거나 가족의 사망을 경험하게 되면 타인에 대한 친근감이 생긴다.

또한 생활 철학도 크게 변한다. 외상성 경험 후에는 자기 스스로 크게 변했다는 감정이 든다. 수백만 달러의 주식을 가진 사람도 암투병 후에는 가족관계의 중요성을 깨닫게 된다. 그는 재물의 중요성은 가족관계의 중요성과 비할 것이 못 된다는 것을 느끼게 되었다. 우선순위에 변화가 왔다는 것을 느끼는 것은 이전에는 하찮은 것에 지나지 않았던 것이 이제 매우 중요한 것으로 생각되는 것이다. 외상성 경험 후에는 감사하는 마음이 크게 신장된다. 삶에 대한 감사, 소유물에 대한 감사, 무엇이 더 중요한가를 알게 된 마음의 변화에 대해 감사한 마음을 갖게 된다. 자식을 잃은 어떤 부모는 이렇게 말했다. "이제 나는 삶이 소중하다는 것, 또 아무도 영원하지 않다는 것을 깨닫게 되었다."

이와 같은 긍정적 변화 사례들은 모두가 심리적 외상을 극복하고 얻은 산물이다. 전통적 심리적 외상의 개념으로는 이러한 긍정적 행동 변화 현상은 기대할 수도 없으며, 적절하게 명명할 수도 없고, 그리고 이해할 수도 없다. 다만, 부정적 행동 증후군의 특징을 찾아 그것을 중심으로 외상후 스트레스 장애로 진단 분류될 수밖에 없다.

이러한 상황에서 증후군을 이루는 사실들은 진단자에게는 아무런 의미가 없다. 그렇게 되면 진단자는 자기 스스로 자신의 비극을 초래하는 결과가 된다. 과학에서 가장 중요한 것은 '사실'이기 때문이다. 과학자에게 사실은 나는 새에게서의 공기와 같은 역할이기 때문이다. 날개가 튼튼한 새라고 할지라도 공기가 없으면 하늘로 날아가지 못한다. 아무리 훌륭한 과학자라도 사실이 없으면 새로운 발견은 기대할 수 없다.

심리적 외상 경험자에게서 나타난 긍정적 변화는 심리학자들이 발견한 의미 있는 사실이다. 이를 발견한 심리학자들은 심리적 외상 경험에 따르는 긍정적 변화를 진단하고 분류하는 새로운 체계가 필요했다. 따라서 많은 심리학자가 여러 가지 용어를 사용하였는데, 노스캐롤라이나대학교 심리학 교수 Richard Tedeschi와 Lawrence Calhoun은 1996년 최초로 '외상후 성장(Posttraumatic Growth: PTG)'이라는 용어를 사용하였다. 이것이 역경 속의 성장 연구를 촉진시킨 원동력이 되었다.

모든 현상은 동전과 같이 양면성을 가지고 있다. 『주역』의 이중률에서는 우리 행동의 양면성이 다음과 같이 기록되어 있다. "행복 속에 불행이 있고, 불행 속에 행복이 있다. 착함 속에 악함이 있고, 악함 속에 착함이 있다. 거짓 속에 진실이 있고, 진실 속에 거짓이 있다."

로마의 신 야누스(Janus)에게도 기능적 측면과 역기능적 측면이 있다. 불행을 경험하지 못한 사람은 참다운 행복을 경험하지 못한다. 브라질의 명성이 높은 음악가이자 시인인 Vinicius de Morais (1913~1980)도 인간 행동의 양면성을 이렇게 말했다. "큰 슬픔을 겪어 보지 못한 사람에게서는 흥겨운 삼바춤을 기대할 수 없다."

역경 속의 성장은 심리적 외상 경험과의 투쟁 결과로 얻게 되는 의미 있는 심신의 긍정적 변화다. 이 변화는 단순히 불쾌감이 결여된 감정 상태와는 다르다. 대부분의 사람은 크고 작은 심리적 외상, 즉 스트레스 속에서 생활한다. 배우자와의 사별, 사업의 실패, 직장에서의 해고, 회복 가능성이 없는 중병과의 투병 생활 같은 개인적 문제부터 대홍수, 재난, 전쟁, 천재지변까지 이 모든 것은 개인의 힘으로 극복하기 어려운 부정적 변화를 가져온다. 이러한 변화를 진단, 분류하고 체계화하여 '외상후 스트레스 장애(PTSD)' 라고 부른다. 크고 작은 심리적 외상은 부정적 행동 변화의 원인이 된다고 굳게 믿는다. 그러나 그것은 심리적 외상의 참 기능을 제대로 이해하지 못한 것이다.

심리적 외상은 우리에게 긍정적 성장의 근원이다. 인간이 경험한 수난과 고통의 긍정적 기능은 이탈리아의 시인 Alighieri Dante (1265~1321)의 『신곡』, 러시아의 소설가 Feodor Dostoevski(1821~1881)의 『죄와 벌』 같은 고전에서 쉽게 찾을 수 있다. 독일의 철학자 Friedrich Wilhelm Nietzsche(1884~1900)는 '최악의 고통을 경험한 나는 보다 더 강인한 사람으로 변할 것이다.' 라는 말로 고통이 가지는 참된 기능을 표현하고 있다.

크고 작은 심리적 외상에는 부정적 행동 변화뿐만 아니라 긍정적 행동 변화도 수반한다. 이를 계기로 심리학자들은 심리적 외상에 대한 인식을 새롭게 할 필요를 느끼게 되었다. 심리적 외상의 영향도 새롭게 할 필요를 가지게 되었다. 우선 심리적 외상에는 긍정적 변화와 부정적 변화를 야기하는 기능이 공존한다는 사실을 이해해야 한다. 심리적 외상의 전통적 개념에 따르면, 그것은 우리에게 크고 작은 고통을 준다. 그러나 사실은 그와 다르다. 즉, 어려운 역경을 통해 보다 성숙해진다. 왜냐하면 역경을 성공적으로 극복한 사람은 그것을 통해 종교적 · 영적 · 실존적 변화를 경험할 수 있고, 삶에 대한 철학이 확고해지고, 삶에 대한 큰 의미를 발견할 수 있기 때문이다. 이 변화의 본질은 개인의 생활 신념, 생활 환경에 따라 크게 다르다.

어떤 종교에서나 인간이 겪는 고통을 매우 소중하게 여긴다. '인류는 고난과 죽음을 면할 수 없다.'는 Siddhartha Gautama 왕자의 주장은 불교의 기본 교리가 되었다. 기독교에서는 어느 교파에서나 예수의 수난을 인류 구원의 중요한 사건으로 다루고 있다. 이슬람 전통에 따르면, 천국으로 가기 위해서는 고통을 피할 수 없다. 그리스의 비극 작가들은 인간이 겪는 고난의 가치를 작품 속에 기록해 놓았다. 인간이 경험하는 고통은 부정적 변화보다는 긍정적이고 유익한 변화의 밑거름이다. 이러한 이유로 심리학자들은 긍정적 변화에 대한 과학적 연구에 관심을 가진지 오래되었다. Abraham Maslow(1908~1970)는 그의 저서 『건전한 인간에 대한 연구』에서 심리학자들은 인간과 자연의 긍정적 측면 특성을 개발할 필요가 있다고 주장하였다.

지역사회 정신의학을 개척한 이스라엘의 Gerald Caplan에 따르면, 인간은 심리적 외상 경험을 효과적으로 극복하고 나면 심리적으로 크게 성숙한다. 이 주장을 바탕으로 펜실베이니아대학교 심리학 교수 Martin Seligman은 '긍정적 심리학'이라는 새로운 심리학의 영역을 개척하였다.

심리적 외상에 수반되는 긍정적 행동 변화를 다루는 역경 속의 성장에 대한 과학적 연구는 1990년 후반부터 시작되었다. 따라서 이는 일반 독자에게는 매우 생소할 수밖에 없다. 심리적 외상에 수반되는 부정적 행동 변화를 체계화한 외상후 스트레스 장애에 친숙한 사람은 쉽게 받아들일 수 없다. 그런 의미에서 '역경 속 성장의 역설'이라는 말을 쓸 수밖에 없다. 난쟁이가 거인의 어깨 위에 올라서서 세상을 보면 거인보다 더 많은 것을 볼 수 있다. 심리학자가 심리적 외상의 문헌을 찾다보면 역경 속의 성장 개념은 결코 새롭지 않다는 것을 쉽게 이해할 수 있다. 그 역사는 매우 긴데, 종교, 철학 그리고 고전문학 속에서 그 뿌리를 쉽게 발견할 수 있다. '외상후 성장'이라는 용어가 등장한 것은 1996년이다. 뒤를 이어 같은 현상에 대한 연구가 활발해지면서 많은 유사한 전문용어들이 여러 문헌을 통해 소개되었다. 지금까지 널리 사용되는 유사한 전문용어 및 그 저자는 [표 5-1]과 같다.

역경 속 성장:

외상의 산물인가, 그에 대한 투쟁 전략인가

역경 속의 성장 기능은 보는 사람에 따라 다르다. Schaefer, J.와 Moos, R.는 역경 속의 성장을 심리적 외상의 산물이라고 보았고, 코네티컷대학교 정신과 교수 Glen Affleck과 Howard Tennen은 심리적 외상에 대한 투쟁 전략이라고 보았다. 투쟁 전략으로서 역경 속의 성장에는 여러 가지 긍정적 기능이 있다. 즉, 개인의 인지적 기능과 정서적 기능에 직접 영향을 준다. 이는 개인의 긍정적 정서 기능과 웰빙 수준을 향상시키며 불쾌감을 경감시킨다.

사람에 따라서는 정서적 불쾌감이 공존하기도 한다. 심리적 외상 극복의 부산물로서 역경 속 성장은 개인의 의도와는 전혀 무관한 여러 가지 변화를 수반한다. 일반적으로 개인은 심리적 외상을 극

[표 5-1] 역경 속 성장과 유사한 전문용어와 그 저자*

역경 속의 성장과 유사한 용어	저 자(발표 연도)
(1) 긍정적 심리적 변화	Yalom, I. & Lieberman, M. (1991)
(2) 긍정적 변화	Joseph, S. et al. (1993)
(3) 긍정적 소산	Mc Millen, J. & Cook, C. (2003)
(4) 긍정적 의미	Thompson, S. (1985)
(5) 긍정적 정서	Folkman, S. & Moskowits, J. (2000)
(6) 긍정적 착각	Taylor, S. & Brown, S. (1988)
(7) 긍정적 해석	Scheier, M. et al. (1986)
(8) 내구성 회복	Finkel, N. (1974, 1975)
(9) 변형성 극복	Aldwin, C. (1994)
(10) 스트레스 유관 성장	Park, C. et al. (1996)
(11) 실존적 각성의 상승	Yalom, I. & Lieberman, M. (1991)
(12) 양적 성장	Miller, W. & C' de Baca, J. (1994)
(13) 역경성 성장	Linley, P. & Joseph, S. (2004)
(14) 역경에서 내구성 회복	O' Leary, V. & Ickovics, J. (1975)
(15) 왕성한 성장	O' Leary, V. et al. (1998)
(16) 외상후 성장	Tedeschi, R. & Calhoun, L. (1995, 1996)
(17) 유익성 발견	Affleck, G. & Tennen, H. (1996); Tennen, H. & Affleck, G. (2002)
(18) 유익성의 지각	McMillen, C. & Fisher, R. (1998); Calhoun, L. & Tedeschi, R. (1989, 1991)
(19) 의미의 발견	Bower, J. et al. (1998)
(20) 자기 개조	Jaffe, D. (1985)
(21) 과시	Ryff, C. & Singer, C. (1998)

*출처: Joseph, S. & Linley, P. (2006). Growth following adversity: Theoretical perspectives and implications for clinical practice. *Clinical Psychology Review, 26*, 1041−1053.

Tedeschi, R. & Calhoun, L. (2004). Posttraumatic Growth. *Psychological Inquiry, 15*, 1−18.

Zoellner, T. & Maercker, A. (2006). Posttraumatic growth in clinical psychology−A critical review and introduction of two comfonent model. *Clinical Psychology Review, 26*, 626−653.

복하는 과정에서 많은 긍정적 능력을 습득한다. 왜냐하면 스트레스에는 부정적 기능뿐만 아니라 개인의 성장에 필요한 긍정적 기능이 포함되어 있기 때문이다. 이것이 곧 변형성 극복모델의 골자다.

이 모델에 따르면, 극복에는 동질정체의 기능을 유지하고 변화시키는 기능이 있다. 극복의 변화 기능에 의해서 긍정적 변화나 부정적 변화가 나타난다. 그러므로 개체가 스트레스를 받으면 개체마다 서로 다른 기능을 필요로 한다. 이와는 달리, 극복의 동질정체의 유지 기능에 의해서 변화된 기능은 기저선 상태로 회복된다. 부정적 극복을 통해 개체의 기능이 이전보다 크게 저하되기도 하지만 변형성 긍정적 극복을 통해 그 기능이 이전보다 훨씬 향상되기도 한다.

직면한 심리적 외상은 개인의 도전에 의해 이전의 수준으로 회복할 수도 있고, 낮은 수준으로 퇴보할 수도 있으며, 그보다 높은 수준으로 향상될 수도 있다. 개인의 심리적 외상 경험의 효과는 그의 환경과 개인의 성격 특성에 의해, 그리고 개인의 인지적 평가 과정에 의해 그 정도가 결정된다. 여기서 말하는 개인적 특성은 자기효험의 감정, 레질리언스, 낙관성, 자신감, 동기, 건강 상태 그리고 위기극복 특성 등에 의해서 결정되는데, 환경적 특성, 대인관계의 특성, 가족 간의 지지 및 경제적 상태가 여기에 포함된다.

Tedeschi, R.와 Calhoun, L.이 주장하는 역경 속의 성장 기능적 모델에 따르면, 심리적 외상성 경험은 개인의 인생 목표는 물론 그의 세계관에도 긍정적 변화를 가져온다. 또한 역경 속 성장에는 개인의 목표를 긍정적으로 성장시키고, 정서적 불쾌감은 조절 가능한 에너지가 된다. 이 과정에서 반추 작용이 큰 비중을 차지한다. 반추 작용은 깊이 그리고 반복적으로 사유하는 기능이다. 즉, 숙고의 기능이다.

반추 작용에 의해 심리적 외상 경험과 관계되는 사건들이 반복적으로 머리에 떠오른다. 반추 작용에 의해 정서적 불쾌감이 경감되기도 하고 성취 불가능한 목표를 달성하기 위한 노력을 포기하기도 한다. 사람은 심리적 외상을 성공적으로 극복했다는 것만으로는 만족하지 않는다. 반추 과정을 통해 그것이 자기에게 주는 영향을 반복적으로 사고하게 된다. 이 과정을 통해 개인 성장의 특성이 결정된다. 역경 속의 성장은 다차원적 구성체인데, 거기에는 개인의 신념, 목표, 지혜 등이 포함되어 있다.

우연적 변화모델에 따르면, 여러 가지 변화, 특히 개인 생활의 변화는 심리적 외상 경험의 부산물에 지나지 않는다. 이 이론에 따르면, 스트레스는 부정적 변화의 근원일 뿐만 아니라 개인 성장에 필요한 긍정적 변화의 근원이다. 그러므로 스트레스를 경험한 후에 생활이 긍정적으로 변하는 사람이 있는가 하면 부정적으로 변하는 사람도 있다. 이것이 일반 사람은 물론 전문가가 이해하고 있는 스트레스의 기능이다. 그럼에도 불구하고, 대부분은 스트레스의 부정적 측면인 디스트레스가 스트레스 기능의 전부인 것으로 잘못 이해하고 있다.

역경 속의 성장은 개인의 심리적 외상 경험을 조절하는 극복 책략이다. 극복 책략으로서 역경 속의 성장에서 큰 비중을 차지하는 것은 순응 반응이다. 역경 속의 성장은 의미의 구성체다. 사람은 자신의 생활은 자기 스스로 통제할 수 있고, 이해할 수 있다는 데 큰 의미를 부여한다. 그리고 이에 못지않게 손실이나 상실과 같은 심리적 외상 경험에도 큰 의미를 부여한다. 의미 부여의 측면에서 보면, 역경 속 성장은 심리적 외상의 발생 원인 규명을 위한 인과적 귀인과 심리적 외상에 함축된 의미의 발견에 큰 역점을 둔다. 이들은 유익성의 귀인 과정을 통해 큰 도움을 얻고 있다. 특히, 개인의 역경 속 성장에 대한 주관적 지각은 무엇보다도 큰 의미가 있다.

의미 부여의 극복 책략 틀 안에서 역경 속 성장의 실체를 살펴보자. 스트레스와 그 극복 과정에 따른 의미 부여의 개념은 총체적 의미와 사태적 의미로 구분할 필요가 있다. 총체적 의미에는 개인의 지속적 의미와 목적 가치가 포함된다. 이와는 대조적으로 사태적 의미에는 개인의 총체적 의미와 개인-환경의 상호적 의미가 상호 작용에 의해서 형성된 의미를 포함한다. 외상적 사건은 총체적 의미를 위협하여 의미 부여의 활동을 자극한다. 사태적 의미와 총체적 의미가 상호 작용을 일으킬 때 극복 과정이 도전을 개시한다.

이 과정에서 서로 다른 영역의 역경 속 성장은 서로 다른 의미 부여의 영역을 찾게 된다. 외상성 사건에서 유익성의 발견(개인의 특성)은 동화 작용을 일으켜서 사태적 의미를 총체적 의미로 변화시킨다. 이와는 달리, 달라진 인생철학은 총체적 의미에서 지속적 변화를 가져온다.

역경 속의 성장은 설명 과정에 기반을 둔다. 이 과정에서 손실이나 심리적 외상을 경험한 사람의 지각적 현실은 주의 과정과 비교 과정을 거치게 된다. 주의 과정은 긍정적 착각, 자기 신장 착각, 그리고 희망의 과정으로 구성되어 있다. 비교 과정은 사회적 비교와 일시적 비교를 완화시키는 과정이다. 지각적 현실에는 판단적 현실 단계가 수반되는데, 이는 반추적 사고의 결과이며 사건 발생의 원인, 진행 결과를 설명할 수 있다. 이러한 개념의 틀 안에서 보면, 역경 속의 성장에는 판단적 현실 구성 기능이 있다.

사람은 위협적 사건에 직면하면 긍정적 인지적 평가를 통해 효과적으로 적응할 수 있다. 이러한 관점에서 보면, 역경 속의 성장은 긍정적 착각 현상의 한 부분으로 이해할 수 있다. 동시에 역경 속의 성장은 긍정적 심리적 기능을 가진 착각 현상의 결과로도 볼 수 있다. 다른 한편 역경 속의 성장은 위협을 극복하는 데 도움을 주는 자기신장의 기능을 가진 적응 형태로도 볼 수 있다. 역경 속 성장의 서로 다른 개념을 종합해 보면, 극복 방식의 기능과 극복 행동의 기능을 모두 가지는 성장 기능이라고 보는 것이 타당하다.

역경 속 성장의 발달과 적응

역경 속 성장의 발달 과정을 설명하는 모델은 다양하다. Calhoun, L.과 Tedeschi, R.가 제시한 역경 속의 성장발달모델은 [그림 5-1]과 같다. 이 모델은 개인 및 도전 환경의 특성, 불쾌한 정서의 조정, 심사숙고, 자기노출, 직접-간접 사회적 영향, 화술의 발달 그리고 삶의 지혜로 구성되어 있다. 이 모델에는 매우 일반적인 요인만이 소개되어 있으므로 보다 특수한 역경 속 성장의 발달 요인을 도입할 필요가 있다. 사람마다 자신의 성장을 위해 여러 가지 변화를 시도한다. 역경 속의 성장과 변화의 관계는 이 책의 다른 장에서 자세히

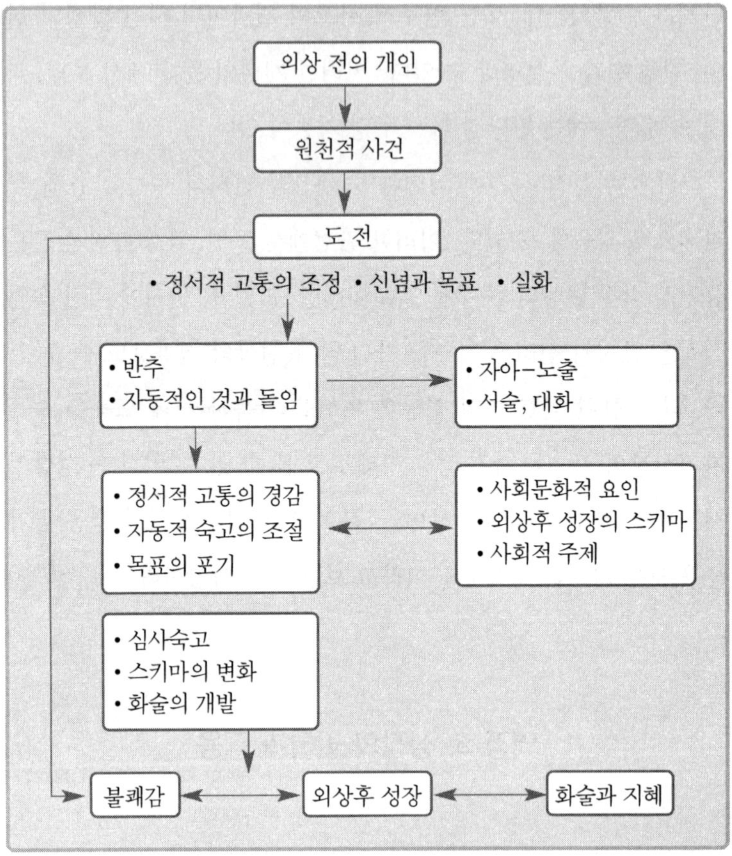

[그림 5-1] 역경 속 성장 발달모델

설명할 것이다. 고전 문학의 한 가지 공통점은 등장 인물이 저마다 비극, 수난, 손실과의 투쟁을 통해 어떤 의미를 성취하였다는 데 있다. 지금도 사람은 외상적 경험과의 투쟁을 통해 의미 있는 일을 성취할 수 있다는 굳은 신념을 가지고 있다.

반추라는 용어는 행동과학과 사회과학에서는 부정적 의미가 내포된 전문용어로 쓰이고 있다. 반추의 뜻은 불필요한 사건이나 경험을 반복적으로 생각하는 사고행동이다. 여기에는 특정한 사건을 회상하고, 문제를 해결하고, 의미를 탐색하는 긍정적 의미도 내포되어 있다. 개인은 이 과정을 통해 자신의 투쟁 방식이 긍정적으로 변화되고 있음을 깨닫게 된다. 부정적 사건의 반추는 인지적 연대성과 같은 의미로 사용한다.

역경 속의 성장 수준은 외상성 경험에 대한 반추와 관계되는 경우가 많다. 반추는 간접적이고 암시적이다. 바람직하지 못한 환경에서 생활하는 사람일수록 그의 역경 속 성장 · 발달은 보다 현저하게 나타나는 경향이 있다. 즉, 외상성 환경에서 생활하는 사람에게서 보다 현저한 역경 속의 성장과 발달 현상을 발견할 수 있다.

이와 같은 사실에서 우리는 역경 속의 성장은 스트레스 사건에 대한 반응으로 개인이 직면한 환경이 기존의 가상적 세계를 위협한다고 생각될 때 현저하게 성장 · 발달한다는 사실을 알 수 있다. 외상성 경험에 긍정적 변화가 수반된다는 사실을 설명하는 모델이 많이 있다. 역경 속의 성장에서는 외상성 경험을 통해 가상적 세계가 크게 파괴된 다른 점을 강조하고 있다. 그러므로 개인의 생활 경험의 손상 정도에 따라 외상성 경험의 정도도 결정된다. 따라서 자신이 경험한 부정적 사건이 최고 수준에 이르렀다고 생각하면, 그것은 곧 외상성 경험이 되고, 역경 속의 성장 수준을 증대시키는 인지적 연대성을 형성하게 된다.

개인의 인지적 기능이 장애를 받으면 역경 속의 성장과 직교관계를 기대할 수 없다. 이러한 경우에는 개인의 성격 유형, 특히 외상성 경험 전의 특성, 그리고 문화적 특성과 같은 부가적 요인의 특성을 이해할 필요가 있다. 외상성 경험의 수준은 역경 속의 성장 수준과 직교관계를 이룬다. 그러나 극단적인 외성성 경험에서는 역경 속의 성장 경험을 기대할 수 없다. 왜냐하면 극단적인 외상성 경험은 개인의 심리적 자원을 고갈시키기 때문이다. 극단적인 외상성 경험은 반추 기능을 손상시키고, 이는 다시 인지적 연대성의 자발적 기능을 손상시킨다. 여기서 인지적 연대성의 자발적 과정과 강압적 과정을 구별할 필요가 있다. 역경 속 성장의 발달을 촉진시키는 것은 자발적 과정이다.

개인의 세계관에 수정을 가하고 보충해 주는 것은 자발적이고 숙고하는 반추다. 이 반추의 정도에 따라 역경 속의 성장 생성 빈도가 달라진다. 즉, 개인의 반추 빈도가 높을수록 역경 속의 성장 빈도도 높아진다. 반추의 본질도 중요하다. 별다른 변화 없이 일률적으로 무의미하게 반추하는 것은 역경 속의 성장에 큰 도움을 주지 못한다. 미국 태생의 이스라엘 사회학자 Aaron Antonovsky(1923~1994)는 이해력에 큰 역점을 두었다. 여기서는 외상성 경험자가 경험한 내용을 확실하게 인지하는 것이 매우 중요하다. 개인의 현실성이 손상되면 자신의 손상된 주위를 이해하는 데 많은 시간이 소요된다.

이해력이 건전할 때 변화된 환경에의 적응 기능도, 조정 능력도 왕성해진다. 이에 따라 자기에게 극복 기능이 있다는 것을 깨달을 수 있게 된다. 외상성 경험과 인지적 연대성의 관계는 Lazarus, R.와 Folkman, S.의 1차적 평가/2차적 평가 과정과 직접 비교할 수 있다. 여기서 우리가 다루는 외상성 경험에 대한 평가는 경험 즉시 이루어질 수 없다. 그것은 외상성 경험 후 상당한 시간이 지난 후에 이루어진다.

마지막으로 중요한 것은 의미의 요소다. 외상성 경험은 깊은 사고로 이어진다. 역경 속의 성장은 외상적 사건의 성공적 극복 초기에 이루어진다. 삶에 대한 위기가 인지적 연대성과 깊은 관계가 있을 때 많은 역경 속의 성장을 경험할 수 있다. 외상 후 반추 활동의 내용이 풍부할수록 서로 다른 역경 속 성장 도메인이 형성된다. 반추 내용은 역경 속의 성장과 직접적인 관계가 있다.

역경 속의 성장과 적응의 관계는 적응 개념의 정의와 측정 방법에 따라 달라질 수 있다. 일반적으로 쾌락주의자는, 적응을 불쾌한 환경이나 고통을 성공적으로 극복하고 심리적 웰빙 수준이 높아진 상태로 정의한다. 심리적 외상의 본질을 이해하면 그것이 극복과 넓고 깊은 의미가 있음을 알 수 있다. 심리적 외상을 극복하였다고 해서 적응의 욕구를 만족시킨 것은 아니다. 만족한 적응을 위해서는 삶에 대한 실존적 의미를 추구하고 그것을 성취해야 한다. 심리적 불쾌감에서 해방된 것만으로는 만족한 적응으로 생각할 수 없다. 불쾌감을 경감시키는 것과 삶에 대한 깊은 생각은 상호 배타적인 것도 아니요, 서로 밀접한 관계가 있는 것도 아니다.

심리적 불쾌감과 긍정적 성장의 관계는 매우 불확실하다. 역경 속의 성장과 수혜는 부적 상관관계가 있다는 연구가 있다. 역경 속의 성장은 꼭 유익한 것만은 아니라는 것을 알 수 있다. 즉, 역경 속의 성장은 보다 수준 높은 웰빙 수준을 수반한다고는 볼 수 없다. 그렇지만 역경 속의 성장 수준이 높은 사람은 자신의 관점에서 자신이 보다 의미 있는 생활을 하고 있다고 생각한다. 그렇지만 그들은 비극과 손실로 얼룩진 생활을 할 수도 있다. 심리적 외상에도 긍정적 성장이 수반되는데, 거기에는 심한 고통이 따른다.

외상후 적응에서 쾌락주의적 유익성을 찾으려는 것은 새로운 인생관 추구에 큰 도움이 되지 않는다. 새로운 환경에서 겪어야 할 심리적 외상은 즐거움을 주는 것이 아니다. 그것은 개인의 불쾌감을 신장시키고 세상을 바르게 보는 능력을 손상시킨다. 또 자신의 취약성과 통제력이 크게 부족하다는 것을 일깨워 주고 죽음의 실체를 보다 확실하게 알게 해 준다. 이때 즐거운 감정 수준은 분명히 떨어진다. 그래도 우리는 실망하지 않는다. 도리어 더욱 풍부한 의미가 충만된 삶을 누릴 수 있게 된다.

역경 속 성장과 성격 특성

역경 속의 성장은 성격 특성과 밀접한 관계가 있다. 그렇지만 역경 속의 성장 특성과 성격 특성은 엄격히 구분되어야 한다. 역경 속의 성장과 성격 특성의 특수한 관계에 대해서 살펴보자. 모든 사람의 성격 특성은 크고 작은 차이가 있고, 심리적 외상이나 역경을 성공적으로 극복하는 능력이 있는데, 그것이 곧 레질리언스다. 미네소타대학교 심리학 교수 Ann Masten은 역경 속의 성장과는 다르게 레질리언스의 기능을 정의하고 있다. 그는 어려운 환경에서 성장하는 아동일수록 심리적으로는 보다 건전하다는 의미에 비중을 둔 레질리언스라는 특수한 용어를 사용하였다.

강인성 성격을 가진 사람일수록, 또 낙관주의적 성격을 가진 사람일수록 역경 속의 성장 수준도 높다. 시카고대학교 심리학 교수 Suzanne Kobasa는 외상성 환경에 적극적으로 관여하고, 통제하고, 도전함으로써 그 환경을 적극적으로 극복하는 기능을 강인성이라고 말하였다. 그의 주장에 따르면, 강인성 수준이 높은 사람은 호기심이 많고, 매우 활동적이며 자기의 힘으로 주위 환경을 통제할 수 있고, 개인 발달을 위한 건전한 투쟁 기능이 있다. 카네기멜론대학교 심리학 교수 Michael Scheier와 마이애미대학교 심리학 교수 Charles Carver는 주어진 사건에서 긍정적 결과를 얻을 수 있다는 기대감이 곧 낙관주의의 특성이라고 정의하였다.

미국 태생의 이스라엘 사회학자 Aaron Antonovsky는 '건강발생론(Salutogenesis)'을 기반으로 건강과 질병을 새롭게 이해하는 데 크게 공헌했다. 전통적 이론인 질병발생론자와는 달리 그의 주장에 따르면, 박테리아나 질병균은 물론 사회적, 심리적 요인이 발병 원인이 된다. 이것이 그의 건강발생론의 기본이다.

건강발생론의 핵심은 일관성의 감각이다. 이는 개체로 하여금 외상성 경험에 대한 도전을 통해 긍정적 상태를 유지하게 하며, 정서와 건강에 밀접한 관계가 있다. 이와 같은 사실은 정신신경면역학자에 의해서 확증되었을 뿐만 아니라 사회과학자들에 의해 널리 수용되고 있다. 질병발생론에 역점을 둔 의학자들이 질병의 근원 찾기에 역점을 두는 것과는 대조적으로, 건강발생론자들은 건강의 기원 찾기에 역점을 두고 있다. 17세기 중엽 병원균이 발견되었을 때,

그 세균이 질병을 일으키는 원인인가, 악화된 건강 상태의 신호인가를 두고 심한 논쟁이 벌어졌다. 병원균 이론을 옹호한 프랑스의 세균학자 Louis Pasteur(1822~1895)도 병원균은 질병을 일으키는 2차적 요인에 불과하다고 보았다. 직관에 의한 환자의 건강 상태를 진단하는 상황에서 Antonovsky, A.는 건강발생론을 바탕으로 표준의학의 기초를 견고하게 구축하는 데 크게 공헌하였다.

일관성의 감각은 자기 스스로 자신의 내적·외적 환경 상태를 예언하고 조정할 수 있다는 역동적 감정을 지속적이면서 일관되게 유지할 수 있다는 생각이다. Smith, D.의 주장에 따르면, 뇌에는 유의미성, 조정 가능성, 포괄성의 기능을 조절하는 건강 기제가 있다. 유의미성은 주어진 사태를 바람직하게 극복하고, 그 의미를 갖기 위해서는 다양한 정서적 경험의 필요성을 의미한다.

주위 환경에서 요구하는 근원을 인지하고 그것을 탐지하려는 의지가 곧 조정 가능성이다. 포괄성은 자신의 주위가 무질서하고 예언이 불가능한 것이 아니라 유의미하고 일관성이 있는 것으로 지각하는 개념적 기능이다. 일관성의 감각에는 스트레스를 조정할 수 있는 가장 위대한 힘이 있다고 보아야 한다. 왜냐하면 그들은 사건의 본질을 포괄적으로 이해하고, 조정하고, 극복하고, 더 나아가서 그 안에서 의미를 발견할 수 있기 때문이다.

이와는 달리 역경 속의 성장은 극복하기 힘든 상황에서 긍정적 변화를 가져오는 능력을 의미하며, 극도로 심한 환경을 극복하는 변화를 의미한다. 즉, 역경 속의 성장은 사람에서 뚜렷하게 나타난 변화를 의미한다. 따라서 역경 속의 성장은 외관상으로는 레질리언스나 일관성의 감각과 유사하며, 개인의 질적 변화나 기능의 질적 변화를 의미한다. 사실 강인성, 일관성의 감각, 역경 속의 성장 간의 관계를 직접 측정하기는 쉽지 않다. 따라서 이들 차원의 수준과 역경 속의 성장 수준의 관계가 높게 측정되지 않을 수도 있다. 왜냐하면 이러한 특성을 가진 사람은 외상성 도전의 기회가 비교적 적기 때문이다. 그러나 외상에 대한 도전 기능은 역경 속의 성장에서 매우 큰 비중을 차지한다는 것을 부인하는 사람은 없다.

성인의 역경 속의 성장 수준은 나이가 어린 아동이나 청소년의 역경 속 성장 수준보다 낮다. 왜냐하면 낮은 연령의 사람일수록 높은 연령의 사람보다 스키마를 학습할 기회가 많기 때문이다. 일반적으로 신경증적 경향성은 낮으나 외향성과 공개성의 수준이 높은 사람은 위협을 보다 효과적으로 극복해 나갈 수 있다. 이는 그들이 보다 빈번하게 유익성의 감정을 경험할 수 있기 때문이다.

불행을 초래하는 특수한 유익성은 자아, 세계 그리고 주요 성격 차원과 관계되는 것에 접근하는 방법과 밀접한 관계가 있다. 예를 들면, 신경증적 경향성/부정적 정동에 대한 자아 지각 수준이 높은 사람은 개인 성장에 대한 긍정적 자아 평가의 원인이 되는 역경을 쉽게 발견하지 못한다. 외향성 특성이 높은 사람이나 빈번한 사회적 접촉을 추구하는 사람은 사회적 관계 형성을 위해 역경 속에서도 긍정적 결과 추구에 관심이 크다. 경험을 공개하는 사람은 상상력이 왕성하고 정서적으로 예민하게 반응하며, 지적 호기심이 많다. 이들은 철학적 지식과 새로운 계획을 바탕으로 역경을 잘 극복해 나간다.

심리적 외상성 경험을 겪고 나면 성격 특성에 큰 변화가 온다. 특히 외상성 경험과 경험에 대한 공개성의 특성은 깊은 관계가 있지만, 신경증적 경향성과는 의미 있는 상관관계가 없다. 적응에서 긍정적 측면과 부정적 측면은 서로 독립된 차원이다. 그러므로 어느 한 적응 측면의 수준이 높은 사람보다는 두 가지 모두 높은 사람일수록 역경 속의 성장 수준이 높다. 그 외에도 역경 속의 성장은 여러 가지 요인과 밀접한 관계가 있다. 즉, 외상 전의 성격 특성과 밀접한 관계가 있다. 또한 낙관주의적 태도와도 깊은 관계가 있으며, 인지과정과도 깊은 관계가 있다. 낙관주의자는 자신에게 중요하다고 생각되는 문제에 대해서는 큰 관심을 가지지만, 그렇지 않은 일에 대해서는 무관심하다.

역경 속의 성장은 외상후 스트레스 장애와 유의미한 관계가 없다는 사실이 여러 집단을 대상으로 한 대규모 연구에서 밝혀졌다. 동독 정치 포로, 드레스덴 피폭자, 사라예보 피난자 그리고 척추 손상자를 대상으로 한 연구에서 역경 속의 성장은 외상후 스트레스 장애와 유의미한 상관관계가 없다는 사실이 면접 자료에서 밝혀졌다.

골수이식자, 사고 경험자, 자식을 잃은 부모, 척추 손상자 그리고 유방암 투병자에 대한 연구에서는 그들의 역경 속의 성장 수준이 우울증과 관계 없다는 사실이 밝혀냈다. 표준화척도를 사용한 두 변인 간의 상관관계는 극히 낮은 것으로 밝혀졌다. 그리고 1,000명의 상이군인을 대상으로 한 연구에서 두 변인 간에는 부적 상관관계가 있다는 사실이 입증되었다. SCL-90에 의해서 측정되는 일반 정동, 특수 불안증후, 분노, 회피, 실망의 측정치와도 의미 있는 상관관계는 없다.

역경 속 성장과 인지 기능

고대 로마에는 두 얼굴을 가진 야누스라는 신이 있었다. 야누스는 몸통 하나에 두 개의 얼굴을 가지고 있다. 야누스의 얼굴은 서로 다르고, 두 얼굴은 서로 반대 방향을 응시하고 있다. 역경 속의 성장 현상도 이 야누스와 같다. 실체는 하나지만 서로 다른 두 기능을 가지고 있다. 이것이 역경 속 성장의 두 얼굴 모델, 혹은 2요인 모델이다. 캘리포니아대학교 심리학 교수 Shelley Taylor는 이를 바탕으로 긍정적 착각모델의 체계를 세웠다. 이 모델에 따르면, 역경 속의 성장에는 기능적, 자아 초월적 혹은 건설적 측면과 역기능적, 착각적, 자기기만적 측면이 있다.

이 두 가지 측면은 서로 독립적인 것이 아니고, 한 실체에 두 기능이 공존한다. 대부분의 역경 속 성장 연구자들은 기능적, 건설적 측면에 역점을 두고 있다. 역경 속의 성장은 단일 측면의 특성만으로는 그 실체를 확실하게 이해할 수 없다. 역경 속의 성장에는 긍정적, 창의적 기능뿐만 아니라 정서적 불쾌감을 감소시키는 기능도 있는데, 이것은 긍정적 착각의 기능과 밀접한 관계가 있다. 이 관점에서 보면, 외상성 경험자의 기술에는 자기기만적 요소가 함축되어 있다고 볼 수 있다.

역경 속 성장의 건설적 기능에는 건전한 적응 기능이 있고, 그 적응 기능은 장기간 지속된다. 이와는 달리, 자기기만적 기능은 자기를 부인하는 기능으로, 그 효과는 장기간 지속되나 경우에 따라서는 단기간에 끝날 수도 있다. 역경 속 성장의 건설적 특성을 남편과 사별한 한 여성의 진술을 통해 알아보자. 그녀는 치료자에게 이렇게 호소했다. '나는 그의 죽음이 두려웠다. 그러나 그의 죽음은 나의 삶에 큰 선물이 되었다. 나는 이것이 이전에 다른 사람이 나에게 베풀어 준 어느 선물보다 훨씬 값진 것으로 생각한다.'

이와 유사한 외상성 경험을 가진 사람이 자신을 기만하는 사례를 보자. 그의 경험은 자신에게 큰 충격이었지만, 그의 표정에서는 슬픔도 처량함도 전혀 나타나지 않았다. 도리어 생활에는 여유가 있어 보였고 성숙해 보였다. 그는 자신의 변화에 대해 전혀 설명할 수 없다. 외관상 그는 비참하고, 착각하는 듯이 보이기까지 했다. 자신이 지각한 역경 속의 성장은 인지적 회피 전략에 지나지 않는 것으로 해석된다. 만일 역경 속 성장의 착각적 요소 때문에 외상성 경험이 장기간 지속되면, 역경 속의 성장에 대한 지각이 궁극적으로는 인지적 회피 책략으로 굳어져 적응 기능을 손상시키는 결과를 가져온다.

역경 속 성장의 착각 기능이나 자기기만적 기능은 부적응의 직접적 요인으로 작용하지 않는다. 만일 역경 속 성장에 의한 착각이 외상에 대한 깊은 사고와 공존하게 되어 긍정적 극복 효과가 나타나지 않으면, 단기적이지만 적응적 극복 책략의 기능을 하게 된다. 다음의 사례를 살펴보자.

15년간 행복한 결혼 생활을 한 여성이 남편과 사별했다. 그의 남편은 마피아 조직원들에 의해서 살해되었다. 그녀는 남편의 죽음을 이렇게 말했다. '어느 누구도 나의 어려운 생활을 이해하지 못할 것이다. 나를 슬프게 만든 사람도 내가 무엇 때문에 슬퍼하는지 전혀 모를 것이다. 나는 이제 진실로 중요한 것을 알게 되었다. 물질이나 성공은 나에게는 더 이상 아무런 의미가 없다. 나에게 필요한 것은 사랑하는 사람과 가깝게 지내는 것뿐이다.' 애인과 친구를 잃은 사람은 모든 사람은 표면적이어서 믿음이 가지 않는다고 불평한다. 이들과의 면담을 통해서 진료자는 외상성 경험 전에 환자가 사랑이 필요했고, 대인관계의 중요성을 알고 있었다는 것을 알게 되었다.

이 사례와 같이 역경 속의 성장 지각은 비록 그것이 착각일지라도 긍정적 효과가 있다. 심리적 변화나 불쾌감을 거부하지 못하기 때문이다. 역경 속 성장의 건설적이며 자기기만적 요인은 장기간 지속되면 개인의 적응과 웰빙 수준에 긍정적 영향을 준다. 심리적 외상을 성공적으로 극복한 경우에는 역경 속의 성장은 건설적으로 작용한다. 자기 변화적 요인은 장기간 성장하지만, 자기기만은 점진적으로 경감된다.

앞서 설명한 2요인 모델에 따르면, 역경 속의 성장과 심리적 적응의 관계는 두 변인에 대한 연구 결과에 따라 다르다. 종단적 연구 결과를 보면 두 변인 간에는 밀접한 관계가 있지만, 횡단적 연구 결과에서는 이러한 깊은 관계가 없다. 왜냐하면 종단적 연구에서 나타난 역경 속의 성장과 같은 건설적 효과는 그 자체가 장기적 적응의 효과로 작용하지만, 횡단적 연구에서 나타난 역경 속 성장과 같은 건설적 효과는 장기적 적응의 효과로 작용하지 않기 때문이다.

역경 속의 성장은 여러 차원으로 구성되어 있다. 골수이식 수술을 받은 환자의 경우 이식 수술 전에 대체 보상 경험이 많은 환자일수록 이식 수술 후에 보다 많은 역경 속의 성장을 경험할 수 있다. 이러한 결과를 통해 역경 속의 성장에는 적응적 과정과 부적응적 과정이 공존한다는 사실을 알 수 있다. 다른 연구에서도 역경 속의 성장에는 착각적 성장 요인과 경감적 요인이 공존하고 있다는 사실이 밝혀졌다. 백혈병 치료를 받는 아동의 역경 속의 성장 수준은 부모의 불안 수준은 물론 그의 인지 회피 행동과도 깊은 관계가 있다. 부모의 불안 수준이 낮을수록 환자의 역경 속의 성장 수준은 상대적으로 높다.

역경 속의 성장 지각은 질병과 관계되는 심리적 불쾌감을 극복하는 인지적 회피 책략으로 작용한다. 암 투병 후 긍정적 생활 변화를 경험한 사람은 암과 관련 있는 화제를 회피하며, 불안 수준이 낮다.

외상성 경험은 자기신장의 착각을 촉진시킨다는 사실이 실험 결과에서 입증되었다. 실험자는 개인의 성장 정도를 측정하기 위해 인위적으로 외상성 경험을 갖게 했다. 이것을 계기로 피험자의 착각적 자기신장은 촉진되었다. 이를 통해 개인 성장을 주관적으로 경험할 수 있었다. 또 다른 실험에서도 실험자가 피험자에게 자신의 발달 정도를 평가하기 전에 외상이나 혹은 가벼운 부정적 사건을 회상하게 하고, 현재 자신의 상태와 비교 평가하게 하였다. 심리적 외상을 경험한 집단은 자기 자신이 이전에 비해 크게 향상될 수 있었다고 평가하였으나, 자기 속성을 회상 평가한 집단은 외상 경험자의 회상 평가 수준보다 의미 있게 낮았다. 따라서 피해자의 개인 성장에 대한 착각적 요인이 크게 작용하며, 이 착각은 현재보다는 과거를 더 크게 왜곡하고 있음을 알 수 있다.

개인 성장에 대한 착각 요인은 골수이식 수술을 받는 환자 집단에서 쉽게 발견할 수 있다. 골수이식 수술을 받기 전부터 수술을 받은 후까지 지속적으로 불쾌감이 감소되는 것을 느끼는 일반적 경향이 있는데, 이는 수술 전부터 수술까지의 불쾌감을 과대평가한 결과다. 골수이식 수술 전과 후에 측정한 불쾌감에는 실제 아무런 차이가 없다.

역경 속의 성장 특성을 예언하는 인지적 요인은 관습적 인지 처리 과정 유형을 의미한다. 사람에 따라 인지적 과정의 처리 특성은 다른데, 인지적 요인은 성격 특성과 같이 쉽게 변하지 않는 것은 아니다. 상상력이 풍부하고, 정서적 반응이 예민하고, 지적 호기심이 많은 사람이 있다. 이 특성은 빅5성격검사의 한 요인인 새로운 경험에 대한 공개성 요인에 의해 측정되는데, 이 수준이 높을수록 역경에서 쉽게 벗어날 수 있다. 특히 정서적 특성도 역경 속의 성장 수준과 밀접한 관계가 있다. 새로운 경험에 대한 공개성에는 다음에서 설명할 강인성이나 일관성의 감각과 같은 잠재적인 인지적 요인이 포함되어 있다.

Kobasa, S.는 안정된 성격 요인으로 강인성을 들었다. 이는 관여, 도전 그리고 제어 등의 세 가지 기능으로 구성되어 있다. 관여의 기능은 자기의 호기심, 자기 세계의 의미 추구에 도움이 되는 일이라고 생각되면 어려운 일일지라도 피하기보다는 그에 적극적으로 관심을 가지고 참여하는 성향이다. 통제 기능은 자기의 환경은 자기에게 유리하게 통제하고 조정이 가능하다고 믿는 신념이다. 도전의 기능은 자기 성장에 도움이 되는 일이라고 생각되면 보다 적극적인 행동 변화를 통해 자기에게 유리하게 하는 성향이다. 강인성 성격은 스트레스를 이겨내는 데 도움을 줄 뿐만 아니라 역경 속의 성장 발달을 촉진시킨다. 또한 강인성 성격은 심리적 외상과 관계되는 부정적 변화로부터 개인을 보호하며, 모든 생활에도 긍정적 변화를 준다.

Antonovsky, A.는 스트레스, 건강, 웰빙 간의 관계를 밝히는 데 큰 공헌을 하였다. 그의 주장에 따르면, 이 세상은 충분히 이해할 수 있고, 조정할 수 있고, 또한 의미가 충만한 곳이다. 이것이 그의 일관성 감각의 중심 내용이다. 그는 척추 손상자와 자녀를 잃은 부모를 대상으로 한 연구에서 역경 속의 성장은 일관성의 감정과 깊은 관계가 있다는 사실을 밝혀냈다. 선천적 낙관주의자에게는 몇 가지 특성이 있다. 이들은 자기에게는 부정적인 것보다 긍정적인 것, 나쁜 것보다는 좋은 것이 많다는 것을 굳게 믿는다. 이들은 보다 유연하게 외상적 경험을 극복할 수 있고, 잘 적응해 나간다. 통제 가능한 사태에 직면하면 문제 중심의 극복 책략을 선호하며, 부부간의 이별에 어떤 의미를 부여하지 않는다.

내적 통제 국소 기능은 역경 속의 성장 특성과 깊은 관계가 있다. 성공적 극복은 역경 속의 성장과 개인의 성격 특성의 영향을 받는다. 독일의 드레스덴 폭격 희생자를 대상으로 한 연구에서 역경 속의 성장 특성은 개인의 내적 통제 국소의 특성에 따라 결정된다는 사실이 밝혀졌다. 성인을 대상으로 한 연구에서도 자기가 지각하는 성숙 정도와 사건의 통제 가능성에는 밀접한 관계가 있다는 사실이 밝혀졌다. 즉, 주어진 사건을 자기가 성공적으로 통제 가능하다고 생각할 때 개인은 크게 성장한다.

긍정적 재평가는 외상적 사건에의 성공적 적응을 위해 필수적이며, 개인적 성장을 위한 선행조건이다. 역경 속의 성장 수준은 긍정적 재평가 결과와 병행한다. 즉, 외상적 사건을 긍정적으로 평가하는 사람일수록 그의 역경 속의 성장 수준도 높다. 초기 유방암 환자에게 평가 수단으로, 극복 수단으로, 그리고 긍정적 재규칙적으로 유익한 정보를 제공하면, 그의 역경 속의 성장 수준은 현저히 높아진다. 통제가 불가능하고, 변화를 기대할 수 없는 어려운 사태에 적응하려면, 사태를 있는 그대로 수용해야 한다. 그것이 곧 개인 성상으로 이어진다. 즉, 역경 속의 성장의 수준이 크게 향상된다.

개인의 역경 속 성장 특성을 이해하려면, 생활 변화의 본질을 이해하는 것이 무엇보다도 중요하다. 이를 설명하기 위해 많은 모델이 개발되어 활용되고 있다. 캘리포니아대학교 심리학 교수 Carolyn Aldwin과 마이애미대학교 심리학 교수 Charles Carver는 역동적 체계모델을 기반으로 다음과 같이 외상후 성장 과정을 설명하고 있다.

그들의 변형극복모델에 따르면, 개인의 극복 능력에는 큰 개인차가 있다. 극복을 통해 긍정적으로 변화하는 사람이 있는 반면, 반대로 부정적으로 변화하는 사람도 있다. 모든 사람에게 공통되는 변화가 일어나는 것은 아니다. Aldwin, C.과 Carver, C.의 모델에 따르면, 젊은 나이에 심리적 외상을 성공적으로 극복한 사람일수록 성인기에 직면하는 외상성 경험을 보다 성공적으로 극복한다(일탈-확대과정모델).

개인이 지속적으로 극복을 시도할 것이냐 아니면 그것을 포기할 것이냐를 결정하는 것은 극복에 대한 자신감과 사건의 중요성의 상호 작용 결과에 의해서 결정된다. 만일 사건이 매우 중요할 때 자신감의 수준이 높은 사람은 지속적으로 극복을 시도하지만, 그 수준이 낮은 사람은 그것을 곧 포기하게 될 것이다(Carver의 파국모델). 이와 같은 역경 속 성장의 개념에는 또 다른 부가적인 복잡한 문제가 따른다. 즉, 성장을 경험한 사람은 최초의 목적을 포기하기도 하고 새로운 목적, 스키마 혹은 의미를 추구하기도 한다. 인지적 과정이 존속하는 한 역경 속의 성장은 계속 지속된다.

역경 속 성장의 측정

객관적 지식은 모든 과학의 기본이다. 객관성은 측정된 결과로 표시된다. 내 자신의 변화도 객관적으로 측정되어야 한다. 과학에서 측정의 비중은 크다. 과학에서 측정의 중요성을 아일랜드 태생의 영국 물리학자 William Kelvin(1824~1907)은 다음과 같이 주장했다. '네가 직면한 어떤 문제에 대해 네 주장을 펼치려면 그것은 측정될 수 있고, 그 결과는 숫자로 표현될 수 있어야 한다. 이것은 네가 그 문제에 대해 다소 알고 있다는 것을 의미한다. 측정될 수 없고 숫자로 표시될 수 없다면 너의 지식은 빈약하거나 무가치한 것이다. 숫자로 표시 가능한 것만이 참된 과학적 지식이다.'

역경 속의 성장이나 긍정적 변화는 자기보고형 기질검사로 측정된다. 역경 속의 성장과 적응, 우울증 그리고 정신건강과의 관계를 밝히려면 객관적으로 측정된 역경 속의 성장 자료가 필요하다. 역경 속 성장의 객관적 측정은 여러 사람이 시도하였는데, 이에 따라 보다 신빙성이 있는 객관적 척도가 연구 개발되었다. 가장 흔히 사용되는 것은 면접법이다. 실제 면접에서 면접자는 피면접자에게 '어떤 경험을 통해서 생활에 긍정적 혹은 부정적 변화가 있었는가' 라는 공개 질문을 한다. 때로는 긍정적 변화와 부정적 변화를 동시에 평가하기도 한다. 생활 변화의 통계적 변화를 위해서 피험자 간의 변화를 수량적으로 평가하기도 한다. 생활 변화를 객관적으로 평가하기 위해 여러 가지 척도가 개발되어 활용되고 있다. 중요한 척도와 연구자는 [표 5-2]와 같다.

[표 5-2] 역경 속 성장의 주요 평가척도*

평가 척도	저 자(발표 연도)
① 전망변화검사(CiOQ)	Joseph, S. et al. (1993)
② 외상후 성장척도 (PTG I)	Tedeschi, R. & Calhoun, L. (1995)
③ 외상후 성장척도(PTG I)	Tedeschi, R. & Calhoun, L. (1996)
④ 스트레스 관련 성장척도 (SRGS)	Park, J. et al. (1996)
⑤ 유익성지각검사(PBS)	McMillen, J. & Fisher, R. (1998)
⑥ 질병인지검사 (ICQ)	Evers, A. et al. (2001)
⑦ 스트레스 관련 성장척도 (RSRGS)	Armeli, S. et al. (2001)
⑧ 생활변화척도	Frazier, P. et al.(2001)

*출처: Linley, P. & Joseph, S. (2004). Positive change following trauma and adversity: A review. *Journal of Traumatic Stress, 17,* 11-21.

Zoellner, T. & Maercker, A. (2006). Posttraumatic growth in clinical psychology-A critical review and introduction of a two component model. *Clinical Psychology. Review., 26,* 626-653.

전망변화검사(CiOQ)는 긍정적 변화와 부정적 변화를 26개 문항으로 측정하고 있다. 외상후 성장척도(PTG I)는 21개 문항으로 서로 다른 도메인의 특성을 수량적으로 측정할 수 있기 때문에 다른 도메인의 수준과 객관적인 비교가 가능하다. 스트레스 관련 성장척도(SRGS)는 50개 문항으로 구성되었으며, 성장을 단일 요인으로 해석한다는 점을 시사하고 있다. 유익성지각검사(PBS)는 30개의 긍정적 변화 측정 문항과 8개의 부정적 변화 측정 문항으로 구성되어 있다.

6 유익성의 발견

유익성의 발견

심한 심리적 외상을 극복한 사람에게서 예기치 않았던 긍정적 경험담을 많이 들을 수 있다. 어떤 사람은 그것이 자기에게 매우 유익했다고 말한다. 이들은 그것을 통해 자신의 웰빙 수준이 크게 향상되었다는 점을 강조하기도 한다. 이것이 역경을 통해 경험한 유익성이다. 코네티컷대학교 의과대학 교수 Glenn Afflek과 Howard Tennen은 그들의 논문에서 유익성의 실체를 자세히 소개하였다. 그들의 주장에 따르면, 환자는 투병 과정을 통해서 손실보다는 유익성을 더 많이 발견한다. 투병 과정에서 환자들이 공통적으로 얻는 중요한 유익성은 다음과 같다.

• 가족/친구와의 관계가 강화된다.

- 긍정적 성격 변화(인내심, 관용성, 동정심, 용기 등)가 따른다.
- 가치 체계와 삶의 목표에 긍정적 변화가 온다.
- 건강의 중요성을 새롭게 인식한다.
- 자녀의 입원 생활에 대한 태도가 긍정적으로 변화한다.

심리적 외상 극복에는 적응 기능이 함축되어 있다. 이는 전통적인 심리적 외상의 의미와 크게 다르다. 흔히 심리적 외상은 세계에 대한 우리의 가정을 손상시킨다고 한다. 그러나 사실은 이와 크게 다르다. Parkes, C.가 주장하는 가정적 세계의 이론에 따르면, 우리 주변에서 일어나는 일들에는 질서가 있고, 예언이 가능하고, 의미와 가치가 있다.

그에 따르면, 우리에게는 자신을 원만하게 통제하고, 외부의 유해 사건을 성공적으로 극복할 수 있는 가능성이 있다. 이와 같은 주장을 바탕으로 캘리포니아대학교 심리학 교수 Shelley Taylor는 심리적 외상 사태에의 적응을 인지 기능에 비중을 두고 설명하고 있다. 그의 주장에 따르면, 심리적 외상을 경험한 사람이 갖는 유익성의 감정 특성을 바탕으로 심리적 외상에 대한 적응, 정신적 신체적 적응의 특성은 물론 정서적 특성, 정신적 증후, 신체적 질병의 예후 그리고 질병에 의한 사망까지도 예언이 가능하다.

유익성의 발견은 일종의 선택적 평가 과정으로, 여기에는 직면한 심리적 외상에 수반되는 개인의 희생을 최소화시키는 기능이 있다. 선택적 평가 과정은 심리적 외상 경험에 따른 질서 감각과 목적 감각을 향상시킨다. 또 선택적 평가 과정을 통해 불편한 세계, 불편한 환경을 상상할 수 있고, 자신을 불행한 사람과 직접 비교해 볼 수도 있다. 이와 같은 선택적 평가 과정을 통해 자신의 가치를 높게 평가할 수 있게 되고, 보다 가치 있는 소망을 가지게 된다. 더 나아가서 자신은 외부의 손상을 성공적으로 이겨낼 수 있다고 생각하며, 이 세계는 질서가 있고 살 만한 가치가 있는 곳이라는 생각을 가지게 된다. 유익성의 발견을 통해 고통을 극복하고 어려움에 적응할 수 있게 도움을 얻을 수도 있다.

심리적 외상 환경에서 경험하는 유익성의 발견에는 극복 책략의 기능이 포함되어 있다. 개인이 경험한 감정은 극복 책략의 특성을 측정하는 척도의 핵심이 된다. 극복 행동은 별다른 노력이 따르지 않는 적응 행동과 구별 없이 교차적 사용이 가능하다. 극복 행동은 의식적 선택이다. 이러한 관점에서 보면, 유익성의 근원을 탐색하는 것은 곧 극복 과정이라고 말할 수 있다. 자기 스스로 이 유익성을 희생하는 것은 극복 책략에 속한다. 그런데 이와 같은 사실이 극복 책략과 무관한 경우도 있다. 예를 들면, 역경 속에서 유익성의 감정을 경험한 사람도 인지작용이 극복 책략으로 활용되고 있다는 사실을 수용하는 사람은 없다. 그러므로 극복 책략으로서 유익성의 발견 감정과 결론으로서의 유익성 발견의 감정은 서로 혼동되기 쉽다.

사람은 직면한 부정적 환경에 적응하기 위해 여러 가지 책략을 활용한다. 반복 조작도 하고, 외상적 사건을 의식의 영역으로 끌어들이는 도우싱도 한다. 과정 중심의 적응모델에 따르면, 파산하였던 가정이 다시 결합하면 심리적 적응에 도움이 된다. 외상성 경험의 참뜻은 상당 기간을 두고 경험한 여러 경험을 바탕으로 이해할 수 있다. 그러므로 최초 외상성 경험의 참뜻을 이해하는 데는 많은 시간이 필요하다. 개인이 발견한 유익성은 곧 개인의 장점이 된다. 그것은 심리적 외상에 대한 적응 과정의 후기에 뚜렷하게 나타난다. 이것은 적응 과정의 전기에 나타나는 센스메이킹 과정과 다르다.

이 과정은 직면한 역경을 자기 자신의 세계관에 따라 의미를 부여하는 한 과정이다. 센스메이킹과 유익성의 발견을 구별하는 데서도 유익성의 발견은 역경 환경에의 적응 후기에 생성된다는 점이 특징이다. 유익성의 발견의 객관적 자료는 얻기가 쉽지 않다. 또한 부정적 생활 경험에서 얻게 되는 경험적 기반을 찾기가 어렵다. 이것은 다분히 일화적인 것이거나 사변적인 것이 주종을 이루고 있기 때문이다. 유익성 발견의 감정에서 선택적 평가의 특성을 발견할 수 있는 사례가 있는가 하면 그렇지 못한 사례도 많이 있다. 그러므로 선택적 평가 과정이 유익성 발견의 기반이 된다고 단정하는 것은 매우 어렵다.

유익성의 발견은 위험으로부터 개인을 보호하기 위한 인지적 개념이 아니라 순수한 변화의 지표다. 선택적 평가로서의 유익성 발견의 감정과 개인이 보고한 유익성 발견의 감정 변화는 수직적 관계가 있기 때문에 유익성 발견의 감정을 적응 과정과 직접 연결시키는 것은 삼가야 한다.

재해를 경험한 여성을 생각해 보자. 그녀는 면접 과정에서 그것이 자기에게 매우 유익한 경험이 되었다고 했다. 왜 그런 생각을 가지게 되었느냐고 묻자, 그녀는 자신이 그것을 통해 삶에서 무엇이 중요한지를 깨달을 수 있었기 때문이라고 대답했다. 그녀의 관점에서 보면, 자신은 재해에 의한 손상을 받지 않았는데 주위 사람들로부터 정신적 · 물질적 도움을 받고 있는 셈이다. 이러한 상황이라면 그녀의 웰빙 지표는 높게 평가될 수밖에 없다.

유익성 발견의 지표

성격 / 특성 / 기질

역경 속에서 나타나는 유익성 발견의 감정 수준은 성격 특성에 따라 크게 다르다. 선천적 낙관주의자나 긍정적 결과를 기대하는 사람은 심리적 외상 사태를 효과적으로 극복하고, 거기에서 많은 유익성을 발견한다. 또 그들은 스트레스나 불만을 극복하는 감내력의 수준이 높고, 관상동맥 바이패스 수술도 어려움 없이 잘 극복한다. 낙관주의자가 비관주의자보다 더 많은 유익성을 발견하는데, 거기에는 이유가 있다. 무엇보다도 그들에게는 현재 자신이 직면한 일을 보다 긍정적으로 인지하는 높은 능력이 있기 때문이다. 이것이 유익성 발견의 생성 기반이 된다. 낙관적 기대감을 가진 사람일수록 보다 많은 유익성을 경험하는 경향이 있다. 골수이식 수술을 받은 사람 가운데 낙관적 성향이 높은 사람일수록 더 많은 유익성을 경험한다. 정서적 웰빙 수준이 높을수록 유익성 발견의 감정 수준도 높다.

인지적 복잡성은 선천적 낙관성과 같이 유익성의 발견을 촉진시킨다. 복잡한 개념 체계를 가진 사람일수록 자신의 운명을 효과적으로 통제할 수 있다. 그들은 일반적인 사람에게서는 기대할 수 없을 정도로 자신의 환경을 성공적으로 극복해 나갈 수 있다. 복잡한 인지적 체계를 가진 사람은 한 가지 일에 실패하게 되면 또 다른 목표를 설정해서 그것을 추구하고, 다른 사람이 위험하다고 생각하는 것을 새롭게 정의하고, 위협을 자신의 인생 목표에 변화를 가져올 수 있는 기회로 생각한다.

자아 복잡성의 수준이 높을수록 역경에 잘 적응하고, 보다 빈번한 유익성 발견의 감정을 경험하게 된다. 그것은 그들이 자아 제어의 영향을 비교적 적게 받기 때문이다. 자아의 내용이 복잡한 사람일수록 위협에 보다 효과적으로 대처해 나갈 수 있다. 특히 긍정적 자아 수준이 높을수록 직면한 위협을 보다 효과적으로 극복하고, 보다 빈번한 유익성 발견의 감정을 느낄 수 있다.

자신이 설정한 목표를 자기의 힘으로 훌륭하게 성취할 수 있다고 생각하는 일종의 성격 특성이 선천성 희망이다. 이는 낙관성/비관성의 성격 특성과는 크게 다르다.이는 자신이 자신의 목적 수행 기대 수준과 그것을 수행할 수 있는 능력을 의미한다.

우리에게는 심리적 외상이나 위기 경험을 통해 삶의 역사를 일관성 있고 의미 있게 새롭게 구성할 수 있는 능력이 있다. 개인의 불행이나 비극의 이야기에는 긍정적 측면이나 긍정적 결과가 내포되어 있다. 성공한 사람의 생활사를 분석해 보면, 그 안에는 그가 겪은 역경의 과정이 소개되어 있고, 결과적으로 그것은 그에게 큰 도움이 되고 유익성의 감정을 제공하였다는 것을 쉽게 발견할 수 있다. 만일 이것이 사실이라면, 우리는 여기서 유익성의 발견과 적응과의 관계를 설명하는 중요한 사실을 발견할 수 있다.

개인이 역경 속에서 발견한 유익성은 곧 선천적으로 타고난 쾌락의 산물이다. 외향성은 환경 조건과는 무관하게 언제 어디서나 잘 적응한다. 위협을 느끼는 환경에서도 행복감을 느낀다. 그는 자신의 긍정적 정서 상태도 특이하게 해석한다. 즉, 자신의 삶에는 의미가 있고 행운이 있다고 생각하는데, 이것은 감사할 수 있는 능력이 있기 때문이다.

이와 같은 생각이 곧 자신의 기질 특성에 대한 설명이 된다. 불쾌한 사건은 유쾌한 사건과 양립될 수 없다. 유익성 발견을 경험한 사람은 만족스러운 생활을 하는 사람이다. 항상 불쾌한 감정을 가진 사람은 역경을 긍정적으로 평가할 수 없다. 왜냐하면 그의 정서 상태가 곧 주어진 역경의 환경과 균형을 이루고 있기 때문이다. 유익성의 발견 욕구는 자기 자신의 기질에 대해 보다 만족스러운 설명 욕구다. 사람은 선천적으로 역경에 대한 반응 준비를 갖추고 있다. 이것을 바탕으로 유익성 발견의 감정은 새롭게 해석할 수 있다.

일관성의 변화

사람은 역경 속에서 발견한 유익성의 발견만으로는 만족하지 않는다. 우선 자신의 현재 상태의 특성과 이전 상태의 특성을 비교하게 된다. 현재 자신의 자아개념과 대인관계의 변화를 알아보기를 원한다. 따라서 이를 위해 이전의 자아와 현재의 자아를 비교하게 된다. 일반적으로 사람은 누구에게나 일정한 변화가 따른다고 생각하고, 실제 변화의 정도를 과대평가하는 경향이 있다. 누구에게나 자신의 과거 특성에 대한 정보를 갖고 싶은 욕구가 있다. 이 정보는 현재 자신의 특성에 대한 지식을 필요로 하는데, 그것은 자신의 특성을 이해하는 기준으로 사용한다. 안정성이론이나 변화의 잠재성이론을 바탕으로 과거의 자기 특성에 대한 정보를 얻을 수 있다. 확실한 정보가 수집되지 않을 경우에는 자신의 잠재성이론과 현재의 사태를 바탕으로 복잡한 과거의 특성을 유추해 볼 수 있다. 이들 이론을 바탕으로 자신에 대한 보다 더 많은 정보를 얻을 수 있다.

긍정적 변화는 역경을 통해 얻을 수 있다. 사람은 역경을 경험함으로써 지혜가 생기고, 성격이 긍정적으로 변화하고, 의미 있는 대인관계를 형성할 수 있고, 보다 생산적 삶을 가질 수 있다. 이와 같은 사실은 위협적 사태에 성공적으로 적응한 사람이 공통적으로 겪는 경험의 한 부분이다. 이와 같은 사실을 주제로 한 시나 문학작품도 많이 있다. 이것을 보면 유익성의 발견 감정이 긍정적 변화에 큰 도움을 준다는 것을 쉽게 이해할 수 있다. 물론 이것이 경험적 자료에 의해 검증된 것은 아니다.

유익성 발견의 감정은 다른 입장에서도 해석할 수 있다. 역경적응모델에서 보면, 유익성의 발견 감정은 현실을 새롭게 개조하고자 하는 동기다. 잠재적 이론 측면에서 보면, 과거를 냉정하게 고찰하고 그것을 재건하려는 욕구의 부산물이다. 현재 전혀 변화가 없을 경우에도 과장된 긍정적 변화를 기대하는 수가 있다.

역경을 극복한 사람이 모두 유익성 발견의 감정을 경험하는 것은 아니다. 내현적 이론가들의 주장에 따르면, 긍정적 변화에는 큰 개인차가 있다. 자신의 과거 정보를 수집하는 과정에서 과거에 대한 부정적 편향성이 크게 작용한다. 그러므로 과거보다는 현재를 긍정적으로 지각하고, 평가하는 경향이 있다. 시간이 지나면서 과거와 현재의 정보 격차가 크게 줄어든다. 자신의 과거를 회상할 능력에 실질적 변화가 없다고 하더라도 자신의 특정한 과거에 대한 부정적 평가는 쉽지 않다. 이와 같은 사실을 보면, 역경을 경험한 사람은 유익성을 발견할 수 있었다고 공개적으로 말하는 것은 결코 과장이 아니다. 도메인의 수준이 낮은 사람은 유익성을 쉽게 발견하지 못한다. 역경을 경험하는 과정에서 유익성 발견의 감정을 경험하게 되면, 그 효과는 역경을 경험한 후에 나타난다.

유익성의 발견 사례

성격연구자나 사회심리학자들이 유익성 발견의 실증적 자료를 많이 발표하고 있다. 유익성 발견의 감정은 웰빙 수준을 증대시킨다. 생각과는 달리, 어려운 의학적 치료를 받고 회복된 사람, 생명을 위협하는 질병 치료에 성공한 사람, 만성불구자, 살인자, 성적 박해자, 돌발사고 경험자, 자연재해를 경험한 사람은 보다 빈번하게 유익성을 발견할 수 있고, 웰빙 수준도 높다. 또 유익성 발견을 경험한 사람은 잘 적응한다. 유익성을 발견한 사람은 성공적으로 적응한다. 이 경험을 통해 정서적, 심리적 웰빙 수준이 크게 향상된 사례를 보자.

거주하던 아파트에서 화재사고를 경험한 사람을 면담해 보면 다양한 반응이 나온다. 화재사고를 부정적 경험이었다고 대답하는 사람은 의외로 적다. 대신 주위 사람에게 감사하는 마음이 신장되었다고 대답하는 사람, 그것이 자기의 삶에 큰 교훈을 주었다고 대답하는 사람이 많다. 이는 유익성의 발견이 곧 적응에 유익하게 작용하였다는 사실을 입증하는 것으로 해석할 수 있다. 배우자, 자녀, 형제자매와 헤어지면 심리적 신체적 위협을 받은 사람이 있는가 하면, 그러한 사실을 통해 새로운 긍정적 경험을 얻는다고 생각하는 사람도 많다. 더 나아가서 그것으로 개인의 성장에 도움이 되고 새로운 삶의 희망을 얻게 되고, 가족 간의 유대가 강화되고, 주위 사람과 보다 친밀하게 지낼 수 있는 계기가 되었다고 대답하는 사람도 있다.

비정상적으로 분만한 아기를 신생아 병실에 입원시킨 산모의 반응도 다양하다. 즉, 신생아의 입원치료를 계기로 가족관계가 돈독해지고, 자녀에 대한 동정심이 생기고, 자신의 성격이 긍정적으로 변했다고 대답하는 사람이 있다. 이와 같이 유익성 발견의 감정을 경험한 사람의 대다수는 후에 바람직한 정서적 웰빙을 경험하게 된다.

이와 같은 사실을 보면, 유익성의 발견은 어머니의 웰빙 감정을 촉진시킬 뿐만 아니라 아동의 발달에도 긍정적 영향을 미친다는 사실을 알 수 있다. 유익성의 발견을 경험한 사람의 신체적 건강 상태는 비교적 양호하다. 또 생활 방식의 변화에 따라 건강의 중요성을 깨달을 수 있게 되고, 생활 철학의 질에 변화가 오고, 생활의 질이 크게 향상된다. 자연재해로 재산을 잃고, 생명의 위협을 받은 사람 중에도 유익성의 발견을 경험한 사람이 많다. 이들을 면담해 보면, 자신들은 자연재해를 계기로 인간적 성장과 대인관계의 향상을 경험할 수 있었다고 한다.

7 레질리언스

레질리언스

일반 사전에서는 레질리언스를 '뒤틀린 상태나 압축된 상태에서 원래의 상태로 회복되는 기능'이라고 정의하고 있다. 또 전문용어 사전에서는 '질병, 우울증 혹은 역경으로부터 회복되는 기능'이라고 정의하고 있다. 이와 같이 레질리언스는 단순한 인지적 준비 상태와는 크게 다르다. 레질리언스는 서로 다른 도메인으로 구성되어 있다. 즉, 스트레스 극복 과정의 결과다. 결과로서 레질리언스는 인간의 내적 과정(생물학적, 성격)과 외적 과정(사회적 지지)의 역동적 상호 작용의 산물이다.

역경 속의 성장

레질리언스에 대한 연구는 아동의 정신병리 현상 연구에서 출발하였다. 이들은 레질리언스를 '위험률이 높은 환경에서 나타난 보다 긍정적 성장 현상'이라고 정의하였다. 불건전한 환경에서 정신적으로나 신체적으로 보다 건전한 성인으로 성장 발달하는 현상의 기제는 무엇인가? 레질리언스에 대한 초기의 연구자들은 낮은 지능과 빈곤이 반드시 문제 행동의 원인이 되지 않는다는 사실과 정신병이 있는 부모에게서 태어난 아동이 반드시 정신병자가 되지는 않으며, 건전하게 성장한다는 사실을 발견하였다. 또한 부모의 불화가 심하고 가족이 화목하지 못한 가정에서 태어난 아동이 자신감이 강하고 경쟁심이 강한 성인으로 성장한다는 사실을 발견했다. 이들의 연구는 정신병리학의 패러다임 전환에 좋은 계기가 되었다. 전통적 정신병리학자들은 결함에 역점을 두었지만, 현대 심리학자들은 결함은 물론 우월성까지도 연구의 대상으로 삼고 있다.

레질리언스의 보호적 요인과 위험 요인은 직교관계가 있다. 단지 연속선상에서 양극단에 위치하는 서로 다른 개념이 아니다. 긍정적 발달을 촉진시키고 위험 요인이나 부정적 효과를 경감시키는 기능을 한다. 이 두 요인은 역동적 관계가 있고, 때로는 상호 호혜적 관계를 유지한다. 개인의 레질리언스 정보를 바탕으로 개인 중심 치료와 지역사회를 기초로 한 치료 효과를 예측할 수 있고, 그의 학교생활에 대한 정보를 얻을 수도 있다.

한때 레질리언스 수준이 높은 아동은 어떠한 어려움도 잘 견딜 수 있고, 그 수준이 높은 성인은 강인한 것으로 인식되었다. 사실 두 변인의 관계는 그렇게 단순하지 않다. 거기에는 개인의 성격 특성은 물론 환경 특성의 영향이 크게 작용한다. 레질리언스의 새로운 개념에 따르면, 개인은 어떠한 역경도 극복할 수 있고, 어떠한 스트레스 원에도 저항할 수 있다. 그렇다고 모든 사람이 모든 스트레스 원이나 동일한 스트레스 원에 언제나 저항할 수 있다는 사실을 의미하지는 않는다.

스트레스 원의 부정적 영향에 대응할 수 있는 능력은 개인과 그의 환경의 역동적 관계에 의해 결정된다. 스트레스 원에 대한 개인의 반응은 동일하지 않다. 어떤 환경에서는 장애를 받지만 어떤 환경에서는 그렇지 않다. 왜냐하면, 레질리언스는 개인적 요인과 환경적 요인의 상호 작용의 영향을 크게 받기 때문이다. 이것이 레질리언스의 역동성의 한 특성이다. 즉, 위험 수준이 높은 환경에서 성장하는 아동이 어떤 때는 그것을 성공적으로 극복하지만 어떤 때는 그것을 잘 극복하지 못한다. 스트레스 원에 직면하였을 때 레질리언스의 효과가 나타나는데, 소요되는 시간도 두 변인의 역동적 특성에 의해서 다르다. 레질리언스의 효과는 위협 사태에 직면하는 순간에 나타나지 않는다. 그 효과가 나타나기까지 많은 시간이 소요된다. 경우에 따라서는 스트레스를 경험한 1년 후에 그 효과가 나타나기도 한다. 그러므로 이 시기를 예언하는 것은 쉽지 않다.

개인의 레질리언스 수준도 일정하지 않다. 어떤 때는 그 수준이 높으나 어느 시기에 가면 크게 떨어진다. 고인이 된 Christopher Reev(1952~2004) 사례를 보자. 그는 승마사고로 하반신 마비가 되었다. 그는 마비 때문에 심한 우울증에 빠져 자살하고 싶은 생각도 가졌다. 하지만 예기치 않게 그는 수년 후에 척추연구기관의 책임자가 되어 활발하게 활동하게 되었다. 이와 같이 의료 상호 상조의 선도자들은 도움을 받은 집단에 들어가서 자기가 경험한 문제에 대한 연구에 종사하게 된다. 후에는 책임자가 되고, 그 연구의 정당성을 옹호하는 역할을 하게 된다. 시간이 지나면서 그의 레질리언스 수준은 높아졌는데, 초기에는 그러한 형성을 전혀 발견할 수 없었다.

이와 같이 시간이 지나면서 회생 능력이 생기는 것은 레질리언스의 한 표출 현상이라고 생각할 수 있다. 어떤 연구자는 외상적 경험이 긍정적 성장 경험으로 변화 가능한 능력, 재난 극복을 통해 성장을 경험할 수 있는 능력이 곧 레질리언스라고 정의하기도 한다. 단순히 병적으로 변화하는 것에 저항하는 것이 레질리언스가 아니다. 레질리언스 수준이 높은 사람은 성장을 경험하고 긍정적 정서를 경험한 사람이다. 개인은 이 과정에서 부정적 정서와 적응의 문제도 경험한다. 그렇지만 변화가 레질리언스의 한 부분이라는 데 모든 전문가가 의견을 같이하는 것은 아니다. 사고의 변화나 자아와 세계에 대한 변화를 필연적으로 경험하지는 않는다.

레질리언스의 특성

레질리언스의 수준이 높은 사람, 심리적 외상을 성공적으로 극복한 사람은 낙관주의와 강인성의 수준이 높고 자아 발달 수준이 매우 높다. 레질리언스는 사회적 지지와 같은 환경적 영향도 크게 받는다. 사회환경적 관점에서 보면, 레질리언스는 단일 특성이 아니라 여러 가지 환경적 요인과 성격 요인의 상호 작용의 산물이다.

지금까지 스트레스 연구자의 주된 관심의 대상은 그에 수반되는 병리현상이었다. 스트레스는 병리현상을 유발하는 것으로만 인식되어 왔다. 사실은 심한 스트레스 환경이나 역경을 극복하고 나면 레질리언스의 기능이 강화된다. 이것이 역경 속의 성장이다. 더 정확하게 말하면, 역경 속 성장의 역설현상이다. 이와 같은 주장은 전통적 스트레스모델과 상반되는 것이 아니다. 스트레스 원에 대한 개인의 인지적 평가 기능도 크게 작용한다. 이는 기질의 특성, 정신건강, 스트레스에 대한 적응 등과도 밀접한 관계가 있다.

레질리언스는 Antonovsky, A.의 일관성의 감각, Kobasa, S.의 강인성, Scheier, M.와 Carber, L.의 선천적 낙관성과 같은 성격 특성과도 밀접한 관계가 있다. 선천적 낙관성은 안정된 성격 특성이다. 선천적 낙관주의자는 긍정적 삶을 경험할 수 있게 될 것이라는 기대감이 강하다. 선천적 낙관주의자는 다양한 역경 상황에서 긍정적 결과를 얻게 된다는 사실이 임상적 사례에서 밝혀졌다.

낙관주의의 기능은 레질리언스의 기능을 향상시킨다. 낙관주의자는 강인하게 추진하고 적극적인 극복을 시도하며, 접근 지향적이고, 문제 중심의 극복을 시도한다. 특히 유방암 환자의 적극적 암극복 책략 수준은 특이하다. 낙관주의자는 부정적 경험을 긍정적으로 평가하고, 그에 특별한 긍정적 의미를 부여하려고 시도한다. 이와 같은 시도는 자신의 세계를 보다 긍정적으로 평가하는 데 큰 도움이 된다. 낙관주의자일수록 재구성의 책략을 극복 수단으로 사용하는 경향이 있다. 그의 재구성의 특성을 바탕으로 다음에 직면하게 될 사건에 대한 정확한 예언이 가능하다.

낙관주의자는 역경 속에서 어떤 도움을 받을 수 있다는 강한 신념을 가지고 있다. 그들은 심리적 외상을 통해서 어떤 유익성 발견의 감정을 얻는다. 유익성의 발견은 곧 적응지표가 된다. 낙관주의자는 역경에서 얻은 유익성을 오래 기억한다. 이것이 유익성의 상기다. 이는 결과가 아니라 극복 책략이다.

근육통 환자는 더 많은 유익성을 발견할 뿐만 아니라 즐거운 기분을 장기간 간직할 수 있다. 낙관주의자의 레질리언스 기능은 월등하게 높다. 낙관주의자는 성취 불가능하다는 판단이 서면, 그 일은 단념하고 다른 일을 선택한다. 이것이 미국 출생 이스라엘 심리학자 Antonovsky, A.의 동질정체성의 유연성이다. 마이애미대학교 심리학 교수 Scheier, M.와 Carver, C.의 주장, 즉 성취 불가능한 일은 단념하고 수행 가능한 목표를 세워 그에 주의를 집중한다는 것도 이와 같은 맥락에서 해석할 수 있다.

유방암 환자 가운데 낙관주의자는 비관주의자에 비해 효과적으로 암을 극복하고 수술 효과도 좋다. 낙관주의자는 비관주의자에 비해 극단적 스트레스를 쉽게 수용할 수 있다. 또 그 과정에서 경험한 고통이나 불쾌감도 솔직하게 수용한다. 낙관주의자는 모든 일에서 긍정적 결과를 얻을 수 있다는 자신이 있고, 타당성이 결여된 세계관을 쉽게 버릴 수 있다. 부적응 사고 과정에서도 적응적 사고 과정으로 주의를 전환시킬 수 있다. 즉, 비생산적 사고에 대한 반추를 쉽게 단념할 수 있다. 낙관주의자는 보다 많은 사회적 자원을 보유하고 있다. 그들은 좋은 사회적 대인관계 때문에 스트레스 원에서 쉽게 해방될 수 있다.

낙관주의자의 신념은 그에게 특이한 도움이 된다. 이것은 그에게 레질리언스의 잠재력으로 작용하기 때문이다. 심한 질병으로 고통받는 사람이라도 자신은 효과적으로 투병 생활을 하고 있다는 신념을 가지면 보다 쉽게 회복될 수 있다. 역경 속의 성장을 위해서는 심리적 외상을 성공적으로 극복하고, 그 의미를 깊이 이해하는 것이 무엇보다도 중요하다. 초기의 연구자들의 주장에 따르면, 중간 정도의 극복 능력을 가진 사람의 역경 속의 성장 기능이 가장 왕성하다. 강인성 수준이 낮은 사람일수록 심리적 외상에 대해 부정적으로 반응하는 경향이 있다. 이와는 달리 강인성 수준이 높은 사람일수록 심리적 외상에 대해 긍정적으로 반응하는 경향이 있다. 거기에는 여러 가지 원인이 있다. 무엇보다도 그들의 높은 레질리언스 수준을 생각할 수 있다.

Janoff-Bulman, R. 등의 주장에 따르면, 심리적 외상에 대처하는 기능을 가진 사람에게도 특이한 스키마가 있다. 얼핏 보기에는 레질리언스와 역경 속의 성장은 동일한 개념인 것 같지만 사실은 크게 다르다. 우선, 레질리언스라는 용어는 변형된 것이거나 재구성된 것이 아니다. 일반적인 사전에서는 레질리언스를 손상된 상태에서 원래의 상태로 환원시키거나 질병이나 역경에서 정상 상태로 회복시키는 관성적 힘이라고 정의한다.

레질리언스의 환경

건전한 역경 속의 성장은 준비성과 레질리언스의 기반을 필요로 한다. 건전한 준비성에는 자신의 세계관과 스키마가 심리적 외상을 받는 것을 방어하는 기능이 있다. 이 준비성의 개념은 레질리언스의 개념과 매우 유사하다. 이는 외상성 장애에서 회복되거나 그 영향에 저항하는 능력을 의미한다. 역경 속 성장의 효과는 심리적 동요라는 비유 언어를 사용하면 그 본질을 쉽게 이해할 수 있다. 심리적 동요는 스키마의 기본이 크게 흔들린 상태다. 후속될 심리적 동요를 감내하기 위해서는 새로운 구조를 정비할 필요가 있다.

심리적 외상을 경험한 사람과 삶의 철학을 바탕으로 자신의 장점을 발견한 사람은 심리적 준비성을 갖출 수 있고, 후에 경험하게 될 외상성 경험을 성공적으로 극복할 수 있다. 이들은 후에 경험하게 될 심리적 외상을 예측할 수 있는데, 이는 이미 그와 같은 경험을 가졌기 때문이다. 그런 경험을 가진 사람은 그것이 자기에게 유익했다는 것도 잘 이해할 수 있다. 이들은 현재 자신이 직면하고 있는 심리적 외상과 이미 이전에 경험한 심리적 외상을 비교해 보고 현재 직면한 심리적 외상이 심한 부정적 경험만을 주는 것이 아니라는 사실을 깨닫게 된다.

변화된 세계관을 가진 사람은 불안을 억제할 수 있고, 자신의 세계를 보다 잘 이해할 수 있다. 후속되는 심리적 외상 사건은 인지적 처리 과정을 필요로 하지 않고 생활을 방해하지 않는다는 사실도 잘 이해하고 있다. 그렇다고 아무런 영향도 주지 않는다는 것을 의미하지는 않는다. 이와 같은 사건들은 손상, 슬픔, 고통, 수난과 같은 부정적 반응의 근원이 된다. 그러면서도 자아, 타아 및 생활 철학에 부정적 변화를 일으키지 않고, 개인의 레질리언스 기능을 강화시킨다.

지금까지 인지적 연대성 기능을 촉진시키는 준비성과 레질리언스의 기능에 대해서 설명하였다. 이 두 기능 간의 관계는 매우 복잡하다. 역경 속의 성장이론에 따르면, 직면한 사건에 대한 성공적 극복이나 조정을 위해서는 역경 속의 성장에 변화를 가져오는 인지과정을 예견할 수 있어야 한다. 극복 기능의 수준에 따라 역경 속의 성장 수준도 달라진다. 즉, 극복 기능 수준이 보통인 사람의 역경 속의 성장 수준은 높아 외상 장면을 효과적으로 극복해 나갈 수 있다. 그러나 극복 기능 수준이 낮은 사람의 역경 속의 성장 수준은 낮아 외상 장면의 극복이 어렵다.

사회적 환경

레질리언스의 특성은 환경, 예를 들면 좋은 학교, 가까운 이웃, 종교 기관, 사회봉사단체에 의해서 결정된다. 건강증진 환경, 즉 안정성이 보장되고 적절한 통제를 받는 자극적 환경, 유연적인 사회적 네트워크를 가지는 환경은 레질리언스의 수준을 향상시키고, 심리적 외상을 사회적 네트워크를 통해 처리해 나간다. 이러한 환경은 가치 있는 사회적 자산이다. 적극적인 종교 활동을 통해 개인의 소속감은 크게 향상된다. 이와 같은 활동도 레질리언스의 기능을 크게 향상시키는 자원이 된다.

레질리언스의 성장 발달에서 원만한 대인관계의 비중이 크다. 레질리언스의 기능 향상을 위해서는 자신의 의사를 자유롭게 표출하고 다양한 사회적 지지를 받을 수 있어야 한다. 위협에 직면한 주위 사람을 도와주고 그에 깊은 관심을 갖는 것은 곧 자신의 극복에도 큰 도움이 된다. 레질리언스의 성장 발달에 유익한 사회적 지지에는 다양한 긍정적 기능이 있다. 불쾌감을 경감시키는 데 큰 도움이 되고, 정신적 · 신체적 건강을 촉진시킨다. 건강과 관계되는 생물적 변인에 영향을 주고, 역경 속 성장의 발달을 촉진시키며, 자유로운 정서 표출에 도움을 준다. 또한 스트레스를 경험한 사람의 긍정적 성장을 촉진시키며, 심한 사회적 제약을 받은 사람의 낮은 웰빙 수준을 향상시키고, 유방암 환자의 높은 우울증을 경감시킨다.

자유로운 정서 표현은 사회생활에 많은 도움이 된다. 사회적 지지의 맥락에서 보면, 심리적 외상 자극에 대한 인지적 평가 과정은 긍정적 정서 반응으로 이어지는 경우도 있다. 스트레스 경험에 노출되면 주의의 초점 변화가 오고, 이는 곧 정서 조정으로 이어지기 때문이다. 또 부정적 정서에 대한 관습화가 형성되어 그에 대한 긍정적 인지 변화가 나타난다. 이와 같은 주장의 타당성은 여러 실험 결과에 의해 입증되었다.

암 환자로 하여금 주위의 믿을 만한 사람과 자유롭게 자신의 건강 상태를 이야기하게 하면 우울한 기분이나 신체적 증후가 현저하게 경감된다. 이와는 달리 주위 사람과 자신의 건강 상태를 이야기하는 것이 제한된 사람은 빈번한 건강에 관계되는 부정적 생각에서 벗어나지 못한다. 가족이나 이웃 사람과의 대화를 제약받게 되면 정신건강 상태는 부정적 영향을 받는다.

문화적 환경

개인의 문화는 원심성 도메인과 근심성 도메인으로 구성되었다. 원심성 도메인은 보다 범위가 넓은 도메인으로, 규모가 큰 사회, 범위가 넓은 지역, 국가 같은 것을 지칭한다. 근심성 도메인은 규모가 작은 지역사회로, 개인이 수시로 접촉하는 사회적 네트워크를 지칭한다. 이 두 문화적 도메인은 서로 독립된 개념처럼 생각되지만, 역경 속 성장의 실체를 이해하는 데는 서로 밀접한 관계가 있는 것으로 보아야 한다.

개인, 부부 및 가족 문제에 관심을 갖는 심리학자나 유관과학자들은 원심성 도메인이 개인의 행동에 미치는 영향에 별로 관심이 없다. 그러나 역경 속 성장의 성장 발달의 본질을 이해하려면, 원심성 도메인이 개인의 사회적 행동에 미치는 영향을 보다 깊이 이해할 필요가 있다. 우리는 특별한 사건에 직면하게 되면 자기 자신은 보다 규모가 큰 집단, 예를 들면 사회나 국가의 한 성원이라고 생각하는 사람은 근심성 도메인의 문화와 소원해지기 쉽다. 그들에게 일어난 사건들을 보다 깊이 이해하려면, 세계는 사회적 문화적 실체로 구성되어 있다고 생각하고, 모든 사람이 서로 수용하고, 서로 영향을 주고받는 관계에 있다고 생각하는 것이 무엇보다 중요하다.

심리적 외상 경험에 대한 종교적 해석은 문화적 배경에 따라 크게 다르다. 미국인은 심리적 외상 경험을 보다 의미 있게 해석한다. 그들은 심리적 외상에서 얻은 경험에 중요한 의미를 부여한다. 그들의 역경 속 성장의 발생과 성장 과정의 특성은 그들의 근심성 문화적 배경을 이해하면 보다 잘 이해할 수 있다. 보다 중요한 것은 반추의 영향, 자기 노출, 일화적 세계의 질과 반응, 그리고 개인이 경험하는 외상후 여정이다.

역경 속 성장의 발생과 그 성장은 여러 가지 요인의 영향을 받는다. 그 가운데에서도 1차 관련 집단, 언어, 가정의 영향을 크게 받는다. 이 집단은 정기적으로 만나는 집단이고, 태도와 환경이 유사한 사람, 가족, 가까운 친구, 같은 종교를 가진 사람, 이웃, 동일한 전문직에 종사하는 사람으로 구성되는 경향이 있다. 이 집단의 구성원은 영향을 주고받는다. 역경 속의 성장은 근심성 문화 특성의 영향도 크게 받는다. 개인의 근심성 도메인은 심리적 외상을 경험한 사람에 대한 반응, 특히 외상에 수반되는 성장을 암시하거나 직접 행동을 유발하는 사건에 대한 반응 형태, 심리적 외상을 경험한 사람과 정상적인 사람의 반추 정도의 유사성의 영향을 크게 받는다.

개인의 심리적 외상 경험에 대한 주위 사람들의 반응도 본인에게는 매우 중요한 의미가 있다. 개인이 경험하는 불쾌한 반추까지도 포함되는 불쾌한 내적 상태는 수시로 달라진다. 다른 사람의 불쾌한 심리적 외상 경험에 자기가 관여하고자 하는 마음은 수시로 크게 변화한다. 성장과 발달은 역경 속 성장의 원심성 문화적 요인과 근심성 문화적 요인의 상호 작용의 영향을 크게 받는다. 특히, 반추의 특성, 문화적 요인, 그리고 역경 속의 성장 간에 어떤 관계가 있는지에 주의를 기울여야 한다. 반추, 사회적 제약 및 심리적 외상 사이에는 밀접한 관계가 있다. 심리적 외상 경험에 인지적 연대성이 높은 사람, 자기 노출의 욕구 수준이 높은 사람은 사건과 관계되는 일을 노출시키려는 경향이 있고, 그들은 근심성 문화의 영향을 크게 받는다.

물리적 환경

레질리언스의 발달은 물리적 환경의 영향을 받는다. 좋은 환경은 개인의 건강과 웰빙 향상에 도움이 된다. 예를 들면, 외과 수술을 받은 환자가 가족과 함께 지내면 환자-가족 관계가 크게 향상된다. 자연환경은 환자의 치료와 회복에 큰 도움을 준다. '치유 정원'은 환자의 회복 환경의 기능을 한다. 치유 환경은 환자의 통제감, 대인 상호 작용을 하며, 심리적 외상의 긍정적 치유 정원은 환자에게 큰 위로의 수단이 되고, 완전한 정서 표현의 장이 된다. 이와 같은 사실을 종합해 보면, 레질리언스에 대한 이해를 위해서는 자연환경은 물론 치유 정원의 중요성도 깊이 고려할 필요가 있다.

레질리언스에 대한 올바른 이해를 위해 레질리언스 촉진 환경과 탄력적 환경은 분석 수준에 따라 엄격하게 구별되어야 한다. 대상의 크기, 예를 들면 집단, 교회, 지역사회, 학교와 같은 사회 구조에 따라 환경 특성은 달라진다. 밀접한 관계를 갖는 가족 환경은 레질리언스 기능을 촉진시킨다. 이는 가족 구성원이 스트레스 원에 직면하였을 때 그것을 극복하는 데 서로 도움을 준다. 가족의 사망은 가족 구성원에게 부정적 영향을 준다.

지역사회 전체가 홍수와 같은 재해를 당하게 되면 사회적 지지의 자원이 고갈된다. 이에 따라 군집 환경의 삶이 스트레스로 작용하기도 하고, 비정상적인 아동을 양산하기도 한다. 레질리언스 환경은 사회적 역할이나 변화를 융통성 있게 수행하는데, 일관성 있고 정확한 정체감을 유지하는 데 도움이 된다. 아동의 질병 치료를 위해 온 가족이 합심하는 것에서도 삶에 대한 큰 의미를 찾을 수 있다.

레질리언스 환경은 개인이 경험하는 스트레스를 경감시켜 주는 역할을 한다. 상호 관계 중심의 극복은 상호 관계를 유지하고 상대방의 정서적 욕구를 이해하는 데 큰 도움이 될 뿐만 아니라 다른 사람에게 불쾌감을 주지 않도록 자신의 정서를 관리하는 데도 큰 도움이 된다. 이 극복 책략은 원만한 결혼 생활을 유지에도 큰 도움이 된다. 그러나 반드시 긍정적 영향만을 주는 것은 아니다. 두 사람의 극복 책략이 근본적으로 다르다면 부정적 결과를 가져올 수도 있다. 한 예로 남편의 심장병을 간호하는 한 여성의 사례를 보자. 그녀의 노력은 자기 자신을 보호하는 데도 큰 도움이 된다. 왜냐하면 이와 같은 보호적 극복 책략은 부정적 정서 표출을 스스로 억제하기 때문이다.

지나친 사회적 지지나 마음에 없는 사회적 지지에는 부작용이 따른다. 사람은 위기에 직면하면 주위 사람의 도움을 필요로 한다. 이러한 사회적 지지는 매우 유익하다. 사회적 지지의 효과는 여러 가지 요인, 즉 언제 지지가 필요한가, 어떤 사람의 지지가 필요한가에 따라 다르게 나타난다. 암 환자에게는 가족의 정서적 지지가 가장 필요하고, 의사를 통한 암에 대한 정보가 필요하다. 과다한 사회적 지지를 받는 사람은 자기 극복의 기능을 상실할 우려가 있다. 정신분열증 환자의 경우 가족의 비판적 상호 작용은 환자의 증후를 악화시키는 결과를 가져온다. 방대한 사회적 환경의 영향은 사회적 지지를 받는 사람에게 스트레스로 작용한다. 성격 특성은 사회 환경의 영향을 크게 받는다. 사회적 경쟁력이 월등하게 높은 사람은 넓은 사회적 네트워크를 가지고 있다. 적극적으로 행동하는 사람은 지지자로부터 많은 도움을 받을 수 있다.

레질리언스의 신장

레질리언스의 신장은 개인의 환경은 물론 사회적, 경제적, 정치적, 가족적 요인의 영향을 크게 받는다. 컬럼비아대학교 심리학 교수 George Bonanno의 주장에 따르면, 레질리언스의 특성은 개인의 세계관과 아동기 경험, 특히 부모-자녀 관계의 특성에 의해 결정된다. 애정과 욕구를 충족시킨 환경에서 성장한 아동에게는 긍정적 자아 이미지, 타인의 신뢰감, 긍정적 자아에 대한 기대감이 형성된다.

코넬대학교 심리학 교수 Emmy Werner와 Ruth Smith는 그들의 저서 『이상의 극복: 고위험 아동의 출생에서 성인까지』를 통해 조기의 사회적 환경에 의해 레질리언스의 특성이 결정된다는 사실을 자세히 밝히고 있다. 정신적으로 건전한 아동을 대상으로 한 연구 결과에서, 레질리언스 수준이 높은 아동은 가족의 정서적 지지를 받았고, 유아기에는 양질의 양육을 받았으며, 자기 자신이 높은 가치를 가지는 존재라는 것을 인식하고 있다는 사실을 발견하였다. 그들은 지적 수준도 매우 높다.

사회적 환경도 레질리언스 수준과 무관하지 않다. 레질리언스 수준이 높은 아동은 그렇지 않은 아동에 비해 누적 위험 요인이 비교적 적다. 특히, 누적된 가족 환경의 위험 요인이 비교적 적다. 위험 수준과 성공 수준의 차이도 주요 발달 결과에 서로 다른 영향을 미친다. 부모의 지적 수준이 높은 아동은 레질리언스 수준과 경쟁력 수준이 모두 높다. 레질리언스 수준과 경쟁력이 모두 높은 부모와 그렇지 않은 부모의 개인적 자질과 사회적 자질을 비교하면, 후자에 비해 전자의 자질이 월등하게 높다. 개인의 성격 특성과 사회적 환경의 특성은 개인의 양호한 발달과 역경 극복에 큰 도움을 준다. 그러면 이들이 개인의 레질리언스 수준과는 어떠한 관계가 있는가.

사회적 환경은 개인의 지능은 물론 레질리언스의 발달에도 큰 영향을 준다. 이와 같은 사실은 다음과 같은 사실을 통해 추리할 수 있다. 대인관계를 통해 그의 사회적 태도가 발달되고, 이것이 곧 주요 스트레스 원에 대응할 수 있는 힘으로 작용한다. 배우자를 위한 희생 정도를 바탕으로 배우자와의 관계도 진단할 수 있다.

배우자를 위한 희생은 부부간의 의존관계를 증진시킬 수 있고, 배우자에 대한 신뢰감을 향상시키고, 이 신뢰감은 다시 배우자에 대한 의존심을 향상시킨다. 이 의존심은 곧 두 사람 간의 약속으로 발전한다. 이 약속은 스트레스 극복 과정에서 서로 도움을 주고받을 수 있다. 이 약속 관계가 두 사람의 스트레스 극복에 어떻게 도움을 주는지는 아직 확실하게 밝혀진 것은 없다.

이전에 경험한 스트레스는 레질리언스의 특성을 결정하는 주요 요인이 된다. 빈곤은 부정적 경험으로 끝나지 않는다. 거기에도 성공적 적응의 기능이 있다. 성공적으로 적응한 사람은 역경적 환경 극복의 기능을 선천적으로 타고난다. 이와 같은 주장은 강인성 가설의 기본이다.

이 가설에 따르면, 심한 스트레스를 경험한 사람일수록 레질리언스 수준이 높다. 또 어렸을 때 많은 스트레스를 경험한 사람은 생리적으로 강인해진다. 이와 같은 현상은 육상 선수가 연습을 반복하면 근육의 유연성이 증대되는 것과 같다. 이 가설은 지금까지 전통적 주장, 즉 어렸을 때 많은 스트레스를 경험한 사람에서는 긍정적이고 건전한 성장을 기대할 수 없다는 주장과 상반된다. 여러 가지 스트레스는 레질리언스의 발달에 긍정적 영향을 주고, 이는 후속 스트레스에 대한 취약성을 크게 경감시키는 결과를 가져온다.

만성적 스트레스는 부정적 생리반응을 유발하는 원인이 된다. 병적으로 취업을 갈망하는 사람의 혈압을 측정해 보면 확장기 혈압, 최저 혈압의 휴지 수준이 높다. 위험 사태에 직면하게 되면 심장혈관반응이 크게 높아진다. 만성적으로 스트레스를 받는 사람이 급성 도전을 받게 되면 확장기 혈압이 높아진다. 아동기의 심한 학대는 급성 스트레스 원에 대해 혈장부신피질 자극 호르몬, 코르티솔 반응의 증가를 수반하는 신경내분비성 스트레스 반응을 일으키는 주요 원인이 된다. 돌입이나 도피 같은 심리적 외상반응의 지속 시간은 위협 사건의 경험 상태에 따라 다르다. 즉, 처음 경험한 심리적 외상반응은 12개월 후에는 자연스럽게 소실된다. 그러나 반복되는 유사한 위협 사건에 대한 반응은 장기간 지속된다.

이미 이전에 스트레스를 경험한 사람이 다시 스트레스를 받게 되면 예민하게 반응한다. 이론적으로 보면, 이전의 스트레스 극복 경험은 후속되는 스트레스를 성공적으로 예방할 수 있다. 예를 들면, 낙하훈련병이 훈련을 거듭할수록 그의 생리적 반응 수준은 점차적으로 떨어진다. 계속적으로 스트레스를 받았을 때보다 간헐적으로 스트레스를 받았을 때, 효과적인 스트레스 예방이 가능할 것으로 가정해 볼 수 있다. 이와 같은 가정을 뒷받침할 수 있는 객관적 자료는 아직 많지 않다. 지금은 스트레스의 종류와 강도가 개인의 극복 능력에 어떤 영향을 주는지를 살펴볼 필요가 있다.

레질리언스의 특성은 성격 특성은 물론 자연 환경과 사회적 환경의 상호 작용에 의해 결정된다. 환경은 신체적, 정신적 발달에 유익한 환경과 사회적 자원을 발달시키는 것으로 구분할 수 있다. 일반적으로 긍정적 환경은 인지 기능과 인간 발달을 촉진시키고, 양육자와의 밀접한 관계를 향상시키고, 친밀한 대인관계 향상을 촉진시킨다. 높은 사회적 지지, 많은 사람과의 접촉, 사회적 자원과의 잦은 접촉은 레질리언스의 기본 자원이다. 부정적 환경은 개인의 정상적 적응을 저해한다. 빈곤은 개인 생활에서 비중이 큰 위험 요인이며, 이는 발병 요인으로 작용한다. 빈곤은 성장하는 아동의 건강과 웰빙을 해친다. 바람직하지 못한 주거 환경, 즉 과밀지역, 소음이 심한 생활 환경과 학교 환경은 아동의 건강과 웰빙을 크게 해친다. 아동의 바람직한 성장을 위해서는 레질리언스를 조장하는 환경이 필요하다.

제4부

역경 속의 성장 원

8. 긍정적 성장 원

8 긍정적 성장 원

선천적 성장 동기: 유기적 조직체 이론

역경 속에서 긍정적 성장은 어떻게 이루어지는가? 이에 대한 답은 여러 심리학적 이론에서 얻을 수 있다. 유기적 조직체 이론도 그 가운데 하나다. 모든 조건이 동일한 환경에서 동질의 심리적 외상을 경험하였을 때 나타난 결과는 사람에 따라 다르다. 동일한 환경에서 동일한 심리적 외상을 경험했는데, 어떤 사람은 외상후 스트레스 장애로 심한 고통을 받으며, 어떤 사람은 심리적 외상을 받기 전보다 훨씬 긍정적으로 변해 더욱 의미 있는 삶을 즐긴다.

이와 같은 서로 다른 현상을 만족하게 설명할 수 있는 이론은 아직 없다. 문제 자체가 쉬운 대답을 요하지 않는다. 다행히 10여 년 전에 노스캐롤라이나대학교의 심리학 교수 Richard Tedeshi와 Lawrence Calhoun에 의해 '외상후 성장(PTG)'이라는 개념으로 심리적 외상에 수반되는 긍정적 행동 변화의 정체가 밝혀지기 시작했다. 이는 심리적 외상 경험에 수반되는 긍정적 행동 변화가 어떻게 생성되어 성장하는가, 반복되는 보람 있는 삶의 의미를 추구하는 것이 어떤 의미를 갖는가를 이해하는 데 큰 도움을 준다. 그렇다면 심리적 외상에 수반되는 역경 속의 성장은 어떻게 설명할 수 있는가? 그것은 몇 가지 이론을 바탕으로 설명할 수 있다.

인간에게는 근본적으로 보다 적극적으로 자신의 성장을 추구하려는 욕구가 있다. 이를 위해 인간은 본능적으로 자신의 심리적 경험을 자아에 통합시켜 규모가 큰 집단이나 조직에 통합시키려고 한다. 선천적으로 타고난 통합경향성의 개념은 심리학에서는 물론 생물학에서도 주요 패러다임의 골격 개념으로 광범위하게 활용되고 있다.

유기적 이론은 유기체의 생식 경향, 성장, 자아 제어 등을 포함한 활동 본질을 설명하는 데 널리 활용된다. 인간은 욕구, 가치, 야망 및 웰빙을 추구한다. 선천적으로 사람에게는 자신의 삶에서 최선의 방향이 어디인지 알고자 하는 본능적 욕구가 있다. 이러한 선천적 경향성은 사회적 환경에 의해 촉진되기도 하고 방해받기도 한다. 개인의 행동은 유기적 평가 과정에 부합되어야 한다. 그런 사람만이 자신이 선천적 욕구를 만족스럽게 충족시켜 나갈 수 있다. 이들은 진정성의 표상이며, 자기 자신을 잘 알고 있음을 의미한다.

이와 같은 진정성은 역경 극복을 통해 얻은 성장의 특성이다. 사람은 자기에게 도움이 되지 못하는 기존의 세계에 대한 모델을 버리고 자기 자신의 유기적 조직체 경험을 바탕으로 새로운 세계에 대한 모델을 구성해 나간다. 이들은 스트레스 사건이나 외상적 사건을 자신이 실체를 손상시키는 것으로 생각한 나머지 새로운 자아의 재구성에 관심을 갖는다.

재구성을 성공하면 자기에게 성실할 수 있고, 자기 자신의 선천적 특성을 이해할 수 있다. 이것이 유기적 조직체 가치 평가 과정이다. 이 이론에 함축된 사실들은 실존주의, 인본주의, 인간중심주의 철학 및 심리학의 전통과 깊은 관계가 있다. 그러므로 진정성의 결여는 여러 가지 부정적 특성으로 이어진다. 덴마크의 철학자 Sören Kierkegaard(1813~1855)는 실망으로, 프랑스의 실존주의 작가 Jean Sartre(1905~1980)는 불신으로, 독일의 철학자 Martin Heidegger(1885~1976)는 타락으로 이어진다고 주장했다.

심리적 외상에는 참된 성장이 수반된다. 미국의 실존주의 심리학자 Rollo May(1909~1994)는 '최악의 실망을 경험한 사람만이 참된 진정성을 추구할 수 있다.' 고 말하였다. 왜냐하면 그 경지에 이르렀을 때 그들은 잘못된 희망의 망상을 버리게 되고, 더 나아가서 자신을 재건할 수 있게 되기 때문이다. 이와 유사한 이론은 임상심리학 영역에서도 많이 발견할 수 있다. 임상심리학자들의 주장에 따르면, 정신병리현상은 잘못된 발달 현상이고, 자기실현의 욕구가 좌절되었을 때 나타나는 것이 신경증이다. 미국의 심리학자 Carl Rogers(1902~1987)도 이점에 매우 큰 비중을 두고 자기중심접근이론을 발전시켰다.

심리적 외상 경험을 통해서 발달하는 긍정적 성장의 개념은 1980년 후반부터 심리학자들의 관심을 끌게 되었지만, 그 뿌리는 이미

1950년대에 시작되었다. 특히 Rogers, C.는 원만한 기능 수행의 개념을 다음과 같이 주장하였다. '기능을 원만하게 수행한 사람은 최적 심리 적응 상태에 이른 사람이며, 최적 심리적 성숙 상태에 이른 사람이며, 완전한 조화를 이룬 사람이다.' 이러한 특징은 정적인 것이 아니라 그 사람의 발전 과정의 특성이다. 원만한 기능 수행자는 변화 속에 있는 사람으로, 그는 지속적으로 변화하고 있는 것이 특징이다.

자기의 기능을 원만하게 수행하는 사람에게는 여러 가지 특성이 있다. 즉, 자신을 수용할 수 있으며, 자신의 장단점은 물론 자신의 모든 가치를 수용하고, 현재의 주어진 상황에서 원만하게 생활한다. 삶의 목표와 의미를 발견할 수 있고, 자신을 포함한 사회적 조직 생활에서도 진정성을 추구한다. 다른 사람의 선의를 수용하며 다른 사람에게 자선을 베푼다. 변화를 긍정적으로 수용하며, 피할 수 없는 사실로 받아들인다. 그리고 원만한 기능 수행자에게서는 긍정적 성장을 기대할 수 있다. 즉, 원만한 기능 수행자에게서는 원만한 대인관계의 가치, 자각심을 바탕으로 한 장점의 지각, 새로운 생활철학의 수용 등을 기대할 수 있고, 수준 높은 성장의 가능성을 기대할 수 있다.

심리적 외상 경험을 통한 긍정적 성장의 개념은 인본주의 심리학자들이 주장하는 원만한 자기 기능 수행의 개념과도 유사하다. 심리적 외상 경험이 긍정적 성장으로 이어지는 것과 같이 원만한 기능 수행은 일차적으로는 행복으로 이어진다. 이와 같은 성장 과정의 특성을 Abraham Maslow(1908~1970)는 '자아실현'의 개념으로, 또

Carl Jung(1875~1961)은 '개별적 존재의 개념'으로 설명하고 있다.

이와 같은 사실을 종합해 보면, 우리가 말하는 긍정적 성장은 행복의 개념과 가깝다. 그러므로 긍정적 성장은 행복이 심리적 외상 경험을 통해 어떻게 성장 발달하는가를 밝히는 데 역점을 둘 필요가 있다. 다만, 이 행복은 다른 통로를 통해 성장 발달한다는 점을 이해하는 것이 중요하다. 심리적 외상을 거치지 않은 정신치료의 효과는 크게 기대하기가 어렵다.

유기적 조직체 평가

인본주의 심리학의 관점에서 보면, 유기적 조직체 평가는 유기적 조직체 이론의 핵심 개념이다. 이는 개인이 선천적으로 타고난 동기로 여러 가지 기능을 함축하고 있다. 또 삶에서 자기에게 중요한 것, 자신의 삶에서 만족감을 주는 것, 웰빙을 누리는 방법, 그리고 보다 만족한 존재가 되는 방법을 인지할 수 있는 특수한 능력이다. 사람에게는 선천적으로 자신이 현재 경험하는 것을 평가하는 기능이 있는데, 이것이 유기적 조직체 평가다. 사람은 누구나 내현적으로, 때로는 외현적으로 자신의 욕구 충족 상태를 평가한다. 만일 현재 자신이 경험하는 것이 자신의 욕구를 충족하는 데 도움이 되지 않는다는 생각이 들면, 개인은 자신의 욕구를 충족시킬 수 있는 새로운 사태를 모색하여 그것을 통해 자신의 욕구를 충족시킬 수 있는 욕구와 행동을 취한다. 이것은 유기적 조직체 평가 과정의 기능이 활발하게 작동하고 있음을 의미한다.

일반적으로 유기적 조직체 평가는 자기중심적이고, 이기적 이익만을 추구하는 것으로 잘못 이해되고 있다. 사실 그 본질은 전혀 다르다. 유기적 조직체 평가는 개인 자신은 물론 자기가 속한 지역사회 구성원의 성장과 발달, 종족의 보존과 그 발달 향상에도 역점을 둔다.

일반적으로 진정성의 결여는 서구 사회의 한 특성이지만 이것을 유기적 조직체 평가와 상반된다고 생각해서는 안 된다. 사실상 유기적 조직체 평가의 본질은 행복 추구에서 매우 중요하다. 이 점은 인본주의 심리학자와 실존주의심리학자 사이에 공통되는 의견이다. 우리는 여기서 한 가지 주장을 덧붙이지 않을 수 없다. 그것은 유기적 조직체 평가는 행복 추구에는 물론 심리적 외상 극복을 통해 얻는 긍정적 성장에서도 결정적 중요성을 갖는다는 점이다.

유기적 조직체 평가이론은 긍정적 심리학자의 새로운 연구 과제로 등장하고 있다. 이제 이 개념의 타당성을 입증하는 경험적 실증적 자료를 한 가지 살펴보자. 이 자료는 서로 다른 시간에 개인의 목표 추구가 어떻게 변화하는가를 실험한 결과다. 실험자는 유기적 조직체 평가 과정은 다른 사람의 쾌락을 증가시키는 순사회적 행동으로, 그것은 밖으로 뚜렷하게 표출된다고 가정하고 있다. 그들의 실험 결과에 따르면, 유기적 조직체 평가의 특성이 뚜렷한 사람일수록 자기 자신은 물론 다른 사람의 웰빙에도 도움을 준다. 본능적으로 자아와 조화되는 목표를 설정한 사람은 다른 사람에 비해 지속적으로 그것을 추구하며, 보다 효과적으로 달성할 수 있다.

결국 목표 달성은 최대의 웰빙에 이르는 강력한 자율성의 감정, 능력, 유관성과 깊은 관계가 있다. 실증된 자료를 보면, 개인의 유기적 조직체 평가와 일치하는 행동을 할 때 개인의 성장은 촉진된다. 이와 같은 주장의 다양성은 긍정적 심리학자의 주장과도 잘 일치한다. 선천적으로 타고난 동기, 자신의 장점을 충분히 활용하고자 하는 야망과 몰입이 개인의 성장을 촉진시킨다.

유기적 조직체 평가이론에 따르면, 누구에게나 선천적으로 타고난 발달과 성장의 성향이 있는데, 이는 개인의 유기적 조직체 평가에 의해서 잘 나타난다. 성장과 발달에는 매우 일반적인 동기적 기능이 있다. 하지만 이는 사회적 환경에 의해 그 기능이 훼손되기도 하고 촉진되기도 한다. 개인의 잠재력 발휘의 특성은 개인이 기본적 심리적 욕구를 어떻게 성취하였느냐에 따라 결정된다. 자아결정 이론은 자아실현의 과정을 설명한다. 이 이론에 따르면, 자아는 자율성, 능력 그리고 유관의 세 가지 심리적 욕구 충족의 기반이며, 이것이 곧 성장의 기반이 된다.

완결성 성향

역경에 직면하게 되면 개인의 가정적 세계는 통합성을 상실하게 된다. 이러한 분열 현상이 일어나게 되면, 그는 새로운 외상과 관계되는 정보를 통합시킬 필요를 느낀다. 이것이 완결성 성향이다. 이 완결성 성향은 궁극적으로는 유기적 조직체 평가의 일부다. 유기적 조직체 평가이론에서는 새로운 경험과 통합하여 자아 구조를 재조직하는 것이 인간의 본질이라고 간주한다. 즉, 기존 세계의 모델을 수정하여 새로운 외상과 관계되는 정보가 긍정적으로 융합되도록 조정한다.

역경적 사건은 본질적으로 기존 세계의 정보와 잘 조화를 이루지 못한다. 역경 속의 인간에게는 자기는 연약하고, 장래가 매우 불확실하고, 모든 일이 무질서하게 일어나는 것 같이 느껴진다. 자기의 능력은 극히 제한되어 보이고, 확실한 자기 세계에 대한 신념은 결여되었다고 생각한다. 이러한 실존적 도전 때문에 자신의 경험을 공포나 회피 같은 외상후 스트레스 장애의 특징을 자아 구조에 통합시키려고 시도한다. 공포나 회피 등의 외상후 스트레스 장애 현상은 새로 직면하게 될 외상 정보를 인지적, 정서적으로 처리할 필요가 있음을 말해 주는 지표의 기능을 한다.

새로 직면하게 될 외상에 대한 정보는 처리되기 위해 생생한 기억으로 저장되어 있다. 그러므로 돌입 사태에 있다고 말한다. 이 상태에 머무르는 기억은 장애를 유발한 원래의 공포 자극과는 무관한 공포 자극으로 기억 속에 남아 있다. 이는 고도로 불쾌한 상태에 이른다. 이를 방어하는 상태가 곧 회피다. 개인이 새로 맞게 될 외상과 관계된 정보가 처리될 때 돌입과 회피의 단계가 반복된다. 이와 같은 상태는 기저선 상태에 이를 때까지 지속된다.

조정과 동화

개인이 기저선 단계에 이르게 되면, 돌입과 회피는 더 이상 나타나지 않는다. 이와 같은 사실은 외상적 기억의 인지적 동화나 혹은 기존의 스키마를 새로운 정보에 적응시키기 위한 변화 현상이다. 사람마다 외상적 정보를 조정하려고 하는 것은 자연적 현상이다. 그렇지만 이는 일종의 도전이며, 자립 능력과 관련성을 유지하기 위한 기본적인 심리적 욕구를 만족시키는 지지적, 사회적 내용을 필요로 한다. 이러한 욕구를 이미 충족시켰다면 일차적으로 레질리언스의 요인으로 작용하며, 이러한 욕구를 외상후 환경에서 충족시켰다면 유기적 조직체 평가 과정은 촉진될 것이며, 그때 개인은 외상적 사건을 보다 긍정적으로 조정할 것이다. 이것이 곧 긍정적 성장이다.

과거에 이런 욕구 충족을 경험하지 못하였다면, 이는 일차적 취약성 요인으로 작용한다. 또 외상적 환경에 직면하지 못하면 유기적 조직체 평가 과정의 기능은 손상되어 긍정적 조절은 불가능하게 된다. 개인이 사건의 유의미성을 인지하지 못한 상태에서 외상 전 스키마를 유지하려고 하면 유기적 조직체 평가 과정의 기능은 억제된다. 그때 개인은 동화하려고 시도하고, 그의 가정적 세계는 손상되기 쉽고, 후속되는 외상 장면에 대한 취약성 수준은 상승한다.

의미와 웰빙

개인은 외상적 사건에 직면하게 되면 그에 따른 의미를 추구한다. 무슨 일이, 어떻게, 왜 야기되었는가? 이에 대한 답을 얻기 위해 개인은 여러 가지 방법을 사용한다. 처음 단계에서는 내성적 방법을 쓴다. 개인이 포용성을 성취하면, 이 정보를 수용하거나 조정할 수 있다. 그러나 매일 유기적 조직체 과정이 뚜렷해지고, 그 사건을 통해 실존적 문제가 제기되면, 그 의미는 유의미한 것으로 간주되고 이를 추구하게 된다. 그러면 그것이 그의 세계관과 생활 철학에 어떤 의미를 주는가? 이러한 문제에 대한 답을 얻기 위해서는 외상적 사건을 자신의 심리 상태에 통합시킬 필요가 있다. 만일 그것이 부정적으로 조정된다면, 이 유의미성에 대한 물음은 실망과 무기력감을 유발하는 결과를 가져온다. 만일 그것이 긍정적으로 조정된다면, 이 유의미성은 자기와 다른 사람과의 관계, 자신의 장점, 레질리언스 그리고 그의 삶의 철학에 대해 보다 의미 있게 해석될 것이다. 쾌락적 웰빙의 관점에서 보면, 외상적 사건의 긍정적 조정이나 의미의 발달을 유의미하게 보는 것은 행복하다고 보기보다는 우울하다고 보는 것이 더욱 현실적이고 적합하다.

유기적 조직체 평가의 개인차

외상적 반응의 개인차는 외상과 기존의 기대-신념 간의 격차, 사회적 환경이 유기적 조직체 평가를 촉진 혹은 손상시켰는가, 개인이 자신의 유기적 조직체 평가와 어느 정도 일치하게 행동하였는가, 외상적 사건의 영향이 개인의 유기적 조직체 평가 과정을 촉진 혹은 손상시켰는가에 따라 결정된다.

이와 같은 특징은 심리적 성장과 유관한 심리사회적 요인과도 깊은 관계가 있다. 개인의 가정적 세계와 외상과 관계되는 정보 간에 큰 격차가 있거나 일치하면, 외상후 스트레스 반응의 잠재성과 그 성장 정도는 크다. 개인의 가정적 세계와 외상과 관계된 정보의 차이가 적을수록 외상적 사건에 대한 레질리언스 수준은 높다. 왜냐하면 그의 가정적 세계는 이미 외상과 관계되는 많은 정보를 스스로 조절하였기 때문이다.

개인의 가정적 세계와 외상과 관계되는 정보 사이에는 상당한 갈등이 있고, 일치하지 않을 수도 있다. 이 두 변인 간에 갈등이 없거나 불일치성의 정도가 적은 사람은 자신의 기능을 원활하게 수행하는 사람이다. 원활한 기능을 수행하는 사람은 이상적인 사람이다. 유기적 조직체 평가이론에 따르면, 개인이 자신의 유기적 조직체 평가 과정의 특성을 효과적으로 표출하기 위해서는 자율성, 능력 및 관계성과 같은 기본적인 심리적 욕구를 충족시켜야 한다.

발달 초기에 이러한 욕구를 충족시킨 사람은 자신의 유기적 조직체 평가 과정과 일치했다고 본다. 이러한 일반적 성향이 외상적 경험을 극복하는 일차적 레질리언스 요인으로 작용하며, 이러한 사람은 외상 경험과 관계되는 정보를 쉽게 조절해 나갈 수 있다. 이와는 달리, 이전에 이러한 욕구 충족의 경험을 하지 못한 사람은 자신의 유기적 조직체 평가 과정과 동시에 외상성 경험을 겪기 때문에 신경증적 경향성과 불안 등의 심리적 증후를 경험할 뿐만 아니라, 이는 외상적 경험을 극복하는 데 취약성 요인으로 작용한다.

노력을 기울이는 평가 과정은 성장이론이나 외상후 스트레스 장애의 심리적 이론에서 큰 비중을 차지한다. 역경을 통한 성장에 대한 유기적 조직체 평가이론의 틀에서 보면, 노력을 기울이는 평가 과정은 유기적 조직체 평가 과정을 각성하려고 노력하고 있다는 지표가 된다. 노력을 기울이는 평가 과정은 사회적 지지 과정에 의해 긍정적 영향을 받지만, 아직 그 기제가 확실하게 밝혀진 것은 없다.

역경 속의 성장에서 사회적 지지의 역할에 대해서는 서로 다른 여러 가지 주장이 있다. 그것은 사회적 지지가 조작적으로 다르게 정의되고 있고, 어떠한 사회적 지지가 중요하고 그것이 다른 요인과는 어떤 관계가 있는지를 확실하게 밝혀내지 못하고 있기 때문이다. 그렇지만 유기적 조직체 평가이론에 따르면, 개인의 자율성, 능력 및 관계성의 욕구를 충족시키는 사회적 환경은 개인으로 하여금 노력을 기울여 평가하게 하고, 결과적으로는 긍정적 조절을 촉진시키고 중요한 의미를 탐색하게 된다. 이것이 곧 성장으로 이어진다. 위협적 사건의 영향을 받은 사회적 환경에서 개인의 기본적인 심리적 욕구, 자율성, 능력 및 관계성은 증가되며, 그의 유기적 조직체 평가 과정은 향상되며, 이는 곧 성장으로 이어진다.

현재 그의 사회적 환경이 이 욕구를 지지해 주지 않으면 유기적 조직체 평가 과정은 위축되고, 그는 외상적 사건에 부정적으로 동화된다. 따라서 외상후 환경이 외상후 스트레스를 받는 사람에게 보다 만족을 주게 되면 더욱 큰 성장을 이루게 된다. 조작적으로 역경의 경험을 통해 얻은 성장에서 사회적 지지가 어떤 역할을 하는지에 대한 증거는 아직 확실하지 않다. 이는 사회적 지지가 자율성, 노력 및 관계성과 너무도 복잡하게 엉켜 있기 때문이다. 이 점이 곧 역경 경험을 통한 성장에 대한 유기적 조직체 평가이론에서 특히 문제가 된다.

일반적응증후군

심리적 외상이 무엇이냐고 물으면 많은 사람이 서슴지 않고 스트레스라고 대답할 만큼 스트레스는 심리적 외상의 표상이 되었다. 그렇기 때문에 심리적 외상을 연구하는 사람이면 스트레스에 관심을 갖지 않을 수 없다. 헝가리 태생의 캐나다 맥길대학교의 내분비학자 Hans Selye(1907~1982)는 1936년 난소 호르몬의 연구 과정에서 비특이적 유해 자극에 의해 부신피질의 활동이 촉진되는 사실을 발견하고 그것을 『Nature』에 발표하였다. 이 논문에서 Selye, H.는 생체가 외상, 중독, 전염병과 같은 비특이 자극(스트레스 원)에 직면하면 자극의 종류와는 무관하게 개체 반응이 나타나는데, 이는 시상하부–뇌하수체–부신피질 축계통의 내분비가 주요 역할을 한다는 스트레스 학설을 주장하였다. 이들의 반응은 개체가 적응을 위한 동적인 증후군이다. 그는 이를 일반적응증후군이라고 하였다.

이 비특이성 자극(스트레스 원)에 의해 유발된 방어 반응은 경고반응기, 저항기, 쇠퇴기를 거쳐 발전한다. 경고반응기는 개체가 예기치 않았던 스트레스를 받으면 이를 방어하기 시작하는데, 쇼크기와 항쇼크기로 구분된다. 쇼크기는 쇼크의 증후가 나타나는 시기로 분비되는 부신피질 호르몬의 양이 비교적 적다. 그 결과 혈압과 체온이 저하되고 위궤양이 일어나며, 수신 수질에서는 아드레날린이 분비된다.

항쇼크기에는 부신피질 자극 호르몬, 부신피질 호르몬이 분비된다. 생체의 저항력은 상승하지만 임파 기능은 저하된다. 스트레스 원 이외의 다른 자극에 대해서도 강하게 저항한다. 저항기에는 직접 관계되는 스트레스 원에 대해서는 저항력이 크게 강화되지만, 다른 스트레스 원에 대해서는 그 기능이 크게 떨어진다. 쇠퇴기에는 스트레스가 강도 높게 장기간 지속된다. 이 단계에서는 경고반응기에 나타났던 증후(흉선위축, 위궤양, 생화학적 변화)가 재현된다. 이때 특이 저항력을 쇠퇴시켜 부신피질 기능 부전 상태를 일으켜 개체는 사망하게 된다. 일반적응증후군은 원래 병적 상태를 교정하는 데 활용되는 유익한 반응이나 그 반응 강도가 정상 수준을 벗어나게 되면 개체를 손상시키는 기능으로 변한다.

Selye, H.는 서로 다른 질병에서도 동일한 증후가 나타나는 것을 발견하고, 그것이 유해물질의 영향이라고 생각한 나머지 '스트레스' 라는 용어를 쓰기 시작했다. 이것이 우리가 일상생활에서 쓰는 스트레스라는 용어의 시초가 되었다. 그의 스트레스라는 용어는 Claude Bernard(1813~1873)의 내적 환경과 Walter Cannon(1871~1945)의 동질정체의 개념을 계승한 것으로 볼 수 있다.

스트레스는 다른 생리적 반응과는 다르다는 것은 Selye, H.자신도 잘 알고 있다. 즉, 스트레스는 좋은 소식을 들을 때나 슬픈 소식을 들을 때, 긍정적 충동이 발동하거나 부정적 충동이 발동하거나, 개체에 불쾌감을 준다는 점에서 다른 생리적 반응과 다르다. 그는 부정적 스트레스를 디스트레스, 이와는 달리 긍정적 스트레스를 유스트레스라고 명명하였다. Selye, H.는 시상하부-뇌하수체-부신피질 축이 스트레스의 생리적 중추 역할을 한다는 점, 두 개의 스트레스 저장 창고 혹은 스트레스 에너지가 존재한다는 사실에 대해서도 언급하였다. 하지만 이 점은 오랫동안 연구자의 관심 대상이 되지는 못했다.

스트레스: 생물 · 심리 · 사회 진화론적 해석

70여 년 전, Selye, H.는 스트레스를 너무 좁게 생각했다. 그러나 이제 우리는 스트레스를 보다 넓게 개념화할 필요가 있다. 무엇보다도 개체의 정상적 스트레스 반응은 진화를 거쳐 형성된 것으로 메타학습의 원리에 따라 보다 넓게 이해할 필요가 있다. 메타학습의 관점에서 보면, 스트레스는 생물학은 물론, 심리학, 사회학의 원리가 통합된 산물이라고 볼 수 있다. 진화심리학적 관점에서 보면, 자아와 마음은 뇌의 사회생물학적 기능 간의 상호 작용의 산물이다.

생물 · 심리 · 사회 진화론의 관점에서 본 스트레스는 초기의 내분비학자가 본 것과는 크게 다르다. 즉, 스트레스는 상승된 각성 수준에 수반되는 생물심리사회적 변화다. 이는 순응, 적응, 웰빙과 직접 관계되며, 긍정적인 것도 있고 부정적인 것도 있다. 다른 유기체와 마찬가지로 사람도 복잡한 환경 원에 예민하게 반응하는 한 생물체에 지나지 않는다. 진화의 관점에서 보면, 포유류의 스트레스에 대한 일차적 반응은 투쟁-도피다. 이 반응은 일종의 생물사회적 과정으로, 그의 사회문화적 환경에 따라 정상적인 적응 반응일 수도 있고 비정상적인 부적응 반응일 수도 있다.

이와 같은 관점에서 아르고스대학교 심리학 교수 Michael Christopher는 전통적 스트레스 연구자, 즉 스트레스 반응을 제한적으로, 또 부정적으로 이해하려는 사람에게 큰 충격을 주는 심리적 외상의 특성을 제시하였다. 즉, 스트레스는 생물학, 심리학, 사회학의 관점에서 보면 개인과 환경에 작용하는 생물심리학적 피드백 환을 형성하고 있다. 이는 중요한 선이성적 바탕에서 작용한다. 외상성 스트레스는 병리적 현상보다는 정상적 성장을 유발한다. 스트레스에 의한 정신병리적 현상은 잘못된 스트레스의 조정 결과다. 스트레스 반응에는 생물적, 심리적 기능의 변화가 수반된다. 스트레스에 대한 심리사회적 반응을 뒷받침하는 생물학적 기능은 동일하지만 특수한 역동성은 특이한 사회문화적 환경과 개인의 심리적 구조의 함수에 의해서 결정된다. 변화하는 생물병리적 조건은 심리 병리적 증후의 기초가 된다. 인간의 합리성은 진화를 통해 얻은 가장 정교한 스트레스 경감 수단이다.

진화심리학자의 견해에 따르면, 자아와 마음의 기반인 뇌의 기능이 단절되면 적응적 외상 반응 대신 병리적 부적응 반응을 일으킨다. 병리적 부적응 반응은 그가 처한 환경이 진화심리학자들이 말하는 진화적 적응 환경과 거리가 너무 먼 데서 유발한다. 이러한 상황에서 개인의 발달은 크게 저해되고, 개인의 집단적 인지 스키마는 자아의 생물학적 기능과 사회학적 기능을 조정할 필요를 느낀다. 그러나 자아의 발달 기능과 스트레스 극복 기능은 선천적으로 이미 그 기능이 단절된 상태다. 그러므로 자아의 발달 기능은 촉진될 수 없고, 마음과 환경은 이미 그 기능이 단절된다.

스트레스의 반응 특성은 유기체가 자원을 활용할 만큼 생물학적으로 건전한가, 스트레스와 불안을 학습, 의미, 적응 행동으로 변형시키는 데 필요한 인지적 스키마를 활용할 수 있는가, 그리고 개인의 사회적 관계가 스트레스를 적절하게 경감시킬 만큼 유연한가에 따라 결정된다. 이 요인들은 인지적 스키마를 구성하는 신경 네트워크와 정서조절 기능인 내분비 계통을 환경과 조화시키는 기능을 한다.

시상하부-뇌하수체-부신피질 축이 환경과 조화를 상실하면 개체는 우울해지거나 불안해진다. 그 정도는 개인의 인지적 스키마와 사회적 애착의 정도에 따라 다르다. 시상하부-뇌하수체-부신피질 축은 코르티솔 분비 체계와 끊임없이 교신한다. 스트레스 반응의 생물 · 심리 · 사회적 진화의 기제는 인지적 스키마가 애착이나 친화의 동기와 실제로 사회적 상호 작용을 한다. 또한 애착이나 친화의 감정이 시상하부-뇌하수체-부신피질 축을 조정하기도 한다.

이와 같은 사실을 바탕으로 스트레스가 옥시토신이나 베저프레신과 같은 호르몬의 영향을 받는 애착행동, 세로토닌의 영향을 받는 우월성, 테스토스테론의 영향을 받는 성이나 공격적 행동을 어떻게 조절하는지를 이해할 수 있다. 또 여러 가지 보상체계와 아편 같은 합성마취제인 오피오이드가 스트레스에 어떤 영향을 주는지도 쉽게 이해할 수 있다. 스트레스는 독립된 완전한 체계를 갖춘 실체가 아니기 때문에 앞서 언급한 생물 · 심리 · 사회적 진화에 대한 지식 없이는 외상 반응을 정확하게 이해할 수 없다.

적응 스트레스 반응과 부적응 스트레스 반응

스트레스는 여러 가지 정신병리현상을 유발하는 주요 원인적 요소다. 이는 유기체의 면역 기능을 억제하고, 신경 기능과 인지적 정신적 반응 기능을 손상시킨다. 이와는 달리 스트레스에는 적응적 반응을 유발하는 기능도 있다. 스트레스 반응은 개인의 생존과 유전적 기능을 신장시키기도 한다. 이와 같은 스트레스에 대한 새로운 발견으로 새롭게 등장한 것이 스트레스의 역설이다. 이 역설이 현대 스트레스 연구자에게 새로운 전망을 제시한다.

스트레스 반응의 특성은 개인과 그의 환경 간의 상호작용의 결과에 의해 결정된다. 개인의 반응이 어떤 사태에서는 적응 반응으로 분류되지만, 다른 사태에서는 부적응 반응으로 분류된다. 이와 같은 개인의 스트레스 반응 특성은 그의 환경적 조건 혹은 환경적 사태에 따라 다르게 결정된다. 만일 환경-부적응 반응이 지속되면 스트레스는 병리적 반응을 일으킨다. 진화심리학자의 주장에 따르면, 실제 자신의 환경과 진화적 환경적응(EEA)이 조화를 이루지 못할 경우 심리적 이상을 유발한다. 진화적 환경은 조상들이 수천 년 동안 적응해 온 환경이다. 이러한 관점에서 보면, 현재 우리의 사회문화적 환경은 진화의 한 산물로 간주할 수 있다. 특히 인간의 복잡한 신경계통의 산물로 간주할 수 있다. 우리의 생물적 계통의 변화는 사회적 계통의 변화보다 느리기 때문에 사회적 스트레스 원에 대해 적절하게 반응하지 못한다. 그러므로 그것이 정신병을 유발하는 원인이 된다.

인간 행동의 갈등은 생물적 체계와 사회문화적 체계에만 있는 것이 아니다. 이와 같은 갈등은 옛날 뇌의 생물적 계통과 새로운 뇌의 생물적 계통 사이에서도 발견할 수 있다. 임상적 관점에서 보면, 뇌의 진화 수준에 따라, 그리고 진화 체계에 따라 정보 처리 과정이 다르다. 진화 과정과 상반되는 정보 처리가 이루어지는 사례도 있다. 특히 외상적 스트레스에 대한 적응 스트레스 반응과 부적응 스트레스 반응에서는 여러 가지 서로 다른 정보를 얻을 수 있다.

인간의 스트레스 반응

지금까지 스트레스 연구는 Selye, H.의 고전적 주장을 바탕으로 이루어져 왔다. 진정한 인간의 복잡한 스트레스 반응은 심리학을 비롯한 생물학, 사회학, 진화론의 틀 안에서 이루어진 지식을 바탕으로 이해할 필요가 있다. 심리학의 패러다임 변화에 따라 생물심리학에는 자아와 마음에 대한 이해가 크게 달라졌다. 개인의 자아와 마음은 그의 환경 적응의 기초다. 이는 뇌의 하위 체계들이 사회생물적 상호 작용 과정에서 형성된 특이한 체계다.

진화심리학의 입장에서 보면, 마음은 수렵기의 선조들이 직면한 적응의 문제를 해결할 때 활용하였던 일종의 정보 처리 기제다. 이는 자연 도태의 산물이다. 심리적 현상에 대한 진화론적 해석의 역사는 매우 길다. 진화론의 창시자이며 영국의 박물학자인 Charles

Darwin(1809~1892)은 그의 진화론을 소개한 저서 『종의 기원』의 마지막에 '나는 머지않아서 매우 중요한 한 연구 분야를 보게 될 것 같다. 그것이 정신 기능을 새롭게 연구하게 될 것이다.' 라는 말을 썼다. 그로부터 30년 후 William James(1842~1910)는 1890년 그의 독창적 저서 『심리학의 원리』에서 '직관' 이라는 용어를 매우 빈번하게 사용하였다. 그가 말한 직관은 모든 동물이 공통적으로 소유하는 특수한 신경회로를 의미하며, 이는 진화 과정의 산물을 의미한다.

신경과학자들의 주장에 따르면, 개체의 환경 적응 특성은 시냅스의 유연성에 의해서 결정된다. 생존을 위한 신경계의 변화는 시냅스나 뉴런 속에서 장기간 지속된다. 생존을 위한 신경계의 변화는 내분비선의 변화와 깊은 관계가 있기 때문에 호르몬의 수와 그 예민성이 증가되기도 하고 감소되기도 한다.

인간에게는 특정 자극, 예를 들면 음식물, 사회적 행동에 따르는 긍정적 피드백 기제가 있는가 하면 스트레스 반응에 따르는 부정적 피드백 기제도 있다. 사람은 누구나 위협을 받으면 스트레스를 느낀다. 이 스트레스에 의해 부정적 피드백이 활성화된다. 이에 따라 자아와 같은 전체 체계는 스트레스 원에서 회피하거나 그것을 제거하려는 활동을 한다. 다른 한편, 스트레스에는 인간의 창조적 행동을 유발하는 긍정적 피드백 환의 활동을 가동시키는 기능도 있다. 그것은 진화적 관점에서 보면 매우 원시적 단계의 행동이다.

정상적 스트레스 반응을 이해하는 데는 생물학적 지식이 필요하다. 개체가 위협을 느낄 때 그것을 인지하는 것은 편도다. 환경적 스트레스 원에 대한 원시적 반응은 공포다. 일반적으로 심리적 스트레스 반응은 시상하부-뇌하수체-부신피질 축에 의해 제어되며, 이는 편도 내에서 이루어진다. 편도에는 개체가 위협을 받았을 때 그것을 감지하는 기능이 있는데, 편도가 지각한 공포는 두 가지 경로를 통해 활성화된다. 그 가운데 하나는 속도가 빠른 '낮은 통로'다. 이는 공포 자극이 시상에서 편도로 전달되는 통로다. 다른 하나는 속도가 느린 '높은 통로' 다. 이는 공포 자극이 시상에서 신피질로 전달되어 다시 편도로 전달되는 통로다. 이 두 과정의 특성은 진화 과정에 의해 결정된, 서로 상반되는 생물학적 통로다.

부하량이 낮은 통로는 본질적으로 선이성적이며, 이는 위협 자극에 대해 한정된 유전 반응을 한다. 또한 빠르고 강한 반응을 요하는 단순한 위협 상황에서도 매우 효과적으로 반응한다. 부하량이 낮은 통로와는 달리 부하량이 높은 통로는 피질에 의해 조정되기 때문에 학습의 영향을 받지 않을 수 없다. 인간의 환경이 학습과 사회문화적 조건에 의해 복잡해질수록 신피질의 기능도 발달한다. 이에 따라 인간은 부하량이 높은 스트레스에 대한 성공적 반응도 가능하다. 이렇듯이 인간은 복잡한 환경에 대한 반응도 가능할 수 있는 수준까지 진화하였다. 위협 반응에 대한 이분법은 자아와 스트레스를 이해하는 데 큰 도움이 된다. 이 두 가지 방법에 의한 분석 결과는 반드시 일치하지 않기 때문이다. 이 주장의 타당성을 평가하기 위한 실험 결과도 많이 있다.

어떤 사람이 길에서 길이가 길고 가느다란 사물을 발견하였다고 가정해 보자. 부하량이 낮은 사람은 무서운 뱀에 대해 반응하는 것과 같이 반응한다. 이와는 달리 부하량이 높은 사람은 그것을 길이가 길고 가느다란 사물과 비교해 본 후 뱀이라고 반응하거나 혹은 그것은 고무로 만든 뱀 혹은 지팡이라고 반응한다. 만일 낮은 통로가 정확하고 우세하다면 잠재적 위험이 있어 보이는 사물을 회피하게 될 것이다. 다른 한편 낮은 통로가 우세한 사람이 그것을 고무 뱀에 지나지 않는다고 하면, 그는 다른 사람의 놀림감이 되어버리고 사회적 지위를 상실하고 장차 사회 적응에 필요한 자원과 사회 적응 능력을 상실하게 될 것이다. 만일 높은 통로가 우세하고 올바르다면 사회적 존경을 받게 된다. 만일 높은 통로가 우세하나 올바르지 못하면 그는 독이 있는 뱀에 물려 죽게 될 것이다. 이와 같은 복잡한 공포 반응은 자극이 주어진 후 아주 짧은 시간, 즉 수천 분의 1초에 이루어진다.

인간에게는 스트레스 원에 대한 이성적 반응 능력이 있으면서도 정서적으로 반응하는 경향이 있다. 편도는 고등인지 기능과 관계된 부위에 사영을 보낸다. 그러나 뇌의 인지 영역으로부터 편도에 되돌아오는 사영은 극히 한정되어 있다. 그 결과, 복잡한 사회문화적 사태에서는 우리의 이성적 반응과 선이성적 반응은 일치되지 않는다. 우리의 이성적 반응은 변화가 심하고, 발달 속도도 느리다. 그러나 우리의 정서적 반응은 그 범위가 넓고 보다 빠른 속도로 전달된다. 두 개의 서로 다른 신경통로가 있다는 것은 자아의 이분성을 의미한다. 이는 원시적이나 매우 빠른 정서적 자아와 느리지만, 보다 복잡한 이성적 자아 사이의 긴장을 고조시켜 환경에 큰 영향을 준다. 이성적 자아와 선이성적 자아가 균형을 잃고 어느 하나가 다른 것에 비해 병적으로 높을 때 개인의 정상 수준은 떨어지거나 상실된다.

일단 환경 자극이 편도에 의해 처리되고 나면, 편도에서 오는 신경은 돌기망상으로 정보를 전달한다. 여기서 경악 반응과 다른 방어 행동이 일어나는데, 이들은 모두 교감신경계의 직접적 활동을 필요로 하지 않는다. 동시에 편도에서 측생시상하부를 거쳐 상위 복측 수질에 보내지는 사영은 교감신경계를 작동하여 카테콜아민을 분비한다. 이와는 달리 고립 통로에 대한 사영은 부교감 신경계의 활동을 자극한다. 교감신경계의 방출물은 심장 박동과 혈류의 양을 증가시켜 골격 근육에 방출될 포도당의 양을 증대시켜 위협에서 도피하거나 위협에 직면할 태세를 갖추게 한다. 고립 통로에서의 사영은 부교감신경 반응을 자극한다.

부교감신경 반응은 부적 피드백 환을 자극하는데, 이는 교감신경의 방출을 약화시킨다. 마지막으로 분개조에서 오는 영상은 핵장 스트레스 반응의 중심이 되는 시상하부-뇌하수체-부신피질 축에 여러 가지 변화를 일으키는데, 이는 유기체가 반응 시간을 단축시킴으로써 스스로 통제 가능한 것들이다. 시상하부-뇌하수체-부신피질 축과 정상적 스트레스 반응은 밀접한 관계가 있다. 분개조의 핵장돌기에서 시상하부-뇌하수체-부신피질 축이 발달한다. 뇌신경 펩티드는 시상하부를 자극하여 코르티코트로핀 방출 요인(CRF), 바조프레신 및 조정신경펩틴을 방출한다. 코르티코트로핀 방출 요인과 다른 신경펩틴은 뇌하수체를 자극하여 부신피질자극호르몬(ACTH)을 방출하는데, 이는 부신피질이 알도스테론과 같은 광물코르티코이드를 분비하는 데 도움을 준다. 전해질 수준과 포도당 코르티코이드의 통제에 도움이 되며, 이는 각성 효과를 손상시키며 면역계통을 자극하여 탄수화물, 단백질 및 지방의 신진대사에 부정적 영향을 준다.

스트레스가 심하면 카테콜아민과 코르티솔의 분비가 촉진된다. 자율신경계의 교감신경계 부신수질의 활동을 촉진시켜 카테콜아민, 기초 아드레날린 및 노르아드레날린의 복합물을 분비한다. 아드레날린은 부신선에서만 분비되지만 노르아드레날린은 뇌와 신체의 여러 분위에서도 분비된다. 카테콜아민은 각성 과정을 촉진시켜 신체기관에 필요한 에너지를 공급한다.

이와는 달리, 코르티솔은 교감신경계의 활동을 억제하여 스트레스를 방어한다. 다시 말하면, 코르티솔은 스트레스 반응을 중지시키고, 코르티솔이 더 이상 방출되지 못하게 억제하는 항스트레스 호르몬의 작용을 한다. 일단 편도에서 급성 스트레스 원이 더 이상 검출되지 않으면 코르티솔은 시상하부, 해마 및 편도에 부적 피드백 제지반응을 일으킨다. 이들에는 코르티솔 농축물을 포함하고 있고 포도당 코르티골드 수용기도 내포되어 있어 시상하부–뇌하수체–부신피질 축의 호르몬이 기초 수준으로 회복되는 데 도움이 된다.

스트레스와 심리적 외상

스트레스와 심리적 외상은 동질 개념처럼 보일만큼 그것을 구분하기가 쉽지 않다. 그래서 일반적으로 사람은 스트레스의 극단적 상태가 곧 심리적 외상이라고 생각하는 경향이 있다. DSM-III에서는 심리적 외상을 정상적 경험의 범위를 벗어난 사건이라고 정의하고, 그것을 스트레스와 엄격하게 구분하고 있다. 이와 같은 정의에 문제가 없는 것은 아니다. 모든 비정상적 스트레스는 심리석 외상이 아니다. 누구나 낯선 곳에 가면 비정상적 스트레스를 경험한다. 그러나 그것을 곧 심리적 외상이라고 단정지을 수는 없다. 어느 사회에서나 심리적 외상은 쉽게 경험할 수 있다. 아동이나 성인에게는 자연재해, 전쟁, 돌발적 사고, 폭행, 완치를 기대하기 어려운 질병들이 곧 심리적 외상의 원인이 된다.

진화심리학자의 관점에서 보면, 우리에게는 심리적 외상에 대한 특별한 반응 기제가 있다. 이러한 점을 고려하여 DSM-IV는 심리적 외상과 외상후 스트레스 장애에 대한 정의를 수정하였는데, 여기에서는 심리적 외상에 생명의 위협이나 신체적 위협까지 포함시키고 있다. 이와 같은 심리적 외상에 대한 정의도 몇 가지 약점을 내포한다.

이러한 약점을 보완하기 위해 DSM-V는 심리적 외상과 외상후 스트레스 장애에 대한 기준을 바꿨다. 이 심리적 외상 기준은 생명이나 신체적 위협에 큰 비중을 두고 있으나, 이것도 역시 완벽한 것이 아니다. 여기에서도 몇 가지 결점을 발견할 수 있는데, 무엇보다도 심리적 외상적 사건이 흔히 경험할 수 있는 것은 아니라는 점은 인정해야 한다. 이렇게 되면 그것은 지나치게 좁은 의미의 정의가 된다.

여기에 자아에 대한 위협 같은 것은 누락되어 있다. 물론 자아는 반드시 신체적 위협을 포함하는 것은 아니지만 자아의 손상도 심리적 위협이 될 수 있다. 지진 피해를 입은 사례를 생각해 보자. 지진으로 신체적으로는 아무런 위협을 받지 않았으나 자신이 의지할 곳이 없어졌다는 것은 틀림없는 심리적 외상이다. 생물학자와 진화론자들은 심리적 외상에 대한 새로운 모델을 내놓았다. 이 모델에서는 스트레스 원의 특별한 내용 대신 스트레스가 만성적인 것인가 급성적인 것인가에 큰 역점을 두고 있다. 왜냐하면 만성적 스트레스의 부정적 효과는 스트레스 원이 소실되면 쉽게 약화되지만, 심리적 외상 스트레스의 부정적 효과는 수십 년 혹은 평생을 두고 지속되기 때문이다.

진화심리학적 관점에서 보면, 심리적 외상 스트레스 반응은 각성의 극단적 사태에 대한 유전적 반응이다. 이는 유전적 소인, 개인의 경험, 사회문화적 조건에 따라 적응과 순응, 웰빙을 위한 부정적 반응일 수도 있고 긍정적 반응일 수도 있다. 이와 같은 주장은 대규모의 실험 결과에 의해 그 타당성이 입증되었다. 심리적 외상 사건에 직면한 사람 가운데 극히 소수(10~35%)가 병리적 장애를 받게 되고, 외상후 스트레스 장애의 대다수는 아무런 치료를 받지 않은 상태에서 6~16개월 간에는 아무런 증후가 나타나지 않았다. 이와는 달리 대다수는 긍정적 혹은 순응적 효과를 경험한다. 이것이 곧 역경 속의 성장 현상이다.

외상적 반응을 적절하게 조절하는 데 실패하면, 일반 정신 기능은 물론 기억, 정서, 대인관계 등에 부정적 변화가 따른다. 보다 자세한 증후는 이 책의 [표 1-1]을 참고하기 바란다. 주요 증후는 심리적 외상의 긍정적 효과가 서로 결합되면 여러 가지 기능 변화를 가져온다는 것이다. 즉, 자아의 통합감각의 변화를 수용한다. 자아의 일관성 감각을 수용하면 보다 광범위한 셀프-레질리언스 감각이 성장한다. 삶의 도전에 직면하게 되면 재능을 발휘한다. 도전에 실패하면 곧 회복한다. 다른 사람과의 관계, 특히 가족이나 가까운 친구와의 관계가 호전된다. 이전에 손상된 관계는 복원되고, 자신을 보호할 기능을 향상시킨다. 애타심을 향상시키고 도움을 수용할 능력을 향상시킨다. 다른 사람에 대한 특별한 관심을 가지며, 통합된 인생철학에 변화가 온다. 자기 존재에 대해 큰 의미를 부여하고, 현실에 대한 보다 깊은 이해력이 생긴다. 심리적 외상의 긍정적 효과는 암 환자, 강간 피해자, 화재 사건 생존, 아동기의 성 학대 경험자, 근친상간 피해자, 전투 경험자, 이별, HIV 감염자, 중병 환자의 부모, 화상자, 심장 발작 경험자에게서 나타난다. 놀라운 사실은 정도가 심한 외상을 경험한 사람일수록 보다 큰 긍정적 효과를 경험한다는 점이다.

역경 속의 성장과 외상후 스트레스 장애의 진화론/생물학적 기초

진화론의 관점에서 보면, 많은 문화권에서는 외상후 스트레스 장애의 지표 행동인 과잉경계심, 인지적 재시뮬레이션, 정서적 해리 현상을 개체가 직면한 위협 사태에 적응하기 위한 극히 정상적 행동으로 간주되는 반면, 어떤 문화권에서는 그것들을 부적응 행동으로 간주한다. 이러한 것들은 모두 역경 속 성장의 기반이 된다는 점에서 특별히 관심을 가질 필요가 있다. 과잉경계심은 유사하거나 동일한 위협을 회피하는 데 큰 도움이 된다. 특정한 사건에 대한 인지적 재시뮬레이션은 인지적 재연 과정으로, 개인이 그와 유사한 사건에 직면하였을 때 그로부터 회피하는 데 큰 도움이 된다. 정신적 해리는 개인의 정서적 반응과 인지적 시나리오를 분리시키는 것으로, 유사한 사건에 직면하였을 때 새롭고 효과적인 방법으로 문제를 해결하는 데 도움이 된다.

역경 속 성장의 생물학적 기반이 확실하게 밝혀진 것은 없지만 진화론의 지식을 빌려 그 신경학적/내분비학적 기초를 밝혀낼 수는 있다. 개체가 위협 사태에 직면하였을 때 나타나는 신경학적 펩티드와 카테콜아민의 과장된 반응이 곧 심리적 외상이다. 이들 호르몬의 분비량이 외상적 기억의 양보다 많아지면 개체의 불안 수준이 상승하며, 위협 사태에 어떤 의미를 부여하게 된다. 카테콜아민, 특히 에피네프린은 기억력을 강화시키는 데 중요한 역할을 하고, 코르티솔과 같은 부신스테로이드는 아드레날린의 효과를 조절한다. 쥐의 부신선을 제거하면 부신스테로이드의 생성 기능을 제거시키는 결과를 가져오며, 아드레날린의 기억력 향상 효과가 보다 예민해진다. 이와는 달리 당성피질성스테로이드를 주사하면 아드레날린의 기억력 향상 효과는 크게 떨어진다.

이 기억의 내용은 시상하부-뇌하수체-부신피질 축에 의해 부활된 불쾌감의 정서 증후의 영향을 받아 곧 스트레스 반응을 일으킨다. 이 결과는 불안의 결과로서 코르티코트로핀의 과잉 방출 요인(CRF)의 효과다. 코르티코트로핀의 과잉 방출은 뇌하수체를 자극하여 코르티솔을 방출시킨다. 초기에는 시상하부-뇌하수체-부신피질 축은 외상성 기억에 의해 활성화되는데, 그때마다 다시 불쾌해져 새로운 경험과 연합된다. 이는 지나치게 강한 경합을 형성하여 개체로 하여금 한 외상적 사건으로부터 또 다른 사건을 기억하게 만든다.

신경계의 네트워크 수준에서 이루어지는 평행현상에서 보면, 외상후 스트레스 장애의 특성은 반복 학습, 신경 연결의 사멸, 포괄적 활성화 등으로 나타난다. 신경계의 네트워크는 새로운 정보를 통합하는 과정에 자신의 내적 구조를 수정하면서 학습하게 되며(반복 학습), 신경 조직은 뉴런 간의 결합을 위한 경쟁 과정에서 사멸되며(신경 연결의 사멸), 강직한 뇌 활동은 특정한 기억과 관계되는 자극 쪽으로 활동한다(포괄적 활성화).

민족지학적 관점에서 보면, 인간의 세계관은 급진적으로 변화한다. 또 전체적 사고 기능을 가진 사람일수록 자아에 대한 사회 중심적 특성이 강하다. 진화심리학의 패러다임 속에서 생각해 보면, 심리적 외상의 이러한 측면은 생물학적 기초 위에서 생각되어야 할 뿐만 아니라 보다 기본적인 심리적 외상의 특성은 사회학자, 철학자, 역사학자에 의해 그 본질이 확실하게 밝혀질 필요가 있다. 이들의 주장에 따르면, 심리적 외상의 경험은 새로운 문화적 패러다임에서 재고되어야 한다. 심리적 외상은 주관적 세계와 객관적 세계, 자연적 세계와 인위적 세계, 도덕적 세계와 비도덕적 세계를 정의함으로써 정치적 경제의 체계를 세워 나갈 수 있다.

무기력 경험의 한 형태인 스트레스나 심리적 외상은 창의적 활동에서 큰 비중을 차지한다. 세계관에 대한 인지적 스키마는 심리학적 방법으로 밝힐 수 있다. 심리적 외상의 특이한 증후의 하나로 강박적으로 돌입해 오는 사고를 들을 수 있다. 이는 심리적 외상 경험 후에 뚜렷한 증후로 나타난다. 역경 속의 성장은 부정적 자별적 사고가 아닌 반추적 사고와 정적 상관관계가 있다.

더욱 놀라운 사실은 심리적 외상이 심할수록 역경 속의 성장은 반추적 사고와 보다 밀접한 관계가 있다는 점이다. 역경 속의 성장이 부정적 자별적 사고나 다른 체계적 손상을 받게 되면 외상후 스트레스 장애와 같은 병적 현상으로 나타난다. 이와 같은 사실을 보면, 문화적으로 유사한 인지적 스키마가 수줍음을 일으키고, 개인의 성격 스키마가 죄책감을 야기하고, 역경 속의 성장에 부정적 영향을 주는데, 이것이 병적 변화를 야기시킨다는 사실을 알 수 있다.

정동적 신경 네트워크가 우세할 때 외상후 스트레스 장애가 현저히 나타난다. 이는 인지적 네트워크의 안정을 방어하고 심한 심리적 외상은 병리현상을 유발한다. 이와는 달리, 역경 속의 성장은 심리적 외상에 대해 긍정적 반응을 하기도 하고 병적 반응을 하기도 하지만, 이는 흔한 일이 아니다. 이것은 심리적 외상이 진화를 통해 이어받은 특성이다.

심리적 외상에 대한 적응 반응과 비교적 흔하지 않은 병리적 반응은 진화론적으로 유사한 유전인자에 의해 결정된다. 역경 속의 성장은 비자아의 형벌적 반추와 깊은 관계가 있다. 이것을 보면 그 과정은 단순한 생물학적 내적 관계가 아니라 그것은 생물 · 심리 · 사회문화적 요인에 의해서 결정된다는 사실을 알 수 있다. 심리적 외상적 기억은 특정한 사건의 지속적 반복이며, 그것이 진취적 의미의 인생 변화를 이루는 인지적 정동적 결합이다.

수준 높은 역경 속의 성장을 경험한 사람 혹은 자기의 주체감을 인지적 스키마에 통합시킨 사람은 문화, 사회 및 자연을 추상적으로 비판하는 경향이 있다. 이는 무엇을 의미하는가? 외상후 스트레스 장애의 병적 증후 행동은 심리적 외상에 대한 정상적 적응의 한 부분으로 외상적 메타학습 과정을 통해 습득된다. 메타학습은 외상적 사건의 스키마가 메타인지 스키마에서 분할되었다가 재결합되는 과정이다. 즉, 반복되는 학습 결과와 신경의 가지치기가 인지 스키마에 의해 하향적으로 부활된 결과가 곧 역경 속의 성장이다. 그러나 하향적 부활성에서 정동적 신경 네트워크의 강도가 병적으로 우세하면 병적 반응을 일으킨다.

진화론적 관점에서 보면, 심리적 외상의 회전은 인지적 스키마의 원자분쇄기와도 같다. 이 원자분쇄기는 이미 이전에 구성한 스키마로부터 인지 구성 블록을 방출하여 성장과 병리현상을 증대시키는 기능을 한다. 많은 네트워크 연결체가 가지치기 기능을 상실하게 되면 네트워크는 자동적 포커스가 발달되는데, 이는 환경 자극이 결여된 상태에서만 활동하게 된다. 이는 외상성 반응과 깊은 관계가 있다. 외상성 기억의 하향성 우월성은 외상성 반응을 증가시킨다. 즉, 그의 많은 환경 조건은 자아에게는 위협으로 밖에 보이지 않는다. 그러나 이 유사한 반응이 다른 인지적 스키마를 정복하고 정서적, 사회적, 문화적 특이성을 경험하게 되면 역경 속의 성장 반응이 유발된다.

우리는 잠재적인 역경 속의 성장 기능을 가지고 태어났다. 그러므로 스트레스가 사회적 애착으로 변하기도 한다. 우리의 뇌는 경험에 의해서 크게 변한다. 스트레스는 발달 초기의 기본 기능으로 작용한다. 어린 아동의 스트레스 반응에 수반되는 뇌의 반응은 선택적 발달 통로로서, 이는 개체의 환경 적응에 도움을 주는 구조를 갖추고 있다. 그러므로 중요한 발달 시기에 아동이 직면하는 심한 스트레스는 성공적으로 극복해야 한다. 스트레스가 심한 환경에서 태어난 아동은 자신의 생존과 생식을 위해 항상 경계심을 가지고 있으며, 도전에 직면하면 공격적으로 대처할 수 있는 준비 태세도 갖추고 있다.

적절한 사회적 애착심을 경험하지 못한 상태에서 옥시토신, 베서프레신, 합성 마취약의 일종인 오피오이드와 같은 애착 호르몬에서 대상적 효과를 얻는 것은 바람직하지 못하다. 성장기 아동이 초기에 스트레스를 받게 되면 신경내분비의 변화가 일어나 사회적 고립, 적개심, 우울증, 약물중독, 극도 비만, 심장혈관 반응을 일으키게 된다.

영양 상태가 좋고 스트레스가 적은 환경에서 성장한 아동은 비공격적이며, 정서적으로 안정되고, 동정심이 많다. 또 사회적 구조의 변화를 시도하고, 보다 창조적 기능을 발휘할 수 있다. 복잡하면서도 균형 잡힌 안정된 환경에 대처하기 위해서는 분노 억제, 정서적 안정, 다양한 사회적 접촉, 동정심, 균형이 잡히고 통합된 세계관과 같은 심리적 특성이 필요하다. 이것이 곧 극복 책략이다. 만일 환경 자체가 불모화되거나 불안정하게 되면 이와 같은 특성이 적응성을 상실하게 된다.

심리적 외상에 대한 반응 특성은 개인의 생물학적 유전 특성과 개인의 자아 재건의 함수에 의해서 결정된다. 심리적 외상이 심리사회적 학습 원이 되었을 때 불안은 의미로 전환된다. 이와 같이 이중적 의미를 갖는 심리적 외상은 높은/낮은 통로의 자아 구조의 함수이며, 심리학자의 진단에 큰 의미를 부여한다. 우리는 진화 과정을 통해서 문화적으로 공유하는 스키마를 학습할 수 있는 기능을 습득할 수 있다. 그리고 선이성적 피드백에 대한 반응에서 그들이 환경적 변화에 의해 부적응적으로 반응할 때 이를 재구성할 수 있는 기능이 우리에게 있다.

스트레스 반응의 생물사회적 기초

심리적 외상에 대한 반응 특성은 우리의 실제 환경과 진화적 적응 환경과의 함수에 의해 결정된다. 실제 우리의 환경을 진화적 적응 환경과 비교해 보면, 현대 산업화 후 사회에서 발견되는 심리적 외상의 유형이 다양하고 그 발생 빈도도 높다는 것을 쉽게 발견할 수 있다.

현대 사회의 변화는 다양하고 일관성이 크게 결여되어 있다. 진화적 적응 환경에서는 극히 정상적인 적응 반응이라 할지라도 현재 환경에서는 비정상적인 부적응적 반응이 된다. 만일 두 가지 환경과 두 가지 반응이 조화를 이루지 못하면 병적 피드백 환이 형성된다. 이는 최초의 심리적 외상과 그에 대한 반응의 관계와 전혀 다르다.

다른 말로 하면, 의미를 유도하는 인지적 스키마가 결여되면 높은 통로와 낮은 통로가 조화를 이루지 못하게 된다. 이때 뇌는 이전의 인지적 스키마를 버리고 불안을 제거하는 새로운 형태의 스키마를 만들어 낸다. 외상적 사건을 이와 같이 이해하는 것은 '스톡홀름 증후군'에서 오는 심리적 외상 현상을 이해하는 데 크게 도움이 된다. 이 증후에서 종교적 개신의 권유를 받은 사람은 자기를 권유자와 동일시한다. 외상적 경험을 겪은 사람에게서는 인지적 변화가 수반되는 것을 매우 흔하게 발견할 수 있다. 급진적 의식 변화를 경험한 사람에 따르면, 기본적인 의식적 변화는 무기력감에 대한 선이성적 경험에서 시작된다. 이는 현재의 자아 감각과 보다 발전된 자아에 대한 문화적 이상의 불일치에 수반되는 현상이다.

이와 같은 자아 중심의 비판에 이어 기존의 힘의 관계, 현실과 도덕성에 대한 가정에 대해 보다 포괄적인 비판이 기승을 부리고 있다. 그에 따른 불안은 또 다른 합리성과 객관성의 발달을 추구하게 된다. 또 이와 같은 변화에 성공한 사람은 복잡한 인지적 체계를 유지하고, 보다 복잡한 사회적 결속을 가지는 사람이다. 이와는 달리, 이 변화에 실패한 사람에게서는 해리성 반응이나 불안회피 현상이 뚜렷하게 나타난다.

사회적 불연속성은 현대 사회의 한 특징이다. 이것이 문화적 메타설화와 결합되면 역경 속 성장의 외상적 모델 학습 기제를 극복할 수 없게 된다. 그 결과 개인에게는 통합된 세계관보다는 병적 현상이 두드러지게 나타난다. 현대인은 수명 연장으로 심리적 외상에 의한 고통 기간이 연장되었고, 그 정도도 심해졌다고 생각한다. 결과적으로 심리적 외상 반응의 유익성/손실성, 생존 비율은 크게 줄어들고 있다. 수명이 짧은 사람(40세)은 심리적 외상성에 의한 점진적 퇴행성의 정도가 심해질 때까지 생존하기 어렵게 되었다. 이와 같은 가정은 외상후 스트레스 장애에 의해 자살을 기도한 사람을 대상으로 한 연구에서 그 타당성이 입증되었다. 즉, EEA에서 생활하는 사람은 외상성 장애의 위협을 받기 전에 이미 세상을 떠난다. 병리현상과 역경 속의 성장은 서로 배타적인 것이 아니라 공존한다. 이와 같은 현상은 정신병과 정상은 공존한다는 사실을 확증해 주는 결과가 되었다.

스트레스 반응의 심리생물학적 기초

스트레스에 의한 대표적 병리반응이 외상후 스트레스 장애다. 생물학적 관점에서 보면, 이는 정상적 반응과 공통점이 많다. 다른 한편으로는 매우 중요한 생물학적 차이점도 있다. 예를 들면, 외상후 스트레스 장애는 신경학적 · 심리적 외상 자극에 대해서 예민한 경이반응을 한다. 그들의 교감신경계의 각성 수준은 큰 소음이나 심리적 외상 단서에 의해 크게 증가한다. 동시에 그들은 자극을 받으면 카테콜아민 분비 수준이 크게 증가하지만 부교감신경계의 활동 수준은 크게 떨어진다. 불행하게도 부교감신경계의 반응에 대한 연구는 별로 진전되어 있지 않다.

스트레스와 심리적 외상 반응에서 내분비선 계통에 대한 연구는 크게 발달하였다. 다음과 같은 중요한 몇 가지 사실을 살펴보자. 외상후 스트레스 장애는 공포 반응이 지속되면 코르티솔 분비 수준이 높아진다. 초기 연구자들은 부신 혹은 각성 활동도 왕성해진다고 주장하였다. 이 주장은 부신 기능의 쇠퇴를 가져오는 고전적 스트레스 모델과는 일치하지만, 외상후 스트레스 장애의 증후와는 잘 일치하지 않는다.

코르티솔 분비 수준과 외상후 스트레스 장애와의 관계를 다룬 자료를 메타분석해 보면, 두 변인 간의 관계를 분명하게 밝힐 수 있다. 즉, 초기의 연구에서 높은 코르티솔 분비 수준은 외상후 스트레스 장애와 깊은 관계가 있다는 사실이 밝혀졌다. 이와 같은 주장은 방법론적 과오를 범하고 있다는 것이 후속 연구자에 의해 밝혀졌다.

이러한 과오를 보완한 새 결과에서는 외상후 스트레스 장애는 낮은 수준의 코르티솔과 깊은 관계가 있는 것으로 밝혀졌다. 낮은 수준의 코르티솔 모델을 바탕으로 한 이론에 따르면, 낮은 외상후 스트레스 장애는 스트레스에 대한 만성적 적응 결과로 나타나는 것이다. 이와 같은 주장은 Selye, H.의 일반적응증후군모델의 수정으로 이어졌다. 이러한 주장은 다음과 같이 설명할 수 있다. 즉, 스트레스 원은 이미 자취를 감추었지만 스트레스는 지속석으로 삭용하고 있다. 그러나 그 이유는 확실하게 밝혀지지 않았다.

만성적 적응모델에는 몇 가지 문제가 있다. 무엇보다도 만성적 적응 상태에서는 코르티코트로핀 과다방출 요인(CRF)의 수준이 낮다는 것이다. 그러나 외상후 스트레스 장애에서는 CRF의 뇌척수액(CSF) 수준이 정상인 보다 높다. 왜냐하면 CRF가 시상하부로부터 지나치게 많이 분비되기 때문이다. 만성적 적응모델이 가지는 또 다른 문제는 부신선의 쇠퇴로 코르티솔 분비 수준이 높다는 점이다.

심인성 사건에 노출된 이후 바로 바로(1~2시간) 외상후 스트레스 장애가 오는 사람의 코르티솔 분비 수준이 낮다. 이와 같은 사실은 무엇을 의미하는가? 이는 선외상성 요인에 의해 코르티솔 분비 수준이 크게 낮아졌다는 사실을 의미한다. 그러면 그 이유가 무엇인지, 그리고 어떻게 작용하였는지를 밝힐 필요가 있다. 코르티솔 분비 수준은 이전의 경험과 유전적 생물적 요인에 의해 영향을 크게 받는다.

외상후 스트레스 장애와 코르티솔 분비 수준의 관계를 밝힌 한 경험적 자료를 보자. 연구자는 29명의 피험자를 대상으로 하였는데, 그 가운데 15명은 외상후 스트레스 장애로 진단된 상이군인이고, 14명은 우울증 진단을 받은 사람들이다. 실험자는 이들을 24시간 이상 침상에서 휴식을 취하게 하고, 30분마다 혈액을 채취하였다. 그 결과 외상후 스트레스 장애 진단을 받는 상이군인의 코르티솔 분비 수준은 우울증 진단을 받은 사람에 비해 현저히 낮았다.

이와는 달리 우울증으로 진단된 사람의 코르티솔 분비 수준은 정상인의 코르티솔 분비 수준보다 높았다. 이것을 보면 위협 수준이 낮은 집단의 시상하부-뇌하수체-부신피질 축의 각성 수준이 낮다는 사실을 알 수 있다. 이와 같은 사실은 다른 연구에서도 발견할 수 있다. 외상후 스트레스 장애 중에서 보스니아에서 억류되었다가 풀려난 사람이나 동독 난민자의 코르티솔 분비 수준은 낮았지만 우울증 환자의 코르티솔 분비 수준은 높았다.

일반적으로 외상후 스트레스 장애의 코르티솔 분비 수준은 낮지만 우울증의 코르티솔 분비 수준은 높다. 이때 외상후 스트레스 장애의 코르티솔 분비 수준은 정상인의 코르티솔 분비 수준과 유사하거나 높다. 이는 외상을 받는 순간에도 호르몬 분비 환경 영향이 크게 작용하였다고 해석할 수 있다. 여기에는 시상하부-뇌하수체-부신피질 축과 유관한 호르몬, 성 호르몬, 오피오이드 호르몬, 그리고 24시간 주기리듬과 관계되는 호르몬, 기분, 충동, 애착 및 동정의 사회문화적 요인과 관계되는 호르몬이 내포되어 있다.

이와 같은 사실에서 몇 가지 중요한 사실을 발견할 수 있다. 즉,

역경 속의 성장 수준을 상승시키는 스트레스/심리적 외상 반응은 코르티솔과 같은 여러 가지 호르몬에 의해 크게 영향을 받는다는 것이다. 역경 속의 성장은 정상적인 외상적 반응에서만 나타나는 것이 아니라 여러 가지 병리적, 외상적 사건과도 정적 상관관계가 있다. 그렇지만 여기서 주의할 것은 이들은 상호 작용을 하지 않는다는 점이다.

역경 속의 성장을 강화하기 위해서는 외상후 스트레스 장애 반응이 적절하게 조절되어야 한다. 이를 위한 최선의 방법은 외상후 스트레스 장애의 증후를 단순히 최소화시키기보다는 역경 속의 성장을 촉진시키는 것이다. 역경 속의 성장을 극대화시키고 병리적 현상을 최소화하기 위해서는 외적 환경과 내적 호르몬 분비 수준을 조절하여 스트레스/외상 반응을 조절하는 방법을 탐색할 필요가 있다.

외상후 스트레스 장애는 자신이 이전에 경험한 심리적 외상과 유사한 장면에 다시 직면하게 되면 상태가 악화된다. 이와 같은 사실을 뒷받침하는 생물학적 기제는 많이 밝혀져 있지 못하다. 다행히 근래에 들어 그 기제의 신비가 부분적으로 밝혀지고 있다. 예를 들면, 강간을 당한 경험이 있는 여성이 다시 강간을 당했을 때의 코르티솔 분비 수준은 처음 강간을 당한 여성의 코르티솔 수준보다 낮다. 이는 외상 경험을 통해 생물학적 변화를 경험하였다는 사실을 의미한다. 대학살에서 생존한 사람의 코르티솔 분비 수준은 정상인에 비해 낮다. 이와 같은 사실은 외상후 스트레스 장애의 소질이 유전된 결과라고 볼 수 있다. 실험실에서 수행된 조작 연구 결과도 이와 크게 다르지 않다는 것이 여러 연구자에 의해 밝혀졌다.

실험실에서 쥐의 불안 수준을 높여 시상하부-뇌하수체-부신피질 축의 활동을 증가시킬 수 있다. 또 대학살, 참사에서 생존한 사람이 심리적 외상을 받게 되면 정상인보다 3배나 많은 외상후 스트레스 장애가 발병할 수 있다. 그러나 심리적 외상을 경험하지 않으면 정상인에 비해 코르티솔 분비 수준은 현저히 낮아진다. 일단 외상후 스트레스 장애를 경험하면 생물학적 변화는 멈추지 않는다. 그의 행동은 점진적으로 퇴화하고, 그 증후는 계속 변한다. 신체적 손상이 없는 사람의 심장 박동은 지속적으로 상승한다. 후에 외상후 스트레스 장애 발병자의 심장 박동은 정상인의 심장 박동보다 20% 이상 높다. 평균 심장 박동은 1주일 동안 점차 높아지지만 1개월 후에는 더 이상 높아지지 않는다. 이와 같은 사실은 코르티솔 분비 수준이 낮으면 시상하부-뇌하수체-부신피질 축의 기능이 약화된다는 사실과 일치한다.

시상하부-뇌하수체-부신피질 축의 기능을 조절하는 신경화학제는 코르티솔 외에도 많이 있다. 코르티솔 분비 수준은 외상적 경험과 밀접한 관계가 있다. 높은 MHGP(3-methoxy-4-hydroxyphenylglycol)의 수준은 심리적 외상의 심한 정도와 깊은 관계가 있다. 코르티솔과 MHGP 수준과의 관계는 외상후 스트레스 장애 환자의 외상적 반응의 단계에 따라 다르다. 외상후 스트레스 장애로 발전하지 않은 여성의 코르티솔 분비 수준과 MHGP 수준과는 정상 스트레스 반응에서와 같이 깊은 관계가 있다. 그러나 외상후 스트레스 장애 환자의 경우 이 상관관계는 크게 떨어진다.

이와 같은 사실은 심리적 외상이 생물학적 불연속적 상태나 부적합한 상태에서 어떻게 발생하는가를 이해하는 데 크게 도움이 된다. 코르티솔 분비 수준과 심장 박동이 외상후 스트레스 장애의 예언 지표가 되지만, 만성적 외상후 스트레스 장애와 관계되는 다른 요인과는 전혀 관계가 없다. 심리적 외상을 경험하고 1주가 지난 후에는 청각경이반사는 외상후 스트레스 장애의 발병을 예언하지 못한다. 이와 같이 외상후 스트레스 장애는 심리적 외상을 경험한 시간적 요인에 따라 예언의 정확성이 크게 달라진다.

불안장애는 시상하부-뇌하수체-부신피질 축의 긍정적 피드백과 관련이 있고, 우울증은 과도한 부정적 피드백과 관계가 있다. 이들 변인과의 관계는 매우 단순하지만, 외상후 스트레스 장애와 다른 변인과의 관계는 매우 복잡하다. 외상후 스트레스 장애의 경우 시상하부-뇌하수체-부신피질 축의 기능은 매우 예민하다. 그러나 낮은 코티솔 분비 수준에는 예민하게 반응하지 않는다. 즉, 시상하부-뇌하수체-부신피질 축의 기능은 상승하지 않고 도리어 떨어진다. 이러한 사실은 코르티솔에는 부적 피드백 억제 기능을 상승시키는 기능이 있음을 시사한다. 코르티솔은 유기체의 에너지 생성을 촉진시켜 높은 스트레스의 각성 수준을 촉진시키는 동시에 시상하부-뇌하수체-부신피질 축의 활동을 경감시킨다. 그렇지만 코르티솔은 당성피질성 스테로이드군 수용기가 수용할 수 있는 범위 내에서만 영향을 준다.

외상후 스트레스 장애를 발병시키는 특별한 요인은 코르티솔 분비 수준이 아니라 코르티솔이 영향을 줄 수 있는 당성피질성 스테로이드군 수용기의 예민성이다. 코르티솔 분비 수준이 정상인보다 높더라도 우울증의 증후가 있는 사람 가운데 외상적 사건을 경험하고 난 후에는 정상인에 비해 당성피질성 스테로이드군 수용기의 수와 예민성이 크게 떨어진다. 그것은 코르티솔 분비 수준이 높은 사람은 쿠싱증후군과 같은 내분비 질병이 없기 때문이다.

다른 한편, 외상후 스트레스 장애가 발병한 사람 가운데 심리적 외상 후에 정상인보다 코르티솔 수준이 낮은 사람의 당성피질성 스테로이드군의 수와 예민성은 정상인보다 높다. 외상후 스트레스 장애와 우울증의 당성피질성 스테로이드군 수용기의 수와 예민성을 비교해 보면, 외상후 스트레스 장애가 3배나 높다. 이와 같은 사실을 바탕으로 외상후 스트레스 장애자의 시상하부-뇌하수체-부신피질 축 수준이 예민하고, 각성 상태의 변화가 심한 이유를 설명할 수 있다.

제5부

성장의 변화와 신장

9 행동 변화와 긍정적 신장

행동 변화와 역경 속의 성장

개체의 생존은 변화의 연속이다. 로마의 시인이며 철학자인 Lucretitus Carus(99~58 B. C.)는 '변화는 개체의 생존을 위해, 또 순응을 위해 필요한 과정'이라고 말했다. 심리학자는 심리적 외상에 대한 부정적 변화보다는 긍정적 변화에 관심을 가져야 한다. 그리고 아동의 환경적, 사회적 그리고 가정적 역경 극복을 위한 레질리언스의 기능 신장에도 관심을 가져야 한다. 이것이 개인의 웰빙이나 행복 추구에 도움을 줄 수 있다. 우리 주위에는 빈곤과 범죄 유발 가능성이 많은 환경, 즉 역경 속에서 성장한 아동이 성공적 성인으로 성장하는 사례가 많이 있다.

이들에 대한 보다 깊은 이해를 위해 잠재적인 레질리언스의 기능에 대한 체계적 이해가 필요하다. 이는 앞에서 자세히 설명하였으므로 여기서는 기술하지 않는다. 힘든 심리적 외상을 경험한 후 외상 경험 전보다 긍정적으로 변한 사람을 볼 수 있다. 이와 같이 심리적 외상 경험 후에 나타나는 긍정적 변화는 '왕성한 성장' '변형적 극복' '획기적 변화' '외상후 성장' 등 여러 가지로 불린다. 스트레스나 외상성 경험을 통해 몇 가지 공통되는 긍정적 변화를 발견할 수 있다.

외상성 경험으로 삶에 대한 새로운 기술을 습득할 수 있는 대인관계가 향상되고, 식견의 범위가 넓어진다. 중병에서 회복한 사람이나 불의의 돌발사고를 경험한 사람 가운데 그것이 자신에게 가장 값진 경험이었다고 생각하는 사람도 있다.

외상성 경험을 통해 동정심과 자기 이해의 수준이 크게 향상되었고 삶의 큰 의미와 목적을 발견하게 되었다고 말하는 사람도 있다. 삶의 가치체계가 재구성되기도 하고, 지혜의 수준과 타인에 대한 이해 수준이 향상되고, 새로운 인생 목표 설정이 이루어지기도 한다. 스트레스는 인간의 긍정적 변화를 촉진시킨다는 사실이 동물실험 결과에서 확실하게 입증되었다. 즉, 자기 스스로 가벼운 전기자극을 조정하거나 통제한 경험이 있는 쥐는 성장 후에 신경내분비선의 활동과 면역 기능이 더욱 왕성해진다. 이것이 외상성 경험의 한 역설이다.

인간 생활에서 변화는 피할 수 없다. 부정적 사건과 심한 스트레스는 개인에게 유익한 변화를 가져온다. 이제 긍정적 변화와 선행사건과의 관계를 밝히는 것은 중요한 과제가 되었다. 정신치료를 통해 인간 행동에 큰 변화가 오지만, 그 변화의 내용을 자세히 검토해 보면 일상적 변화와 크게 다르지 않다. 인간 행동의 변화를 일으키는 것은 심리적 불균형 상태다. 이는 행동을 재조직하는 원인일 수도 있고, 그것을 예시하는 신호일 수도 있다. 불균형 상태에 의한 행동 변화보다는 행동이 재구성될 수도 있다. 새롭게 구성된 행동은 새로운 어떤 통합체를 형성하며, 새로운 통합체는 새로운 역동적 방향으로 변화한다. 이는 정적 상태에 머물러 있지 않고 새로운 발전을 위해 지속적으로 변화한다.

인간 행동의 변화 과정은 단순하지 않다. 이 변화 과정은 일차적으로는 의미의 구성과 깊은 관계가 있다. 이는 변화는 의미를 추적하고, 구성하고, 또한 재구성한 결과다. 의미는 신경계의 기능을 바탕으로 이루어진다. 신경계에는 일반적 형태를 인지하고 정보를 조직하는 기능이 있다. 사람은 주어진 상태를 유지하기 위해 신경계에서 일어나는 변화를 거부하는 경향이 있다. 정신치료를 통해 개인에게 도움을 주고자 하는 사람은 이 점을 이해할 필요가 있다. 치료자는 피치료자가 새로운 도움으로 변화를 경험할 수 있도록 도움을 줄 수 있다. 변화에서 치료적 관계, 개인적 동기, 사회적 지지 그리고 자존심과 깊은 관계를 유지하도록 하는 것이 무엇보다 중요하다.

소산적 변화와 우연적 변화

소산적 변화는 우연적 변화와는 다르다. 소산적 변화에는 정신치료 과정에서 나타나는 것과 같은 변화의 특성이 있다. 이 변화는 염

증이 경감되는 것이나 종기 등이 사그라지는 것과 같이 서서히, 그리고 점진적으로 이루어진다. 이와 같이 슬픈 경험을 한 후의 성장은 점진적으로, 그리고 매우 느리게 나타나는 것이 특징이다. 이는 미국 워싱턴에서 남편을 잃은 중년 여성의 슬픔을 달래 주는 전문 연구가 집단인 '슬픔의 소리'에 속한 연구원인 Ira Nevken의 주장이다. 이 변화 과정에서는 자아가 큰 비중을 차지한다. 자아의 핵은 주체성이며, 아이디어, 재능, 꿈, 목적 등을 내포하는 개인적 자원으로 구성되어 있다. 개인의 의미와 평가 기능에 따라 지각, 해석, 자아정의, 평가 및 태도의 특성이 결정된다.

자아의 숙고 기능은 심리적 외상을 받으면 손상된다. 특히 사랑의 대상을 잃었을 때 받는 손상은 크다. 사려 깊은 자아는 사랑의 대상에 대한 애착을 통해 유지되기 때문이다. 부모가 사망하였을 때 역시 자아의 숙고 기능이 크게 손상된다. 부모에게는 자아 주체감과 자아 평가의 근원 기능이 있기 때문이다. 상실한 애정의 대상을 이해하려는 것은 개인 성장의 원동력이다. 이러한 성장은 자성의 기능을 신장시킨다. 자성의 기능을 가진 사람은 독자적 행동이 가능하기 때문에 상실한 애인에 대한 애착심을 갖지 않는다. 사랑하는 사람과 사별하고 슬픔을 경험한 사람은 값진 성장 경험을 한 것이다. 사랑하는 사람의 죽음에서 오는 변화는 자아와 자기성찰에 바탕을 두고 이루어진다.

자기의 세계에 대한 가정의 변화를 통해 고인에게서 얻은 긍정적 성찰을 내면화시킬 수 있다면, 그는 자신의 세계관과 선망에 변화를 가져올 수 있다. 그는 고인의 장점과 바람직한 속성을 발견할 수 있기 때문이다. 보다 적극적으로 슬퍼하는 데서 얻게 되는 개인의 성장은 자아 기능을 강화시키고 자아 지각의 능력과 동정심을 신장시키는 데 많은 도움을 준다. 자성의 능력은 사별의 의미 발견을 통해서도 신장될 수 있다. 사별에 수반되는 성장은 보다 새로운 자아가 생성되고 안정되는 데 큰 도움이 된다. 왜냐하면 자성하는 자아의 기능은 애착 대상과의 밀접한 관계에 의해서만 발달되기 때문이다.

우연적 변화는 통제가 불가능한 환경 사건을 극복하는 과정에서 나타나는 기대하지 않았던 새로운 변화다. 삶의 변화는 자신의 뜻대로 이루어지지 않는다. 변화는 뜻밖에 일어날 수도 있다. 예기치 않았던 위기나 비극에서 오는 변화도 매우 다양하다. 자연재해에 의한 변화나 치명적 질병, 손상에 의한 변화도 생각할 수 있다. 이러한 경험과 변화는 자신의 감정과 생활에 큰 변화를 일으킨다. 불연속적 변화는 점진적인 변화라기보다도 극적인 변화며, 의도적 변화는 아니다. 이러한 주장은 아직 경험적 자료에 의해 그 타당성이 확실하게 입증된 것은 아니다. 그렇지만 그 사실 자체의 비중은 과소평가될 수 없다.

비약적 변화

개체가 통제 불능 사태에 직면하면 비약적으로 변한다. 이 변화에는 여러 가지 변화가 따른다. 무엇보다도 고비에 직면하게 되는 데, 이는 개인 성장의 원동력이 된다. 사람은 일상생활에서는 여러 가지 크고 작은 고비를 겪게 된다. 이 고비는 예기치 않았던 일탈사건으로 개인의 생활에 큰 변화를 일으키는데, 여기서는 변화의 결과가 무엇보다도 큰 비중을 차지한다. 우리는 일상생활에서 예기치 않았거나 급작스러운 변화에 직면하게 되면 규범적 수준에 맞는 행동의 변화를 일으킨다. 이 변화는 환경적 사건, 심리적 외상, 혹은 그 변화에 대한 욕구에 의해 촉진되기도 하고 소진되기도 한다. 그에 따른 기능 변화의 수준은 일정하지 않다. 규범적 수준보다 높을 수도 있고 낮을 수도 있다. 예기치 않았던 변화를 잘 인지하는 사람도 있다. 이들의 특성은 그의 의사 결정 과정이나 태도의 특성과 깊은 관계가 있다. 알코올 중독에서 회복된 사람은 도움의 욕구가 강하고, 변화를 갈망하고, 개인의 목표 설정에 관심이 많다.

돌발적 사건에 의해 부정적 생활을 경험한 사람에게서는 비약적 변화가 뚜렷하게 나타난다. 비약적 변화를 경험한 사람은 점진적 변화를 경험한 사람과는 크게 다르다. 변화의 속도나 양이 크게 다르고, 그 변화는 매우 일반적이며 오래 지속된다. 예를 들면, 자신의 변화가 비약적이거나 변형적이라고 생각하는 사람은 직장을 그만두고 가족이나 친구와 많은 시간을 보내고 싶은 생각도 한다. 비약적 변화는 자아 제어, 가치의 갈등, 초월성의 영향을 받는다. 자아 제어의 요인은 의식적 행동 통제 과정과 깊은 관계가 있다. 원래 행동은 자동적으로 수행되나 새로운 사태에 의해서 재조직되는 사례도 있다. 현재 자신의 세계관이 기존의 세계관과 일치하지 않거나 갈등을 일으키게 되면 비약적 변화가 일어나는 경우도 있다. 건강 상태에 위협을 받게 되면 도덕성 문제를 깊이 생각하게 되고, 삶에서 무엇이 더 중요한가를 깊이 생각하게 된다.

변형 및 변형성 극복

변화는 예기치 않은 통제 불가능한 심리적 외상을 극복하는 과정이며, 이는 점진적으로 이루어진다. 심리적 외상이 환희의 감정으로 변형되는 경우도 있다. 심리적 외상을 경험한 최초의 반응은 성동, 인지 및 행동에 그대로 나타난다. 불쾌감은 조정이 불가능하고, 스키마는 도전을 받거나 이해되지 않고, 최초 사태의 통제는 성공할 수 없다. 이때 사건들을 어떻게 조정하고 기존의 스키마를 어떻게 조정하고 수정할 것인가를 깊이 생각해 볼 필요가 있다.

이 과정에서는 일차적으로 정서 중심의 극복을 시도해 보고 정서적 지지를 받았거나 다른 사태를 성공적으로 극복한 사람의 도움을 받는다. 심리적 외상을 피하기보다는 사실대로 수용해야 한다. 자신의 최초 목표가 수정되면 자신에게 의미가 형성되고, 인지적 스키마도 크게 변한다. 최초 성장 과정에서 모든 사람은 자신에 대한 신뢰 수준이 향상되며, 자신의 특성을 발견하게 된다. 더 나아가서 자기에게 도움을 준 사람에게는 감사의 뜻을 표할 수 있게 된다.

이러한 과정을 통해 성장의 긍정적 효과는 안정되고 내면화된다. 정동 상태는 조정이 불가능한 상태에서 평온 상태로 변화되며, 인지 과정은 새로운 의미가 형성되고, 외상적 경험을 주고받는 일상적 대화는 보다 긍정적 경험을 주고받는 대화로 변화된다. 대부분의 긍정적 성장모델에서는 긍정적 변화를 중요시한다. 모든 사람이 심리적 외상 전부를 성공적으로 극복할 수는 없다. 거기에는 새로운 변형체가 함축된 불쾌감이 혼동되어 있다는 점을 인정해야 한다.

위기에 수반되는 긍정적 변화는 매우 큰 의미를 갖는다. 개인의 낙관성, 외향성, 자기 효험의 감정, 통제 국소는 스트레스에 수반되는 긍정적 변화와 밀접한 관계가 있다. 또 자신의 연령, 발달 과제 및 성의 특성도 심리적 외상에 수반되는 긍정적 변화와 밀접한 관계가 있다. 현재의 극복 자원이 고갈된 상태에서는 새로운 변화가 일어나지 않는다. 긍정적 변화는 초기 단계에서 새로운 의미가 형성된다.

스트레스 극복 과정에서는 변형성 극복 책략을 통해 어떤 형태의 유익성을 얻게 된다. 변형성 극복은 개체의 긍정적 변화나 부정적 변화를 위해 동질정체의 기능을 강화시키기도 하고, 그것을 변형시키기도 한다. 이 과정에서 변형성 극복 효과는 크지 않을 수도 있고 클 수도 있다. 스트레스나 부정적 경험은 부정적 효과뿐만 아니라 긍정적 효과를 얻을 수도 있다. 긍정적 효과의 생성 기제는 매우 복잡하다. 경험적 자료를 분석해 보면, 긍정적 정동과 부정적 정동이 직교관계가 있는 것으로 보아 긍정적 정동과 부정적 정동은 동시에 영향을 준다는 사실을 알 수 있다. 펜실베이니아대학교 심리학 교수 Richard Solomon의 길항과정모델에 따르면, 강한 부정적 정동 상태는 강도가 강한 긍정적 정동 상태에 의해 유발된다. 그러므로 심리적 외상에 의한 부정적 정동은 긍정적 정동의 변화에 의해서도 유발된다고 볼 수 있다. 예를 들면, 보상받지 못하는 결혼 생활을 청산하고 싶은 사람을 생각해 보자. 그는 이혼을 결심하고 나면 안도감과 행복감을 크게 느끼게 될 것이다. 결과적으로 그는 큰 변화를 경험한 것과 같은 느낌을 가지게 된다.

Aldwin, C.의 편차증폭이론의 기제를 살펴보자. 이 기제는 체계 내에서 일어나는 피드백 환에 의해 변화가 크게 증폭된다. 결과적으로 외상적 스트레스는 개체의 변형을 가져올 만큼 수준이 높아진다. 한 예를 보자. 수입이 많지 않은 사람은 다른 상태가 악화되면 빈곤 상태로 발전할 가능성이 높다. 그러나 그러한 환경에서는 수입이 약간만 늘어도 행복한 생활은 눈에 띄게 나타난다.

스트레스 경험에서 긍정적 유익성을 얻는 경우도 있다. 지능이 높고, 융통성이 있고, 개인의 위험을 극복하겠다는 의지가 강한 사람은 역경을 통해 유익성을 발견한다. 이 과정에서 강인성과 일관성의 감각과 같은 성격 특성이 큰 역할을 한다. 이러한 것들에 의해 개인의 위기에 수반되는 긍정적 성장은 촉진된다. 심리적 외상을 경험한 사람은 낙관주의자가 되고, 문제 중심의 극복을 선호하는 경향이 있다. 이들은 이를 통해 위기로부터 큰 유익성을 발견할 수 있다.

역경 속의 성장

심리적 외상 경험에는 개인의 성장을 촉진시키고 적응의 기능을 강화시키는 기능이 있다. 이것이 심리적 외상과 개인성장모델, 극복자원모델의 근간을 이룬다. 심리적 외상의 특성은 개인과 환경의 특성, 인지적 평가의 특성, 극복 유형에 따라 크게 달라진다. 이들 모든 요인은 피드백 환에 의해 연결되어 있어서 영향을 주고받는다. 그 결과 개인의 인지 능력, 건강 상태, 동기 및 자기 효험의 신념은 물론 강인성, 기질, 자아 통제, 위기 극복의 기능에 큰 변화가 온다. 경제적 상태, 가족 및 사회적 지지, 그리고 지역사회의 특성을 포함한 환경적 특성에도 큰 변화가 온다. 일반적으로 통합된 개인의 특성, 환경적 특성, 극복 특성 등의 총체적 특성에 의해 심리적 특성이 결정된다. 여러 가지 실험 결과에 따르면, 일반적으로 사회적 지지 수준이 높고 문제 중심의 극복 유형인 사람은 스트레스 환경은 물론, 심장병과 우울증을 효과적으로 극복할 수 있다.

적극적 극복 유형, 즉 문제 중심의 극복 유형의 사람은 심리적 외상 경험을 경험하고 나면 보다 성공적인 성장을 성취할 수 있다. 심리적 외상의 경험을 새로운 도전의 기회로 생각하고 거기에 새로운 의미를 부여하는 사람은 보다 수준 높은 긍정적 결과를 얻을 수 있다. 유방암 환자 가운데 자신의 질병에 새로운 긍정적 의미를 부여하는 사람이 많다. 이러한 태도는 정서적 웰빙에 긍정적 영향을 준다. 통제 불가능한 환경에서 새로운 의미를 발견하고 어려운 인생

고비를 성공적으로 극복한 사람의 대부분은 대인관계가 긍정적으로 변화하고 자신의 인생관도 매우 긍정적으로 변한다.

정신치료자의 도움으로 역경을 극복하는 사람은 그 과정에서 혼돈이나 무질서 상태를 경험하게 된다. 치료자는 피치료자에게서 나타나는 혼돈 상태 혹은 무질서 상태를 부정적 지표로 생각하면서도 그것을 곧 긍정적 변화의 시초라고 생각한다. 사실상 정신치료 과정에서 나타나는 혼돈과 무질서 상태는 긍정적 변화 과정에 따른 중요한 증후다. 왜냐하면 이 상태에서 피치료자는 변화나 또 다른 경험을 할 수 있기 때문이다. 물론 어떤 사람에게 나타나는 혼돈 상태는 내담자의 치료자에 대한 저항이나 퇴행의 표출일 수도 있다.

정신치료자는 내담자에게 정신치료는 내담자가 혼돈 상태에서 벗어나 적응을 위한 조직을 재정비하는 과정이라는 것을 이해시킬 필요가 있다. 변화에는 불연속적인 특성이 있고, 도전 후에는 생존, 회복, 왕성한 성장과 같은 현상이 수반된다. 이들은 불연속적이며, 서로 관계가 없다. 사고 수준이 낮은 사람은 회복 후에도 이전의 기능 수준으로 회복하기가 쉽지 않다. 다행히 성공적으로 역경을 극복한 사람은 동질정체 상태를 유지할 수 있고 이전과 같은 기능 수준으로 회복이 가능하다. 왕성한 성장자의 회복 후 심리사회적 기능은 그 이전의 수준을 훨씬 능가한다. 여기에는 심리적, 정동적 그리고 인지적 기능이 포함되어 있다.

왕성한 성장은 단순한 회복 이상의 뚜렷한 변화다. 왕성한 성장은 의식적인 것은 아니지만 심리적 외상에 직면하게 되면 적극적으로 그에 대처할 수 있는 기능이다. 개인의 왕성한 성장 자원은 그의 강인성, 일관성의 감정, 낙관성, 유머 감각 등이다. 사회적 비교, 부정적 사건에서 의미의 발견과 같은 인지적 극복 방법도 외상적 사건의 극복을 통해 도움을 받는다. 특정한 사건에 대해 긍정적 견해를 가지는 것은 심리적 외상 극복에 큰 도움이 된다.

10 성장의 신장과 그 기법

정신치료

정신치료는 인간의 부정적 행동 교정에 도움이 되는가? 도움이 되지 못하는가? 혹은 도리어 해가 되는가? 이에 대한 답을 얻기 위한 논쟁은 오랫동안 계속되었다. 역사적으로 정신치료자들은 자신들이 인간의 부적응 행동 교정에 크게 공헌하였다고 자부해 왔다. 그러나 불행하게도 그들은 객관적 치료 효과를 입증하지 못했다. 정신치료의 반론자들과 그 무용론자들은 정신치료는 정체가 불분명한 유기적, 무기적 물질의 혼합물질이 포함된 것으로 질병치료에서 생긴 플레시보 효과에 지나지 않는다고 주장한다.

이와 같은 정신치료의 효과는 수용할 수도 없지만, 그것은 폐기되어야 한다는 이론적 실증적 근거도 없다. 1950~1960년에 런던대학교 심리학 교수 Hans Eysenck(1916~1997)는 실험적 객관적 자료를 바탕으로 정신치료의 비효율성과 그 무용론은 물론 그것을 넘어 그 유해성까지도 지적하였다. 그의 주장을 수용한 과학적 치료 기법이 행동치료 혹은 행동수정이다.

Eysenck, H.가 정신치료의 비효율성과 무용론, 더 나아가 그 유해성을 발표한 20여 년 후 Mary Lee Smith와 Gene Glass는 『American Psychologist』(1977, *32*, 752–760)에 정신치료에는 놀랄 만한 치료 효과가 있다는 사실을 발표하였다. 그들은 Eysenck, H.와 같이 객관적 자료를 분석한 결과를 바탕으로 정신치료의 탁월한 치료 효과를 주창하였다. 그들은 정신치료를 받은 집단과 치료를 받지 않은 집단의 자료를 메타 분석했다. 그 결과 전자 집단의 치료 효과는 후자 집단의 치료 효과에 비해 월등하게 높고(표준편차 .80), 효과는 오래 지속되었다고 주장했다.

메타분석의 결과를 지지하고 그 효과를 이해하는 데 도움이 될 여러 측정 기준도 발표되었다. Cohen, J.은 『행동과학에서의 통계적 기능분석』(1988)이라는 저서에 '정신치료의 효과(표준편차 .80)는 사회과학에서는 매우 수준이 높은 것으로, 정신치료의 효율성을 주장하는 데 충분한 기준이 된다.' 고 기술하였다. 이는 정신치료를 받은 집단의 80%는 정신치료를 받지 않은 집단보다 효과가 훨씬 높다는 사실을 의미한다. 스탠퍼드대학교 의과대학 교수 Helena Kraemer와 피츠버그대학교 의과대학 교수 David Kupfer는 이 치료 효과(표준편차 단위.80)는 치료를 요하는 수(NNT) 3에 해당되며, NNT 3은 환자 가운데 세 사람은 회복을 위해서는 정신치료를 받을 필요가 있음을 뜻한다고 설명하였다.

토론토대학교 근거중심치료센터 웹사이트에는 정신치료의 효과는 다른 근거중심의 의학적 치료 효과에 비해 훨씬 높고 비용은 절약되고, 부작용은 없다는 사실이 많이 올라와 있다. 이 치료법은 심장병, 노인성 질병, 천식, 인플루엔자 백신 등에서 오는 부작용이 전혀 없다. 정신병 환자에 대한 정신치료의 효과는 약물치료 효과보다 훨씬 높을 뿐만 아니라 그 효과가 더 오래 지속되는 것이 특징이다.

정신치료의 기술은 다른 현대의학 치료 기술과 함께 엘리트 치료 기술에 속한다. 이는 과학적으로 입증된 전문 치료 기술을 지칭한다. 엘리트 치료사는 정신치료를 의학의 모델에 따라 개념화하고 과학적 근거를 발견하기 위해서 임상실험을 병행한다. 그러나 정신치료에서 얻은 유익성만으로는 정신치료의 우월한 치료 효과를 주장하는 데 충분하지 못하다. 그 치료의 과학적 효율성을 입증하기 위해서는 치료 과정에 수반된 심리학적 요인이 확실하게 밝혀져야 한다.

학습 이론과 행동치료

역경 속의 성장을 신장시키는 심리학적 기술은 외상후 스트레스 장애의 치료 기술에 기반을 두고 있다. 그 치료 기술의 기반을 제공한 것은 Orval Mowrer(1907~1982)의 2요인 이론이다. 그는 행동주의 심리학의 이론을 바탕으로 불안을 해석하였다. 외상후 스트레스 장애는 회피의 2과정 이론에 따라 효과적으로 치료된다. 이 이론은 원래 변별회피학습 현상을 설명하기 위해 체계화된 것이다. 변별회피학습은 두 과정으로 구성 되어 있다. 그 하나는 공포의 고전적 조건화 과정이고, 다른 하나는 공포 제거를 위한 오퍼런트 반응의 강화 과정이다.

유기체의 공포는 조건화 과정에 의해서 습득된다. 즉, 고전적 조건화의 첫 단계에서 유기체는 조건 자극과 유해한 무조건 자극의 도피 시행을 학습하게 된다. 이 시행 단계에서 조건 자극과 무조건 자극이 연합됨으로써 조건화가 형성(학습)된다. 무조건 자극이 가지는 회피의 특성 때문에 조건 자극은 조건화 정서 반응(공포)을 일으킨다. 고전적 조건화 과정에서 조건 자극을 제시하면 무조건 자극과 연합되어 조건화가 형성되고, 이는 유기체의 행동을 방해할 수 있다.

공포 제거를 위한 오퍼런트 강화는 또 다른 조건화 과정이다. 처음 과정에서 혐오성 무조건 자극은 공포 야기의 신호 기능을 한다. 이때 불쾌한 정서 반응을 제거하면 오퍼런트 반응 동기가 작용하게 된다. 유기체는 무조건 자극이 주어지면 조건 자극에 의해서 유발된 혐오성 내적 반응이 중지된다. 여기서 회피는 실제 유기체의 행동이 아니고, 혐오성 무조건 자극을 기대하고 그것을 도피하는 것도 아니다. 유기체는 조건 자극에서 유발된 혐오성 내적 상태에서 도피하는 것이다. 외상후 스트레스 장애의 치료 기술은 지금까지 설명한 Mowrer, O.의 2요인 이론을 바탕으로 개발되었다. 특히 행동치료자들이 개발한 체계적 감도감강법, 긴장이완 훈련법, 바이오피드백 기법은 외상후 스트레스 장애의 치료에 널리 활용되고 있다.

외상후 스트레스 장애의 발달과 지속 과정의 기제는 현대 학습 이론으로 설명되고 있다. 재경험과 각성 증후는 조건화 정서 반응으로, 이는 환경적 조건에 의한 고전적 조건화의 산물이다. 행동주의 심리학에 따르면, 최초의 증후를 야기시키는 것은 심리적 외상에 의한 것이지만 후속되는 증후는 심리적 외상에서 오는 불쾌감을 조절하려는 시도이며, 이는 주어진 현재 사태의 특성에 따라서 자동적으로 일어난다.

회피 행동, 과잉 행동 등은 오퍼런트 조건화의 원리에 의해 효과적으로 조성된다. 적절한 환경의 강화를 받지 못하는 것, 강화제의 효과가 없는 것, 혹은 강화제가 혐오감을 주는 것은 행동 형성에 도움이 되지 않는다. 부적절한 환경 통제에 의해 문제가 생길 수도 있지만, 그것이 적절한 반응을 일으킬 수도 있다. 문제 행동은 행동에 영향을 주는 사고, 감정 및 생리적 반응의 선행 조건과 강화제의 영향을 받는다. 그것은 선행 자극이나 결과에 영향을 주는 중요한 개인적 경험이다.

행동분석의 결과를 보면, 치료에서는 심리적 외상에 역점을 둘 필요가 있다. 이 말에서 심리적 외상에서 생긴 부적응 행동에는 관심을 둘 필요가 없다는 것을 쉽게 이해할 수 있을 것이다. 부정적 효과를 주지 않은 조건 자극에 노출되는 것은 조건화 정서 반응을 악화시키지 않는다. 그러므로 그것은 각성 증후를 치료하는 데 도움이 된다. 그러나 회피 행동이나 문제 행동의 경우 우연적 계기 관계가 조정되어야 한다. 그렇지 않는다면 조건화 정서 반응은 크게 악화된다.

Eysenck, H.는 정신치료의 비효율성과 그 유해성을 주장하는 자신의 논문에서 치료의 효율성을 높이기 위해서는 새로운 패러다임으로 전환할 필요가 있다고 주장하였다. 그의 주장에 따르면, 과학적 · 심리적, 특히 학습 이론을 바탕으로 한 행동치료는 정신적 현상, 즉 관찰이 불가능한 사실을 치료하는 정신분석 치료보다 그 효과가 훨씬 우월하다. 그의 주장의 타당성은 후에 메타분석의 결과에서도 입증되었는데, 이 결과에서도 과학적 심리학적 이론을 바탕으로 한 치료의 효과는 다른 정신치료의 효과보다 월등히 높다는 사실이 밝혀졌다. 이와 같은 주장은 행동치료의 기법이 외상후 스트레스 장애 치료의 기법으로 널리 활용할 수 있다는 사실을 말해 준다. 즉, 외상후 스트레스 장애는 불연속적 사건이나 일련의 사건에 의해 발병된 결과다. 그러므로 그것은 심리학적으로 설명이 가능하다.

펜실베이니아대학교 심리학 교수 Edna Foa 등은 심리학적 지식을 바탕으로 외상후 스트레스 장애의 새로운 치료 기술을 개발하였다. 인지재구성법, 장기상상노출법, 비분노정법 등이 그 일부다. 그 외에도 안구운동감도감강법, 노출을 수반하지 않은 인지적 치료, 최면치료, 정신역동적 치료 등도 다른 인지치료의 기술과 함께 외상후 스트레스 장애 치료에 크게 도움을 줄 수 있다는 사실을 발견하였다.

치료자는 불안치료를 목적으로 장기간 불안 유발 자극에 노출시키는 방법을 사용한다. 여기에는 홍수법, 상상법, 현실법, 장기법, 직접법 등이 포함된다. 이 과정에는 긴장이완법이나 불안경감법이 포함되지 않는다. 체계적 감도감강치료법에서와 마찬가지로 노출치료법에 의한 치료에서는 먼저 불안계층표를 작성한다. 홍수법과 같은 노출치료법의 한 치료에서는 계층표에서 가장 높은 항목에 대한 치료부터 시작한다. 다른 치료에서는 중간 문항의 계층표부터 시작한다. 노출치료법은 공포 장면에서 불안이 경감될 때까지 직접 직면하게 하는 치료법과 유사한 점이 있다. 자기 자신이 공포 장면에 지속적으로 노출됨으로써 부정적 강화에 의해 유지되던 불안은 감소되지만 도피나 회피는 불가능하다.

상상적 노출치료에서는 내담자로 하여금 외상적 사건에 대한 기억을 회상하게 한다. 어떤 형태의 상상적 노출치료에서는, 내담자는 치료자가 언급하지 않고 넘어간 생략된 부분을 자신이 보다 자세하게 이야기한다. 이것은 모두가 과거의 기억을 바탕으로 이루어지는 것들이다. 또 다른 상상적 노출치료에서는 치료자가 자료를 제시하고 그것을 상상할 기회를 주기도 한다. 노출치료의 지속 시간과 치료 회기는 치료자와 피치료자의 사정에 따라 적절하게 조정하는 것이 바람직하다. 노출치료라고 해서 공포 장면에 노출시키는 것만으로는 부족하다. 긴장이완훈련을 병행할 필요가 있을 때도 있다. 이와 같이 다른 치료 기술과 병행할 경우에는 치료 시간은 길어진다.

체계적 감동감강법은 긴장이완훈련을 병행하는 인지행동치료의 한 형태다. 이 방법은 요하네스버그대학교 정신과 교수 Joseph Wolpe(1915~1997)가 상호제지법을 기초로 크게 발전시켰다. 긴장이완반응은 노출 과정에서 유발된 불안 반응과 양립하는 것이 불가능하다. 따라서 단기 노출은 불안이 증가하는 것처럼 긴장이완반응에 의해 저해된다. 시간이 지나면 불안 유발 자극에 불안을 느끼지 않고 직면할 수도 있다.

체계적 감도감강법은 상상적 노출법, 현실법 혹은 비보법과 병행한다. 이렇게 하면 상상법만 사용하였을 때보다 효과가 크다. 체계적 감도감강법의 개시 단계에서는 불안계층표를 작성해야 한다. 이 불안계층표는 불안 유발 자극의 강도에 따라 배열되어야 한다. 긴장이완훈련은 불안 장면에 직면하기 전에 실시한다. 이에 익숙해지면 불안 장면에 점진적으로 직면할 수 있게 된다. 긴장이완훈련이 끝나면 불안계층표에 있는 불안 장면에 쉽게 접근할 수 있다.

불안 조절을 위한 치료 기술로 개발된 스트레스 접목치료법은 최근 강간 피해자의 심리치료를 위한 기술로 사용된다. 수정된 스트레스 접목치료 프로그램은 교육, 근육긴장이완훈련, 호흡중단법, 역할시연, 코버트 모델링 및 자기대화술로 구성되어 있다. 자기주장훈련에는 스트레스 접목치료 책략은 포함시키지 않는다. 스트레스 접목치료와 노출치료법을 병행할 때에는 내담자가 공포 장면에 직접 직면하게 하지 않는다. 그러나 다른 치료 과정에서는 역할시연과 같은 여러 가지 훈련을 병행한다. 스트레스 접목치료법에서는 외상 당시의 조건화된 불안에 역점을 둔다. 더 나아가서 다른 여러 사태에 일반화된 불안까지도 포함시킨다. 내담자는 이 기술을 바탕으로 회피와 불안을 효과적으로 경감시킬 수 있다.

공포는 자기주장훈련이나 긴장이완훈련에 의해 효과적으로 소거된다. 자기주장훈련은 잘못된 사고, 정서, 행동 교정에 큰 도움이 된다. 또 심리적 외상을 야기시키는 대인관계의 문제 치료에도 활용된다. 인지치료와 역할시연훈련을 병행하면 환자의 상태는 크게 호전된다. 외상후 스트레스 장애는 바이오피드백 훈련과 긴장이완훈련을 통해 효과적으로 치료된다. 불안 조정의 기술로 쓰이는 스트레스 접목치료법과 같이 바이오피드백 훈련과 긴장이완훈련도 심리적 외상 자극에 의해 유발된 불안치료에 큰 도움이 된다. 이 방법들은 개인의 생리적 과정에도 큰 변화를 가져오는 것이 다른 치료법과 크게 다르다.

인지치료

인지치료법은 강간에 따른 외상후 스트레스 장애 치료에 널리 활용된다. 이는 인지치료법과 노출치료법을 결합한 치료 기술이다. 환자 훈련 과정에서는 자기비난과 정신적 사건을 스스로 잊게 하는 데 역점을 둔다. 자신의 건전한 사고와 신념을 획득하는 기술을 습득시킨 후 부정적 사건에 대한 경험을 잊고 안전성, 믿음, 존경 및 친밀성을 스스로 강화시킬 수 있게 훈련시킨다.

노출치료에서 피치료자는 자신의 외상 경험 기록을 만들어 치료자에게 제출하고, 같은 기록을 집에 가지고 가서 스스로 읽어 본다. 내담자에게 감정 노출 대신 역경에 빠진 순간에 경험한 자신의 심정을 구체적으로 보고하게 하는데, 이것은 인지치료 과정에서 특별히 유의할 점이다.

펜실베이니아대학교 심리학 교수 Aaron Beck(1921~)은 우울증 치료를 목적으로 인지치료 기술을 개발하였다. 이제 인지치료의 기술은 불안치료는 물론 다른 심리적 장애에도 광범위하게 사용되고 있다. Beck, A.의 이론에 따르면, 개인의 기분은 사건 자체보다는 그것을 어떻게 해석하느냐에 따라 특징이 결정된다. 극히 사소한 일도 부정적으로 해석하면 그것은 부정적 기분으로 이어진다. 이와 같은 부정적 해석은 역기능적 사고로 주어진 사건과 전혀 무관한 사고다. 이와 같은 역기능적 사고를 교정하는 데 큰 도움이 되는 것이 인지치료다. 외상적 경험을 역기능적으로 사고하는 사람은 믿음, 자아관에 세심한 주의를 하는 것이 특징이다.

정서처리이론과 치료

정서처리이론에 따르면, 외상후 스트레스 장애는 외상적 심리적 사건에 대한 병적 공포 구조에서 발병한다. 다른 공포와 마찬가지로 병적 공포의 구조는 매우 복잡한데, 거기에는 자극, 반응 및 의미까지도 내포되어 있다. 심리적 외상과 관계되는 정보에 의해 이 공포의 구조는 활성화된다. 외상후 스트레스 장애자의 공포 구조는 여러 가지 자극 요소를 내포하기 때문에 환자 자신도 그 구조를 쉽게 이해하기 어렵다. 이것이 공포 구조의 특성이다. 이 활성화되는 공포를 회피하려고 할 때 외상후 스트레스 장애의 회피 증후가 나타난다.

정서처리이론의 주장에 따르면, 이 공포 구조가 가지는 병적 요인을 교정하는 것이 성공적 치료이며, 이 교정 과정이 곧 정서적 처리의 기본이 된다. 공포 치료를 위해 공포 구조가 활성화되어야 하고, 새로운 정보가 있어야 한다. 이 정보는 기존의 병적 요소와 양립할 수 없고, 교정이 가능한 것이어야 한다. 노출 과정은 심리적 외상에 직면한 환자를 평가하는 과정으로, 이를 통해 외상적 기억이 활성화된다. 활성화 과정에서는 정확한 정보를 통합하여 외상적 기억의 병적 요소를 조정할 수 있다. 특히 외상후 스트레스 장애 치료 과정에서 공포는 쉽게 활성화된다.

외상후 스트레스 장애의 증후는 여러 가지 요인에 의해 변한다. 즉, 반복적으로 심리적 외상을 경감시키면 그것 때문에는 관습화 현상이 활성화되어 외상적 경험과 관계된 불안이 경감된다. 그것을 통해 불안은 치료하지 않으면 오랫동안 지속된다는 잘못된 생각이 교정된다. 공포 경험을 의식적으로 기억해 봄으로써 외상과 관계되는 부정적 강화의 연결 고리는 끊어지게 된다.

외상성 경험에 대한 안전한 정보는 지지적 사태이며, 외상적 경험에 대한 기억을 통해 그것이 위험하지 않다는 사실을 인식하게 된다. 환자는 장기간의 외상성 경험과 다른 경험의 차이를 알게 된다. 즉, 외상성 경험이 위험한 세계 또는 무능한 자아와 무관한 특별한 경험이라는 사실을 깨닫게 된다.

외상후 스트레스 장애 증후군의 의미는 상상 과정에 의해 변화된다. 즉, 개인적 무능의 증표가 아니라 정복과 용기의 증표라는 사실을 깨닫는다. 장기간의 외상성 경험에서 자신의 부정적 특성을 깨닫게 되고, 그것을 스스로 교정할 수 있게 된다. 지금까지 설명한 증후는 현실적 노출, 즉 비보노출 과정에서도 그대로 작용한다. 비보노출에서 가장 뚜렷하게 나타나는 것은 위험에 대한 잘못된 판단이 경감되고, 외상적 경험과 유관한 자극에 대한 잘못된 평가에 대한 기회가 크게 줄어든다는 점이다.

사회인지이론 및 이중표상이론과 치료

사회인지이론은 정보 처리 과정과 밀접한 관계가 있다. 이 이론에 따르면, 외상적 경험은 개인의 신념 체계와 적응 체계에 큰 영향을 준다. 이는 외상적 경험을 자신의 신념과 기대를 융합시키는 데 필요한 과정이다. 이 이론은 1차적 정서(공포, 슬픔, 분노)와 2차적 정서(죄책감, 부끄러움) 등과 같은 정서적 반응에 역점을 두는데, 이것은 외상후 스트레스 장애에 대한 인지치료의 기초가 된다. 자신이 간직한 자신에 대한 신념이나 세계에 대한 신념은 별다른 노력 없이도 쉽게 융화될 수 있다. 왜냐하면, 그 정보가 스키마와 쉽게 융화되므로 그것을 융화시키기 위한 의식적인 노력은 필요하지 않기 때문이다. 그러나 스키마가 일어난 사건과 잘 융화되지 않는다면, 그것을 자신의 신념 체계에 맞춰 나가야 한다.

스키마가 새로운 정보에 융화되려면 조정되고 수정될 필요가 있다. 그런데 불행하게도 이와 같은 과정은 쉽게 이루어지지 않는다. 왜냐하면, 심리적 외상은 감정과 직결되어 있고, 자기 자신은 머지않아 그러한 경험을 하게 될 것 같은 생각이 들기 때문이다. 따라서 자신의 신념을 심리적 외상에 융화시키는 것이 아니라 외상 자체가 개인의 신념 체계를 건전하게 보호해 주는 기능을 한다. 동화 혹은 순응 대안으로 과잉순응현상이 있다. 이 경우 심리적 외상이 장차 직면하게 될 심리적 외상을 예방하기 위해 개인의 신념 구조에 극단적인 변화를 일으킨다. 이 신념은 자신과 타인을 극도로 불신하는 경향으로 나타난다.

이중표상이론의 등장으로 외상후 스트레스 장애에 대한 치료 이론은 새로운 국면을 맞게 되었다. Brewin, C. 등은 정보처리이론과 사회인지이론을 조절하여 외상후 스트레스 장애의 새로운 이론을 개발하였다. 그들은 감각 입력은 의식적 과정과 무의식 과정으로 이루어진다고 생각했다. 이중표상이론은 두 가지 정서적 반응에 역점을 둔다. 그 하나는 공포와 분노의 조건화 결과인데, 이는 재경험 감각 정보와 생리적 정보에 의해 활성화된다. 다른 하나는 2차적 정서인데, 죄의식, 부끄러움, 슬픔 등과 같은 정서다. 이는 외상의 결과 및 외상에 함축된 의미에 의해서 생긴다. 심리적 외상의 정서적 처리 과정은 비의식적 기억과 의미 탐색을 위한 의식적 기도로 이루어져 있으며, 노출치료와 인지치료와 같이 외상후 스트레스 장애 치료에 널리 쓰이고 있다.

인본주의 이론과 치료

정신치료의 목적은 환자로 하여금 이전의 기능 상태로 회복하거나 정상 상태로 회복하는 데 도움을 주는 것이다. 역경 속의 성장 수준도 정신치료에 의해 크게 신장시킬 수 있다. 정신치료는 환자의 부정적 상태의 경감, 부적응 정서와 불쾌한 증후로부터의 해방을 도와주는 데 있다. 정신치료의 주요 목표는 개인의 특수한 증후를 치유하는 프로그램 또는 책략으로, 이는 증후와 관계되는 특이한 증후를 소거시키는 데 역점을 둔다.

정신역동적 정신치료는 부정적 정신 상태와 스트레스에 의한 내적 갈등을 치유하는 데 역점을 둔다. 정신치료는 정신분석과 인지행동치료가 주류를 이루는 병리적 관점에서 인간 정신의 부정적 측면을 치유하는 데 관심을 갖는데, 근래에 와서는 치료의 관점이 크게 달라지고 있다. 즉, 병리적 측면보다는 긍정적 측면과 건전한 측면에 역점을 두고, 이 기능을 신장시키는 데 필요한 기술을 개발하고 있다.

정신치료의 역사를 보면, 대부분의 전통적 치료자들은 정신병리 현상을 치료하는 데 역점을 두었다. 이와는 달리 현대 치료자들은 인간의 건전한 성장 기능 신장에 역점을 두고 있다. Carl Rogers (1902~1987)는 창의적인 치료법, 즉 비지시적 카운슬링, 내담자 중심의 카운슬링의 체계를 구축하였다. Rogers, C.가 개발한 내담자 중심의 정신치료는 '제3세력의 심리학'으로 널리 인정되고 있는데, 이는 전통적 정신분석이나 행동치료의 철학적 배경은 물론 치료 기법과도 크게 다르다.

그의 이론적 기반은 인본주의 철학에 있다. 그는 인간의 선한 측면을 크게 강조한다. 그의 주장에 따르면, 모든 인간은 자신을 보다 건전하게 발달시키려는 긍정적이며 건설적 욕구가 있다. 이 삶을 위한 욕구가 바로 자아실현의 경향이다. 이 경향성은 자신의 능력을 충분히 발휘하고자 하는 동기로 나타난다. Rogers, C.는 지속적으로 성장하려는 욕구를 인간의 정상적 동기로 간주하였는데, 이렇게 생각하면 정신건강은 좋은 환경에서 개인이 누리는 정상적인 삶의 과정이라고 볼 수 있다.

정신치료의 주요 과제는 개인에게 좋은 환경을 제공하고, 그 안에서 개인으로 하여금 내적 성장을 누릴 수 있게 도움을 주는 것이다. Rogers, C.의 이론에서 개인의 성장은 그의 건강하고 지속적인 자기 발전 과정에 불과하며, 그것은 심한 스트레스 환경에서는 기대할 수 없다. 개인의 자아실현 욕구나 자연적 성장이 손상받았을 때 정신치료를 통해 도움을 받을 수 있다. 그러므로 개인의 성장과 정신치료는 긴밀한 유대관계를 맺고 있다고 볼 수 있다. 정신치료는 개인의 내적 에너지와 욕구를 연결하는 역할을 한다.

Rogers, C.의 이론에서 다루는 개인 성장은 스트레스와 관련된 성장과는 근본적으로 다르다. Rogers, C.의 개인 성장은 자연스러운 생활 환경 속에서 점진적으로 이루어지는 긍정적 변화를 의미한다. 내담자 중심의 정신치료는 모든 개인이 효과적으로 자아실현의 욕구를 성취할 수 있게 도움을 주는 데 역점을 둔다.

정신치료는 인간의 잠재력을 개발하는 기능이 있다는 점을 가정하고 있다. 이 가정을 바탕으로 여러 가지 치료 기술이 개발되었는데, 가장 널리 알려진 것이 '로고테라피' 다. 이는 제3의 비엔나정신치료 학파가 주동이 되고 있다. 이 학파의 창시자는 Viktor Frankl(1905~1997)이다. 로고테라피는 정신 세계의 기능을 바탕으로 하는 정신치료의 기법이다.

Frankl, V.은 나치 강제수용소에서의 경험을 통해 역경에 처한 인간에게는 잠재적 성장의 힘이 생긴다는 사실을 발견하고, 거기에는 큰 의미가 있다고 강조하였다. 그는 자신의 심리적 외상을 성공적으로 극복한 경험을 바탕으로 로고테라피 이론을 체계화하였다. 모든 인간에게는 의미 탐색 의지가 있다는 것이 로고테라피의 기본 가정이다. 이는 Freud, S.의 쾌락 추구 의지, Adler, A.의 권력 추구 의지보다 더 강하다고 주장하였다. 결과적으로 그는 인간은 삶의 의미와 목적을 추구하기 위해 투쟁하는 존재라고 여겼다. 로고테라피의 또 다른 가정은 모든 인간은 영적 존재라는 것이다. 이것이 그의 이론에서 가장 큰 비중을 갖는 가정이다. 이 가정에는 인간의 영적 에너지는 자아의 정신적 영역이며, 부정적 사태나 질병을 극복하는 내적 에너지가 된다는 깊은 의미가 포함되어 있다.

로고테라피에서 치료자는 내담자로 하여금 주위 환경과는 무관하게 의미 있는 삶을 추구하고 책임감을 느끼게 해 줄 필요가 있다. 의미에는 현재의 의미와 궁극적 의미가 있다. 정신치료에서는 내담자로 하여금 인생의 일반적 의미보다는 특정한 의미를 추구하게 하는 것이 더욱 중요하다. 모든 삶의 순간이나 사태에는 특이한 의미가 있다. 이 의미는 자기가 스스로 발견할 수도 있고, 다른 사람의 도움으로 발견할 수도 있다. 왜냐하면 대부분의 사람은 지금 이 순간에 주어지는 의미만을 추구하는 경향이 있기 때문이다. 그렇지만 로고테라피에서는 어떤 창의적인 일이나 행동을 함으로써, 어떤 사람과 만나거나 피할 수 없는 고통에 직면함으로써 어떤 의미를 발견할 수 있다고 본다. 치료자는 치료 과정에서 피치료자로 하여금 이미 손실한 물건이나 실패한 과거의 사건에 집착하지 못하게 특별히 주의할 필요가 있다. 또한 이에 못지않게 장래의 손실에 대해 슬픔이나 실망보다는 그에 함축된 의미를 추가하도록 지도하는 데 역점을 둘 필요도 있다. 근래에 와서 로고테라피의 이론과 기술을 인지행동치료와 결합시켜 의미 중심의 카운슬링(MECT)이라는 새로운 치료 기술이 개발되었다.

실존주의 이론과 치료

실존주의치료는 그 이론이나 기법에서 로고테라피와 유사한 점이 있기는 하지만, 그와는 크게 다른 새로운 치료 기법이다. 이 치료에서는 내담자로 하여금 인간의 존재를 위해 피할 수 없는 내적 갈등을 인지하게 하는 데 큰 비중을 둔다. 실존주의치료는 인간의 죽음, 자유, 고립, 무의미성과 같은 기본적이고 실존적인 문제에 역점을 둔다. 인간은 죽음에 대한 불안이 심하고 뚜렷한 삶에 대한 목표가 불확실하다. 로고테라피에서는 개인이 비극적 사건에 직면하였을 때, 그에게 의미는 어떻게 생기는가에 큰 관심을 두고 있다.

이와 같은 태도는 인지치료, 특히 집단치료 과정에서 매우 중요하다. 이와는 달리 초감각적 지각을 중시하는 초개인적 심리치료는 영성과 직접 연결된다. 이는 개인의 건전한 자아 발달과 정신적 세계와 밀접한 관계가 있다. 초개인적 심리학은 정신분석, 행동주의 심리학, 실험심리학 그리고 인본주의 심리학 지식을 바탕으로 발전된 것으로, 이들의 지식을 확대하기도 하고 다른 한편으로는 이들과 서로 다른 주장을 하기도 한다.

로고테라피와 실존치료는 다른 정신치료자들이 관심을 가지지 않았던 인간 기능의 중요성을 강조하여 정신치료의 발전에 큰 공헌을 하였다. 그러나 이 치료는 경험적 효율성을 제시하지 못하고 있다는 점에서 다른 치료자들의 비판을 피할 수 없다. 정신치료의 주류학파, 예를 들면 인지행동치료자와 행동주의심리치료자들은 영성 세계의 존재를 전혀 인정하지 않는다. 이들과는 달리 로고테라피에서는 정신적 영성의 중요성을 강조하면서, 이를 치료의 한 대상으로 삼아야 한다고 주장한다. 왜냐하면 그들은 기본적 인간의 욕구에서 의미를 발견하는 것이 중요하다는 사실을 굳게 믿기 때문이다.

사실 오랫동안 정신치료자들은 치료에서 종교, 신, 영성의 존재를 수용하지 않았다. 더 나아가 과학적 기반을 중시하는 심리학자와 일부 정신의학자들은 종교, 신, 영성을 비이성적인 것으로 생각하였다. 그들은 종교적 · 영적 치료는 개인이 책임을 회피하기 위한 수단이며, 삶에서 기피하기 위한 수단이라고 생각하였다. 따라서 많은 치료자들은 치료 과정에서 인간의 영적 차원과 연결시키는 것을 거부하였다. 그들의 주장에 따르면, 인간의 영적 욕구는 피치료자에게 전혀 무가치하고, 경우에 따라서는 해를 끼친다. 치료자는 치료를 통해 피치료자로 하여금 보다 적극적으로 자신의 의사에 따라 결정된 생활방식으로 생활할 수 있게 도와주는 것이 무엇보다도 중요하다고 주장한다.

참고문헌

1. 심리적 외상과 그에 대한 반응

Ajzen, I. (2002). Perceived behavioral control, self-efficacy, locus of control and the theory of planned behavior. *Journal of applied Social Psychology, 32,* 665-683.

Calhoun, P. et al. (2002). Medical service utilization by verterans seeking help for posttraumatic stress disorder. *American Journal of Psychiatry, 159,* 2081-2086.

De Prince, A. & Freyd, J. (2002). The harm of trauma: Pathological fear, shattered assumptions or betrayal? In J. Kaufman (Ed.), *Loss of the Assumptive Word: A Theory of Traumatic Loss.* New York: Brunney.

Heijmans, M. et al. (2004). The stress of being chronically ill: From disease-specific to task-specific aspects. *Journal of Behavioral Medicine, 27,* 255-271.

Herman, J. (1993). *Trauma and Recovery: The Aftermath of Violence from Domestic Abuse to Political Terror.* New York: Basic.

Hobfoll, S. (1989). Conservation of resources: A new attampt at conceptualizing stress. *American Psychologist, 44,* 513-524.

Kahneman, D. & Miller, D. (1986). Norm theory: Compairing reality to its alternatives. *Psychological Review, 93,* 136-153.

Kahneman, D. & Tversky, A. (1984). Choices, values, and frames. *American Psychologist, 39,* 341-350.

Lazarus, R. & Folkman, S. (1984). *Stress, Appraisal, and Coping.* New York: Springer.

Lazarus, R. & Folkman, S. (1987). Transactional theory and research on emotion and coping. *European Journal of Personality, 1,* 141-169.

Leventhal, H. (1984). Illness representations and coping with health threats. In A. Baum & J. Singer (Eds.), *A Handbook of Psychology and Health.* Hillsdale: Erlbaum.

Mayerovitch, J. et al. (2003). Treatment seeking for obsessive compulsive disorder symptoms and co-morbid psychiatric diagnosis. *Comprehensive Psychiatry, 44,* 162-168.

Rogers, R. (1983). Cognitive and psychological process in fear appeals and attitude change: A revised theory of protection motivation. In J. Cacioppo & R. Petty (Eds.), *Social Psychophysiology.* New York: Guilford.

Scaer, R. (2005). *Trauma Spectrum: Hidden Wounds and Human Resiliency.* London: Norton.

Shepperd, J. et al. (2000). Bracing for loss. *Journal of Personality and Social Psychology, 78,* 620-634.

Sweeny, K. (2008). Crisis decision theory: Decisions in the face of negative events. *Psychological Bulletin, 134,* 61-76.

Sweeny, K. & Shepperd, J. (2007). Being the best bearer of bad tidings. *Review of General Psychology, 11,* 235-257.

van der Kolk, B. et al. (1996). *Traumatic Stress: The Effects of Overwhelming Experience on Mind, Body, and Society.* New York: Guilford.

2. 심리적 외상의 극복

Aspinwall, G. & Taylor, S. (1997). A stitch in time: Self-regulation and proactive coping. *Psychological Bulletin, 121,* 417-436.

Berghuis, J. & Strauton, A. (2002). Adjustment to a dyadic stressor: A longitudinal study of coping and depressive symptoms in infertile couples over an insemination attempt. *Journal of Consulting and Clinical Psychology, 70* ,433-438.

Bower, J. et al. (1998). Cognitive processing discovery of meaning CD4 decline and AIDS-related mortality among bereaved HIV-seropositive men. *Journal of Consulting and Clinical Psychology, 66,* 979-

986.

Folkman, S. (1997). Positive psychological states and coping with severe stress. *Social Science and Medicine, 45,* 1207-1221.

Folkman, S. & Moskowitz, J. (2000). Positive affect and the other side of coping. *American Psychologist, 55,* 647-657.

Folkman, S. & Moskowitz, J. (2004). Coping: Pitfalls and promise. *Annual Review of Psychology, 55,* 745-774.

Fredrickson, B. (2001). The role of positive emotions in positive psychology: The broaden-and-build theory of positive emotions. *American Psychologist, 56,* 218-226.

Gross, J. (1998). The emerging field of emotion regulation: An integrative view. *Review of General Psychology, 2,* 271-299.

Janoff-Bulman, R. (1999). Rebuilding shared assumations after traumatic life events: Coping process and outcomes. In C. Snyder (Ed.), *Coping: The Psychology of What Works.* New York: Oxford University Press.

O' Brien, T. & De Longis, A. (1997). Coping with chronic stress: An interpersonal perspective. In B. Gottlieb (Ed.), *Coping With Chronic Stress. Plenum Series on Stress and Coping.* New York: Plenum.

Schwarzer, R. & Knoll, N. (2003). Positive coping: Mastering demands and searching for meaning. In S. Lopez & C. Snydor (Eds.), *Handbook of Positive Psychology Assessment.* Washington, DC: American Psychological Association.

Schwarzer, R. & Renner, B. (2000). Social cognitive predictors of health behavior: Action self-efficacy and coping self-efficacy. *Health Psychology, 19,* 487-495.

Stanton, A. et al. (2000). Emotionally expressive coping predicts psychological and physical adjustment to breast cancer. *Journal of Consulting and Clinical Psychology, 68,* 875-882.

Stroebe, M. & Schut, H. (1999). The dual process model of coping with bereavement: Rationale and description. *Death Studies, 23,* 197-224.

Taylor, S. et al. (2000). Psychological resources, positive illusions, and health. *American Psychologist, 55,* 99-109.

3. 인지적 적응과 긍정적 착각

Armor, D. et al. (2002). When predictions fail: The dilemma of unrealistic optimism. In T. Gilovich et al. (Eds.), *Heuristics* and *Biases: The Psychology of Intuitive Judgment.* New York: Cambridge University Press.

Jahoda, M. (1958). *Current Conceptions of Positive Mental Health.* New York: Guilford.

Jourard, S. & Landsman, T. (1980). *Health Personality: An Approach from Viewpoint of Humanistic Psychology.* New York: Macmillan.

Reed, G. et al. (1994). Realistic acceptance as a predictor of decreased survival time in gay men with AIDS. *Health Psychology, 13,* 299-307.

Segerstrom, S. et al. (1998). Optimism is associated with mood, coping, and immune change in response to stress. *Journal of Personality and Social Psychology, 74*, 1646-1655.

Simonton, D. & Simonton, S. (1975). Belief systems and management of emotional assets of malignancy. *Journal Transpersonal Psychology, 7*, 29-48.

Taylor, S. (1983). Adjustment to threatening events. A theory of cognitive adaptation. *American Psychologist, 38*, 1161-1173.

Taylor, S. & Armor, D. (1996). Positive illusions and coping with adversity. *Journal of Personality, 64*, 873-898.

Taylor, S. & Brown, J. (1988). Illusion and well-being: A social psychological perspective on mental health. *Psychological Bulletin, 103*, 193-210.

4. 외상후 스트레스 장애

American Psychiatric Association. (1983). *Diagnostic and Statistical Menual of Mental Disorders(III)*. Washington, DC: American Psychiatric Association.

American Psychiatric Association. (1994). *Diagnostic and Statistical Menual of Mental Disorders(IV)*. Washington, DC: American Psychiatric Association.

Boyle, M. (1990). *Schizoprneia: A Scientific Delusion*. London: Routledge.

Brewin, C. & Holmes, E. (2003). Psychological theories of posttraumatic stress disorder. *Clinical Psychology Review, 23*, 339-376.

Brewin, C. et al. (1986). A dual representation theory of posttraumatic disorder. *Psychological Review, 103*, 670-686.

Britisch Psychological Society. (2000). *Understanding Mental Illness: Recent Advances in Understanding Mental Illness and Psychotic Experiences.* Leicester: Britisch Psychological Society.

Comer, R. (1998). *Abnormal Psychology.* New York: Freeman.

Enlers, A. & Clark, D. (2000). A cognitive model of posttraumatic stress disorder. *Behavior Research and Therapy, 38*, 319-345.

Foa, E. & Rothbaum, B. (1998). *Treating the Trauma of Rape: Cognitive Behavioral Therapy for PTSD.* New York: Guilford.

Horowitz, M. (1986). *Stress Rcsponse Syndromes.* Northvale: Jason Aronson.

Jaycox, L. (2002). Cognitive-behavior therapy for PTSD in rape surviors. *Journal of Clinical Psychology, 58*, 891-906.

McKeever, V. & Huft, M. (2003). A diathesis-stress model of posttraumatic disorder: Ecological, biological and residual stress pathways. *Review of General Psychology, 7*, 237-250.

5. 역경 속 성장의 역설

American Psychiatric Association. (1994). *Diagnostic and Statistical*

Manual of Mental Disorders(4th ed.). Washington, DC: American Psychiatric Association.

Brewin, C. et al. (1996). A dual representation theory of posttraumatic stress disorder. *Psychological Review, 103,* 670-686.

Calhoun, L. & Tedeschi, R. (2006). The foundation of posttraumatic growth: An expended framework. In L. Calhoun & R. Tedeschi (Eds.), *Handbook of Posttraumatic Growth: Research and Practice.* New York: Erlbaum.

Christopher, M. (2004). A broader view of trauma: A biopsychosocial-evolutionary view of the role of the traumatic stress response in the emergence of pathology and/or growth. *Clinical Psychology Review, 24,* 75-98.

Cohen, H. et al. (1998). Assessment of posttraumatic growth. In R. Tedeschi et al. (Eds.), *Posttraumatic Growth: Positive Changes in the Aftermath of Crisis.* London: Erlbaum.

Jaycox, L. et al. (2002). Cognitive behavior therapy for PTSD in rape surviors. *Journal of Clinical Psychology, 58,* 891-906.

Joseph, S. & Linley, P. (2004). Positive therapy: A positive psychological theory of therapeutic practice. In P. Linley & S. Joseph (Eds.), *Positive Psychology in Practice.* Hoboken: Wiley.

Joseph, S. & Linley, P. (2005). Positive adjustment to threatening events: An organismic valuing theory of growth through adversity. *Review of General Psychology, 9,* 262-280.

Joseph, S. & Linley, P. (2006). Growth following adversity: Theoretical perspectives and implication for clinical practice. *Clinical Psychology Review, 26,* 1041-1053.

Joseph, S. et al. (1997). Changes in outlook following disorder: The preliminary development of a measure to assess positive and negative responses. *Journal of Traumatic Stress, 6,* 271-279.

Linley, P. & Joseph, S. (2002). Posttraumatic growth. *Counseling and Psychotherapy Journal, 13,* 14-17.

Linley, P. & Joseph, S. (2004). Positive change following trauma and adversity. *Journal of Traumatic Stress, 17,* 11-21.

Taylor, S. (1983). Adjustment to threatening events: A theory of cognitive adaptation. *American Psychologist, 38,* 1161-1173.

Tedeschi, R. & Calhoun, L. (1996). The Posttraumatic Growth Inventory: Measuring the positive legacy of trauma. *Journal of Traumatic Stress, 9,* 455-471.

Tedeschi, R. & Calhoun, L. (2004). Posttraumatic growth: Conceptuatical foundation and empirical evidence. *Psychological Inquiry, 15,* 1-18.

Tedeschi, R. et al. (1998). *Posttraumatic Growth: Positive Changes in the Aftermath of Crisis.* Mahwa: Erlbaum.

Wortman, C. (2004). Posttraumatic growth: Porgress and problems. *Psychological Inquriy, 15,* 81-90.

Zoellner, T. & Maercker, (2006). A. Posttraumatic growth in clinical psychology-A critical review and introduction of a two component model. *Clinical Psychology Review, 26,* 626-653.

6. 유익성의 발견

Affleck, G. & Tennon, H. (1996). Construing benefits from adversity: Adaptational significance and dispositional underpinnings. *Journal of Personality, 64,* 899-922.

Bower, J. et al. (1998). Cognitive processing, discovery of meaning, CO_4 decline, and AIDS related mortality among bereaved HIV-seropositive men. *Journal of Consulting and Clinical Psychology, 66,* 979-986.

Janoff-Bulman, R. et al. (1997). The impact of trauma on meaning: From meaningless world to meaningful life. In M. Power & C. Brewin (Eds.), *The Transformation of Meaning in Psychological Therapies.* New York: Wiley.

Parkes, C. (1975). What becomes of redundant world model? A contribution to the study of adaptation to change. *British Journal of Medical Psychology, 48*, 131-137.

Ross, M. (1989). Relation of implicit theories to the construction of personal histories. *Psychological Review, 96*, 341-357.

Taylor, S. (1983). Adjustment to threatening events: A theory of cognitive adaptation. *American Psychologist, 38*, 624-630.

7. 레질리언스

Antonovsky, A. (1974). Conceptual and methodological problems in the study of resilience resource and stressful life events. In B. Dohrenwend & B. Dohrenwend (Eds.), *Stressful Life Events: The Nature and Effects.* New York: Wiley.

Bonanno, G. (2004). Loss, trauma, and human resilience: Have we under estimated the human capacity to thrive after extremly adversite events. *American Psychologist, 59*, 20-28.

Bonanno, G. et al. (2002). Resilience to loss and chronic grief: A prospective study from process to 18-months post loss. *Journal of Personality and Social Psychology, 83,* 1150-1164.

Egeland, B. et al. (1993). Resilience as process. *Development and Psychopathology, 5,* 517-528.

Garmezy, et al. (1984). The study of stress and competence in children: A building block for developmental psychopathology. *Child Development, 55,* 97-111.

Kobasa, S. (1979). Stressful life events, personality, and health: An inquiry into hardiness. *Journal of Personality and Social Psychology, 37,* 1-11.

Lepore, S. & Revenson, (2006). T. Resilience and posttraumatic growth: Recovery, resistance, and reconfiguration. In L. Calhoun & R. Tedeschi (Eds.), *Handbook of Posttraumatic Growth: Research and*

Practice. London: Erlbaum.

Luthar, S. et al. (2000). The construct of resilience: A critical evaluation and guidline for furture work. *Development, 71*, 543-562.

Masten, A. & Reed, M. (2002). Resilience in development. In C. Snyder & S. Lopez (Eds.), *Handbook of Positive Psychology*. New York: Oxford University Press.

Masten, A. et al. (1990). Resilience and development: Contributions from the study of children who overcome adversity. *Development and Psychopathology, 2*, 425-444.

Scheier, M. & Carver, C. (1985). Optimism, coping, and health: Assessment and implications of generalized outcome experiences. *Health Psychology, 4*, 219-247.

Werner, E. & Smith, R. (1992). *Overcoming the Odds: High Risk Children from Birth to Adulthood*. Ithaca: Cornell University Press.

8. 긍정적 성장 원

Bremner, J. et al. (1997). Elevated CSF corticotropin-releasing factor concentration in posttraumatic disorders. *American Journal of Psychiatry, 154*, 624-629.

Cannon, W. (1953). *Bodliy Changes in Pain, Hunger, Fear and Rage*. Boston: Brandford.

Carver, C. & Scheier, M. (1992). *Perspectives on Personality*. Boston:

Allyn.

Christopher, M. (2004). A broader view of trauma: A biopsychosocial-evolutionary view of the role of the traumatic stress response in the emergence of pathology and/or growth. *Clinical Psychology Review, 24*, 75-98.

Chrousos, G. P. (1999). The concepts of stress and stress system disorders: Overview of physical and behavioral homeostasis. *JAMA, 267*, 1244-1252.

Cosmides, L. & Tooby, T. (1997). *Evolutionary Psychology: A Primer for Evolutionary Psychology*. University of California: Human Behavior and Evolution Society.

Davis, C. et al. (1998). Making sense of loss and benefit from the experience: Towards of meaning. *Journal of Personality and Social Psychology, 75*, 561-574.

Eherly, R. et al. (1991). An adaptational view of trauma response as illustrated by the prisoner of war experience. *Journal of Traumatic Stress, 4*, 363-380.

Joseph, S. & Linley, P. (2005). Positive adjustment to threatening events: An organismic valuing theory of growth through adversity. *Review of General Psychology, 9*, 262-280.

Joseph, S. et al. (1993). Changes in outlook following disaster: The preliminary development of a measure to stress positive and negative responses. *Journal of Traumatic Stress, 6*, 271-279.

Joseph, S. et al. (1995). Psycholosocial perspective on posttraumatic stress. *Clinical Psychology Review, 15,* 515-544.

Joseph, S. et al. (1997). Understanding posttraumatic stress: A psychosocial perspective on PTSD and treatment. Chichester: Wiley.

Laszlo, E. (1987). *Evolution: The Grand Synthesis.* Boston: New Science Library.

Linely, P. & Joseph, S. (2004). Positive change following traumas and adversity: A review. *Journal of Traumatic Stress, 17,* 11-21.

Linley, P. & Joseph, S. (2004). Toward a theoretical foundation for positive psychology in practice. In P. Linley & S. Joseph (Eds.), *Positive Psychology in Practice.* Hoboken: Wiley.

Rogers, C. (1959). A theory of therapy, personality and interpersonal relationships, as developed in the client-centered framework. In S. Koch (Ed.), *Psychology: A Study of a Science: Vol. 3. Formulations of the Personal and the Social Context.* New York: McGraw-Hill.

Ryan, R. (1995). Psychological needs and the facilitation of integrative process. *Journal of Personality, 63,* 397-427.

Selye, H. (1956). *Stress of Life.* New York: McGraw-Hill.

Selye, H. (1964). *From Dream to Discovery: On Being a Scientist.* New York: McGraw-Hill.

Selye, H. (1971). *Hormones and Resistance.* New York: Springer-Verlag.

Selye, H. (1974). *Stress without Distress.* New York: Lippincott.

Sheldon, K. & Elliot, A. (1999). Goal striving, need satisfaction, and longitudinal well-being: The self-concordance model. *Journal of Personality and Social Psychology, 76,* 482-497.

Tooby, T. & Cosmides, L. (1990). On the universality of human nature and unigueness of the individual: The role of genetics and adaptation. *Journal of Personality, 58*, 17-67.

Tooby, T. & Cosmides, L. (1990). The past explains the present: Emotional adaptations and structure of ancestral environment. *Ethology and Sociobiology, 11*, 375-424 .

9. 행동 변화와 긍정적 신장

Aldwin, C. (1994). Tranformational coping. In C. Aldwin (Ed.), *Stress, Coping, and Development.* New York: Guilford.

Chance, P. (1908). *Learning and Behavior.* Belmont: Wadsworth.

Hager, D. (1992). Chaos and growth. *Psychotherapy, 29*, 378-384.

Mahoney, M. (1982). Psychotherapy and human change processess. In J. Harvey & M. Parks (Eds.), *Psychotherapy Research Behavior Change.* Washington, DC: American Psychological Society.

Miller, W. & C' de Baca, J. (1994). Quantum change. Towards psychology of transformation. In T. Heatheston & J. Weinberger (Eds.), *Can Personality Change.* Washington, DC: American Psychological Association.

Nerken, I. (1993). Grief and reflective self: Toward a clearer model of loss resolution and growth. *Death Studies*, 17, 1-26.

O' Leary, V. & Ickovics, J. (1995). Resilience and thriving in response to challenge: An opportunity for a paradigm shift in women's health. *Women's Health, Research on Gender, Behavior and Policy, 1*, 121-142.

O' Leary, V. et al. (1998). Models of life change and posttraumatic growth. In R. Tedeschi et al. (Eds.), *Posttraumatic Growth: Positive Changes in Aftermath of Crisis.* New York: Erlbaum.

Schaefer, J. & Moss, R. (1998). The context for posttraumatic growth: Life crisis, individual and social resources, and coping. In R. Tedeschi et al. (Eds.), *Posttraumatic Growth: Positive Changes in the Aftermath of Crisis.* New York: Erlbaum.

Tedeschi, R. & Calhoun, L. (1995). *Traumar and Tranformaton: Growing in Aftermath of Suffering.* Thousand Oakis: Sage.

10. 성장의 신장과 그 기법

Brewin, C. et al. (1996). A dual representational theory of posttraumatic stress disorder. *Psychological Review, 103,* 670-686.

Cohen, J. (1988). *Statistical Power Analysis for the Behavioral Science.* Hillsdale: Erlbaum.

Eysenck, H. J. (1952). The effects of psychotherapy: An evaluation. *Journal of Consulting Psychology, 16,* 319-324.

Foa, E. (1986) Emotional processing of fear: Exposure to corrective information. *Psychological Bulletin, 99,* 20-35.

Foa, E. & Rothbaum, B. (1998). *Treating the Trauma of Rape: Cognitive Behavior Therapy for PTSD*. New York: Guilford.

Foa, E. et al. (1991). Treatment of posttraumatic stress disroder in rape victims: A comparison between cognitive-behavioral procedure and counseling. *Journal Consulting and Clinical Psychology, 59*, 715-723.

Foa, E. et al. (2005). Randomised trial of prolonged exposure for post-traumatic stress disorder with and without cognitive restrucing: Outcome at academic and community clinics. *Journal of Consulting and Clinical Psychology, 73*, 953-964.

Kraemer, H. & Kupfer, D. (2006). Size of treatment effects and their importance to clinical research and practice. *Biological Psychiatry, 59*, 990-996.

Rothbaum, B. et al. (2000). Cognitive behavioral therapy. In E. Foa (Eds.), *Effective Treatments for PTSD: Practice Guideline from the International Society for Traumatic Stress Studies*. New York: Guilford.

Wampold, B. (2007). Pyschotherapy: The humanistic and effective treatment. *American Psychologist, 62*, 857-873.

찾아보기

인 명

내 용

저/자/소/개

이현수

〈학 력〉

서울대학교 문리과대학 심리학과 졸업
서울대학교 대학원 심리학과 졸업
런던대학교 대학원 심리학과 졸업

〈경 력〉

국립정신병원 임상심리과장 역임
텍사스대학교 의과대학 정신의학 및 사회과학과 객원교수 역임
중앙대학교 문과대학 심리학과 교수 역임
현재 중앙대학교 문과대학 심리학과 명예교수

〈저 서〉

성격과 행동(학지사, 2001)
생활인의 성격심리학(대왕사, 2003)
건강의 파수꾼-뇌(나노미디어, 2004)
웰빙의 심리학(대왕사, 2005)
긍정적 심리학(시그마프레스, 2008)
(2008 문화체육관광부 우수학술도서)
지구촌의 심리학(신정, 2009)

역경 속의 성장

2009년 8월 10일 1판 1쇄 인쇄
2009년 8월 20일 1판 1쇄 발행

지은이 • 이현수
펴낸이 • 김진환
펴낸곳 • (주) 학지사
121-837 서울특별시 마포구 서교동 352-29 마인드월드빌딩 5층
대표전화 • 02)330-5114/팩스 02)324-2345
홈페이지 • http://www.hakjisa.co.kr
등 록 • 제313-2006-000265호
ISBN 978-89-6330-154-9 93180

정가 13,000원